中華優秀傳統文化研究（第四輯）

張震英　陳長江／主編

中国人文社会科学期刊AMI综合评价入库集刊
广西古代文学学会会刊
中国知网（CNKI）全文收录
万方数据（www.wanfangdata.com.cn）全文收录
维普网（www.cqvip.com）全文收录
集刊全文数据库（www.jikan.com.cn）全文收录
钛学术文献服务平台（www.taixueshu.com）全文收录
中邮阅读网（183read.com）全文收录
长江文库（www.c'wk.cn）全文收录

巴蜀書社

图书在版编目（CIP）数据

中华优秀传统文化研究. 第四辑/张震英,陈长江
主编. —成都:巴蜀书社,2023.6
　ISBN 978－7－5531－2070－6

　Ⅰ.①中… Ⅱ.①张… ②陈… Ⅲ.①中华文化－文
集 Ⅳ.①K203－53

中国国家版本馆 CIP 数据核字(2023)第 162291 号

中华优秀传统文化研究（第四辑）
ZHONGHUA YOUXIU CHUANTONG WENHUA YANJIU（DISIJI）

张震英　陈长江　主编

策划编辑	张照华	
责任编辑	张照华　张红义	
封面设计	木之雨	
出　　版	巴蜀书社	

（成都市锦江区三色路 238 号新华之星 A 座 36 楼
邮编区号 610023）
总编室电话:(028)86361843

网　　址　http://www.bsbook.com
　　　　　发行科电话:(028)86361856

经　　销	新华书店
照　　排	成都木之雨文化传播有限公司
印　　刷	四川宏丰印务有限公司(028)85726655　13689082673
成品尺寸	185mm×260mm
印　　张	18.75
字　　数	400 千
版　　次	2023 年 6 月第 1 版
印　　次	2023 年 6 月第 1 次印刷
书　　号	ISBN 978－7－5531－2070－6
定　　价	98.00 元

本书若出现印装品质问题,请与印刷厂联系

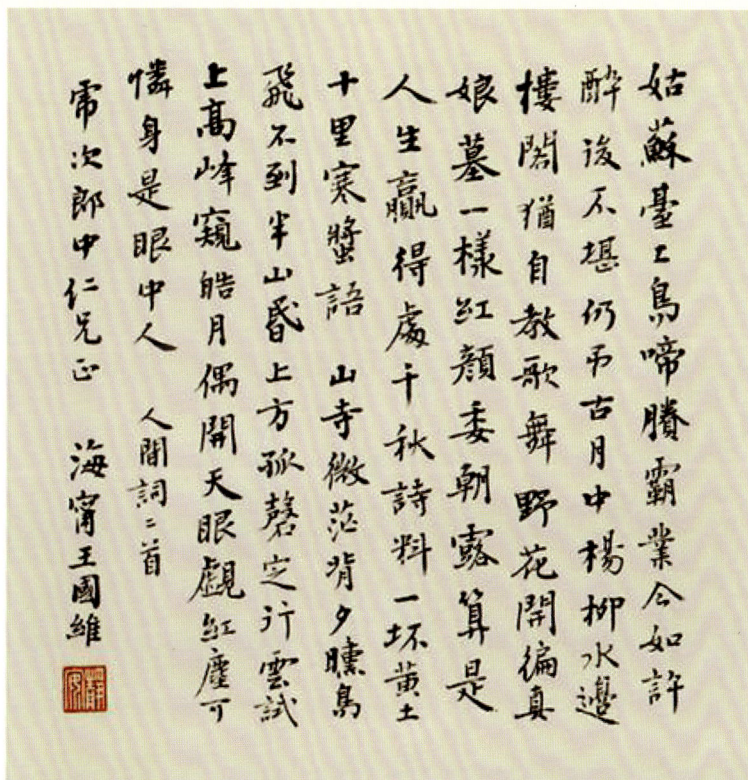

　　王国维（1877—1927），浙江海宁人，字静安，一字伯隅，晚号观堂。清末秀才。初至上海时务报馆掌书记事，后赴日本留学，习自然科学并研究哲学、心理、伦理学等，深受德国叔本华与尼采的思想影响，试图以康德哲学解释中国传统哲学之"性""理"等范畴。光绪二十九年（1903）起任通州、苏州等地师范学堂教习。中年主攻文学，撰有《人间词话》及《宋元戏曲史》等。其观念糅合有叔本华悲观主义、尼采天才论以及王氏本人崇奉自然之艺术观。辛亥革命后，随罗振玉东渡日本，1916年回国。自1913年起，从事考订中国古代史料、古文字学、音韵学等，尤致力于甲骨文、金文以及历代石经的考释，均卓有成绩。他主张以地下史料参订文献史料，同时提出以实物与文献互证的史学研究方法，对史学界有较深的影响。撰有《胡服考》《毛公鼎考释》《汉代古文考》《魏石经考》，以及《周开国年表》《殷卜辞中所见先公先王考》《续考》《殷周制度论》等。1919年后致力敦煌所出唐写本、西北史地、唐宋尺度的研究，先后撰成《唐写本敦煌县户籍跋》《西域井渠考》《记现存历代尺度》等。1921年夏，辑辛亥后重要论著成《观堂集林》，1923年刊行，为国内外学术界所重视。同年夏，任清逊帝溥仪南书房行走。1925年任清华学校国学研究院导师。其间致力古器物、西北地理、蒙古史研究，撰《散氏盘考释》《古史新证》《鞑靼考》《辽金时蒙古考》等文。1927年夏，自沉于颐和园昆明湖。王氏遗著，有罗振玉汇辑的《海宁王忠悫公遗书》和赵万里等重订的《海宁王静安先生遗书》）。

　　（引自郑天挺、吴泽、杨志玖主编：《中国历史大辞典（上卷）》，上海辞书出版社2000年版，第295页。）

孟子研究院

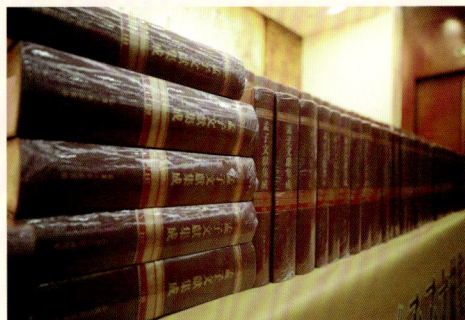

　　中国孟子研究院坐落于孟子故里山东省邹城市，于2016年4月被山东省编办正式批准为济宁市政府直属公益一类正处级事业单位，2020年划转到尼山世界儒学中心，实行省市共建、以省为主的管理模式，现为尼山世界儒学中心主管的正处级公益一类事业单位。自成立以来，为更好地推动孟子思想研究与孟学交流传播，孟子研究院上请名家，聘请北京大学高等人文研究院院长杜维明为名誉院长，清华大学国学研究院院长陈来为学术委员会主任，山东省政协原副主席、山东师范大学特聘资深教授王志民为特聘院长，中国社会科学院研究员李存山为特聘副院长，中国人民大学国学院副院长梁涛为秘书长，汇聚了北京大学哲学系教授王中江、中山大学哲学系教授杨海文、首都师范大学哲学系教授孔德立、扬州大学文学院教授刘瑾辉等一大批当代顶尖的儒学大家为学术委员会委员，组建了权威的专家学术团队。

上请名家，引领孟学研究新高度。继往圣，开来学。自成立以来，孟子研究院先后举办《孟子七篇》《中庸》《大学》《论语》四书解读活动，并整理出版了数十万字的四书解读。返本开新抓好经典解读，组织陈来、王志民、李存山等儒学大家专家，走出大学课堂、走到百姓身边，面对面宣讲儒家经典。集结出版的解读系列丛书，激活了四书的当代价值和现实意义，《〈孟子〉七篇解读》更是荣获全国古籍出版社年度百佳图书二等奖，受邀在首尔国际书展参加展览，并签订韩语版权输出协议。孟子研究院征选《孟子》一书，从汉代至民国时期的1200种版本付诸影印，编撰出版了迄今为止，选本最权威、最全面的《孟子文献集成》，打造了一项突破时代限制，填补文化空白的学术工程。

外扩影响，打造孟学传播新基地。独学而无友，则孤陋而寡闻。在注重学术研究的同时，孟子研究院积极加强对外传播，打造国际学术交流平台。先后主办世界哲学大会孟子分论坛、国际青年儒学论坛、国际孟学组织联席会议、儒墨对话高端论坛、孟子升格与四书诠释研讨会、国际孟学高端对话会、孟子思想及其在历代的影响学术研讨会、中韩儒学交流大会、陆港交流之孟子文化当代意义论坛、海外华文媒体孟子故里行，应邀参加国际儒学联合会会员大会、博鳌儒商论坛、海峡两岸论坛等一系列高端的学术活动，提升了儒学研究水平，推进了文明对话交流。各类学术交流活动先后得到中央电视台、《人民日报》《光明日报》《大众日报》《南方周末》等众多主流媒体的广泛关注和报道，成为孟子研究院国际化影响不断扩大的缩影，也面向世界打响了孟子研究院的文化名片。

下接地气，开启孟学普及新途径。问渠那得清如许，为有源头活水来。孟子研究院重点聚焦党员干部、国学爱好者、乡村百姓、家庭家长四大群体，积极探索将研究成果应用于百姓生活的文化"双创"模式。举办孟子思想与干部政德修养专题系列讲座，召开儒家思想与领导干部家风建设研讨会，为新时代领导干部提供了有益指导。举办孟子思想与新时代乡村振兴战略研讨会，用文化振兴引领新时代乡村振兴。面向广大国学爱好者开设孟子大讲堂，每周定期面向社会开展儒学讲座、经典诵读、文化沙龙等公益活动。深入挖掘孟母教子思想，召开"孟母教子与设立中华母亲节"高峰论坛，开展以家教、家风、家训为主要内容的孟母大讲堂数百场，直接受益群体三万余人。成立"学孟子，行善举"志愿者协会和艺术团，组织师资力量深入机关、社区，进农村、进学校、进企业、进家庭，开展丰富多彩、寓教于乐的文娱活动，引导群众百姓通过点滴行动，提升道德修养，建设精神家园。真正让儒学融入生活，让生活成为风景。

目前孟子研究院喜迁至由著名建筑设计大师张锦秋先生设计的孟子研究院新院，新院占地380余亩，建筑面积8.2万平方米，将成为集文化研究、教育培训、互动体验等功能于一体的国际孟学研究中心，全国重要干部政德教育基地。立天下之正位，行天下之大道。新时代新征程新篇章，孟子研究院将不忘初心，牢记使命，充分发挥特聘专家的人才优势和自身的平台优势，为推动优秀传统文化的创造性转化与创新性发展，建设打造研究高地、人才高地、文化高地与道德高地而不懈努力。

（孟子研究院谢以卓供稿及图片）

【古代地图】

坤舆万国全图（明代）

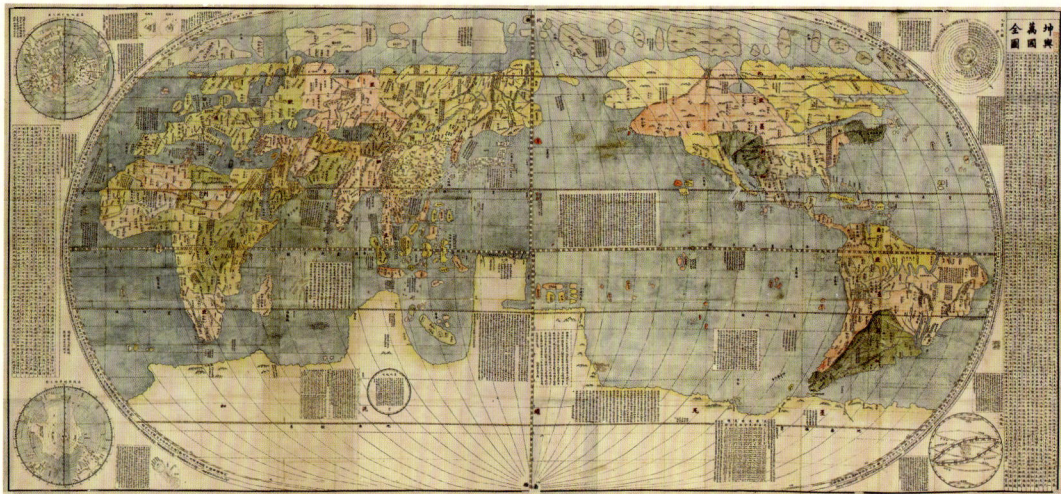

（明宫廷摹绘本）

　　《坤舆万国全图》是利玛窦和李之藻合作绘制的世界地图，是中国最早的彩绘世界地图，它将亚洲东部居于世界地图的中央，开创了中国绘制世界地图的先例。《坤舆万国全图》长380cm，宽192cm，图的开头是用楷书题写的图名《坤舆万国全图》。

　　整幅地图分三大部分，第一部分是主图，也就是椭圆形的世界地图，地图用多种颜色描绘而成，南北美洲用粉红色，亚洲呈现淡淡的土黄色，欧洲和非洲近似于白色，山脉以写景法描绘，用淡绿色勾勒，河流以双曲线绘写，海洋用深绿色画出水波纹，五大洲的名称是红色字体，国名和地名都用墨笔书写，以字体大小作为区别。整幅地图和谐而又富有层次感，颜色淡雅，视觉舒适，便于观看。地图上标有的五大洲中，包括当时刚被发现的南极洲。图上没有绘出澳大利亚，那是因为澳大利亚当时还没有被发现。在各大洋中，绘有16世纪不同类型的帆船9艘，在各个海域中，还绘有鲸、鲨、海狮等海生动物15头，南极大陆上还绘有陆上动物大象、狮子、驼鸟、恐龙等8头。地图中的插图具有明显的时代特色，图文结合的形式让地图变得形象生动。

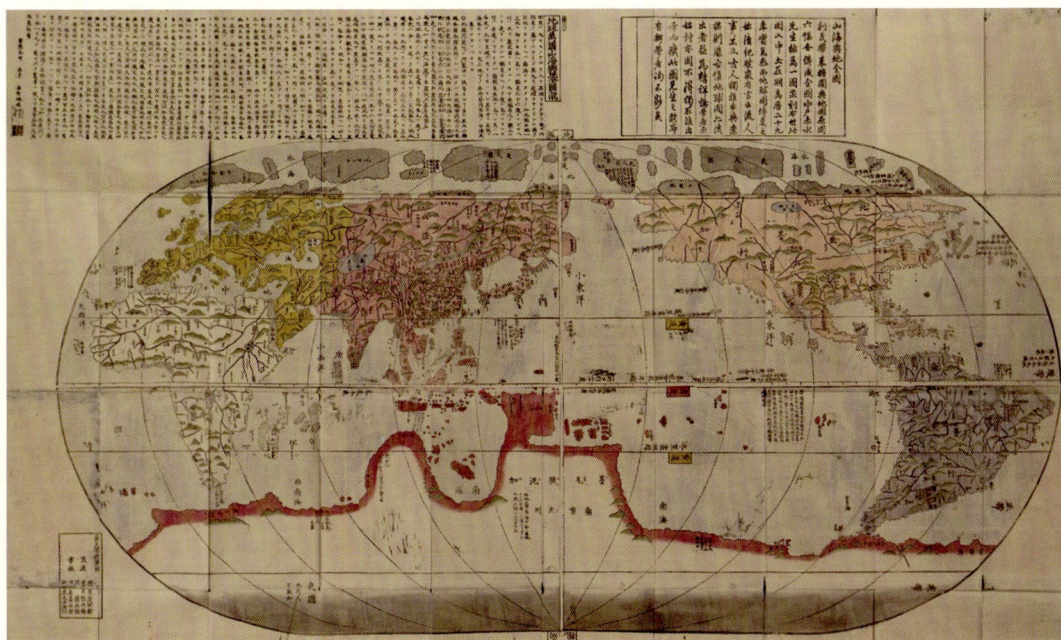

（日本彩绘本）

　　第二部分是四个角的天文图和地理图，右上角画有《九重天图》，右下角为《天地仪图》，左上角是《赤道北地半球图》和《日月食图》，左下角曾有《赤道南地半球图》和《中气图》，这些辅助作用的小图包含了天文、地理方面的知识，开拓了当时国人的眼界。虽然这些知识在今天已经是人尽皆知的常识，但在明代可谓耳目一新。

　　第三部分则是解释说明的文字，利玛窦在文中介绍了世界各地的风土人情、自然资源，宗教信仰等。这幅地图还保留了母本的全部序跋，具有珍贵的史料价值。

　　该地图原图已佚，现存世有四种版本：1602年李之藻刻本、1603年刻本（此版名《两仪玄览图》）、1608年明宫廷摹绘本、日本摹绘本。日本彩绘本编辑者是新井白石，该图收藏者是"狩野氏图书"。狩野直喜(1868-1947)，明治时代的中国通，文史研究学者。故此，图上有日文译名，但内容资料上，日本编者仅在地名上有所编补，核心资料仍采自李之藻原图。

岳麓书院学规

　　《岳麓书院学规》是在中国书院史上影响深远的学规，与《白鹿洞书院揭示》齐名，由清代国学大师王文清于乾隆十三年（1748）手定，后由门人曹盛朝等47人捐资刻成碑刻，嵌于讲堂左壁上，其拓本风靡海内外。《岳麓书院学规》为学子所重视，常引以为座右铭，并身体力行。学规共十八条，包括道德规范约束、学习内容目的和学习态度方法三方面内容。其详为：时常省问父母；朔望恭谒圣贤；气习各矫偏处；举止整齐严肃；服食宜从俭素；外事毫不可干；行坐必依齿序；痛戒评短毁长；损友必须拒绝；不可闲谈废时；日讲经书三起；日看纲目数页；通晓时务物理；参读古文诗赋；读书必须过笔；会课按刻蚤完；夜读仍戒晏起；疑误定要力争。

千里江山图（局部）

北宋王希孟作。长卷，绢本，大青绿设色。纵51.5厘米，横1191.5厘米。描绘祖国千里山河壮丽雄伟、灿烂辉煌的景色，为宋代青绿山水中的巨制杰作。内容大致可分六段，以水面、游船、桥梁、沙渚等衔接呼应。卷首写峰峦冈阜与辽阔水面深幽宁静的景致；第二段以山景为主，山径盘曲，瀑布溅泻，有一虹桥横跨江面；第三段山峦由险峻转为平缓，江岸绿田阡陌、村舍林立，渔舟货船舶于港湾，显现热闹的生活场景；第四段山势又渐高峻，水面游荡各种舟船，中间横跨山溪的拦水坝上建有一座水磨房；第五段写郁茂繁华的江南水乡风光，江面坦荡澄澈，有轻舟荡漾，渔人岸边撒网，士子亭阁赏景，近峦秀丽、远山逶迤；卷尾以平远的近景与险峻的中景作结。全卷着重描写千里江山雄浑壮阔气势，起伏连绵的雄伟山峦与水天一色的浩淼江河，壮奇秀丽；其间安排有丰富的生活场景，如水村野市、楼阁亭榭、泛船游艇、长桥磨房等等，并以众多的人物活动（如捕鱼、驶船、幽居、观景等）令画面真实自然，富有生活气息，体现了北宋时代山水画创作的宗旨及审美观点。全图结构严密紧凑又疏落有致，每段各具特色又相互关联，浑然一体，其间高远、深远、平远景色交替安排，相互穿插，跌宕起伏，引人入胜。笔墨上采用传统勾勒法，用笔精细，浩翰的河水以细线一一勾出波纹；树上花叶及翱翔的飞鸟，用墨色细致地点出形状、动态；人物虽细小如豆，但情态传达均恰到好处；屋宇、桥梁、舟船也精细地画出不同结构，敷色以浓重鲜艳的青绿为主，同时以赭色渲染山脚、天色，人物多用粉白、玉色，物体多用粉黄色，产生了光彩夺目的强烈效果。本图无款，后纸隔水黄绫上有蔡京题跋。现藏故宫博物院。

（参见刘乾先、董莲池、张玉春等主编：《中华文明实录》，黑龙江人民出版社2002年版，第926-927页。）

左宗堂楹联二幅

自然璞石玉青慈
左宗棠

不立樊墙天广大
蔼士一元房

秉道育惠辞艺立言
左宗棠

凝神葆龢颐性养寿
仁厂八兄属

　　左宗棠（1812-1885），字季高，湖南湘阴人。清末湘军统帅之一，洋务派首领。道光十二年（1832）举人，后屡试不第。初执教乡塾，后充骆秉章幕僚。咸丰七年（1860），由曾国藩举荐任四品京堂襄办军务，率湘军赴赣、皖、浙与太平军作战。同治二年（1863）升任闽浙总督。同治五年（1866）后，积极举办洋务，与沈葆桢创设福州船政局，不久调任陕甘总督。同治六年（1867），以钦差大臣督办陕甘军务，平复西北叛乱，升协办大学士，在西北设兰州机器织呢局等近代企业。光绪元年（1875）任钦差大臣，督办新疆军务，率军讨伐阿古柏，收复了天山北路、南路领土，并乘胜收复伊犁，打击了俄、英的侵略行径。随后，建议新疆设省，积极屯田，巩固边防。七年，任军机大臣，调两江总督兼通商事务大臣。中法战争时，任钦差大臣督办福建军务，病死于任内。遗著辑为《左文襄公全集》。

评

证　书

《中华优秀传统文化研究》 被评定为

"2022 年度中国人文社会科学期刊 AMI 综合评价"

集刊入库期刊

中国社会科学评价研究院

2023 年 3 月

　　《中华优秀传统文化研究》在中国社会科学评价研究院2023年1月正式发布的《中国人文社会科学学术集刊AMI 综合评价报告（2022 年）》中被评定为人文类（学科大类）、民族学与文化学（一级学科）入库集刊。本次入选的民族学与文化学类集刊共有9种，其中《民族理论研究》《元史及民族与边疆研究集刊》入选核心集刊，《藏学学刊》《地方文化研究辑刊》《华侨华人文献学刊》《节日研究》《西北民族论丛》《西夏学》及《中华优秀传统文化研究》入选入库集刊。

目　录

文化大视野

炎帝文化源流考论

姜剑云　孙笑娟[*]

【内容提要】 炎帝神农氏是中华文化的奠基者之一，在文化建构与历史积淀中居于重要地位。其不仅开启了文明的时代，更创造性地开拓了交易、医药、音乐等领域。岁月绵邈，史载不一，致使千百年来对炎帝神农的认识各异。炎帝神农氏经历了由单独记载向合一载录的过程，炎帝部族也发生了由西而东、由南往北的迁徙历程。清理历史遗留的相关疑案，是理解炎帝神农氏及其文化的关键要素。

【关键词】 炎帝　神农　部族迁徙　炎帝文化

"神农炎帝"是远古时期的传奇人物之一，在中国历史建构中居于十分重要的位置。古籍记载中，"炎帝"与"神农氏"之描述似有不同，历代学者对炎帝神农氏之看法也大相径庭，由此出现了"炎帝"与"神农"是否为一人、炎帝之称如何理解、炎帝后裔如何承继等一系列问题。捋清种种疑团，是明晰炎帝神农氏文化源流之关键所在。

一、"炎帝神农氏"其人

"炎帝神农氏"之称非古来如此。在古代文献中，时而只载"炎帝"，时而只言

---

* **【作者简介】** 姜剑云，男，1960年生，江苏东台人，文学博士，河北大学文学院教授，博士生导师，研究方向：中国古代文学研究。孙笑娟，女，1993年生，河北邯郸人，文学博士、邯郸学院文史学院讲师，研究方向：魏晋南北朝文学研究。

"神农氏"。直到汉代，"炎帝神农氏"这一称呼才正式成为流行称谓。因此，"炎帝"与"神农氏"经历了由单独记载到合二为一的过程。

（一）"神农""炎帝"分而记之

最早记载"神农氏"的文献为《周易》。《周易·系辞下》载："古者包牺氏之王天下也，仰则观象于天，俯则观法于地，观鸟兽之文与地之宜，近取诸身，远取诸物，于是始作八卦，以通神明之德，以类万物之情。作结绳而为网罟，以佃以渔，盖取诸《离》。包牺氏没，神农氏作，斫木为耜，揉木为耒，耒耨之利，以教天下，盖取诸《益》。日中为市，致天下之民，聚天下之货，交易而退，各得其所，盖取诸《噬嗑》。神农氏没，黄帝、尧、舜氏作……"① 此处之"没"，应为"衰落"，并非"灭亡"。由《周易》所载可知，神农氏是在包牺氏衰落后崛起的以农业起家的部族，神农不但教天下民耕种之术，还创造性地发明了"日市"这一交易平台。

又《淮南子》载：神农氏"尝百草之滋味，水泉之甘苦，令民知所避就。当此之时，一日而遇七十毒。"② 可见，神农氏的另一重身份乃是药神，他遍尝百草，一日遇七十毒，可谓医药界的开山鼻祖。

关于神农氏时代的生活状况，见于《庄子·盗跖》《吕氏春秋》等文献。《庄子》载："神农之世，卧则居居，起则于于，民知其母，不知其父，与麋鹿共处，耕而食，织而衣，无有相害之心，此至德之隆也。"③ 据庄子之描述，神农时代尚处"只知其母，不知其父"的母系社会，且与动物共处，民风质朴，社会文明程度并不高。《吕氏春秋·爱类》言："神农之教曰：士有当年而不耕者，则天下或受其饥矣；女有当年而不绩者，则天下或受其寒矣。故身亲耕，妻亲绩，所以见致民利也。"④ 士亲耕，女亲织，俨然就是男耕女织的生活模式，此与《庄子》所记载之神农时代虽不同，然前后联系来看，倒像是神农氏于母系社会向父系社会转变的轨迹呈现。

由以上胪列材料可知，神农时代未经开化，社会文明程度不高，母系占主导地位，农耕模式处于起步阶段。

关于"炎帝"的记载最初见于《国语·晋语》。"昔少典娶于有蟜氏，生黄帝、炎帝。黄帝以姬水成，炎帝以姜水成。成而异德，故黄帝为姬，炎帝为姜。二帝用师

---

① 周振甫：《周易译注》，北京：中华书局 1991 年版，第 257 页。
② 刘安：《淮南子》，郑州：中州古籍出版社 2010 年版，第 292 页。
③ 方勇等译注：《庄子译注》，上海：上海古籍出版社 2019 年版，第 510 页。
④ 许维遹撰，梁运华整理：《吕氏春秋集释》，北京：中华书局 2009 年版，第 593 页。

以相济也，异德之故也。"① 这是关于炎、黄出生地及其姓氏的最早文字。需注意的是，"少典"在此应理解为部族的称呼，并非个人之号。司马贞在《史记索隐·五帝本纪》释"少典"曰："少典者，诸侯国号，非人名也。又案：《国语》云'少典娶有蛎氏女，生黄帝、炎帝'，然则炎帝亦少典之子。炎、黄二帝虽则相承，如《帝王代纪》中间凡隔八帝，五百余年，若以少典是其父名，岂黄帝经五百余年而始代炎帝后为天子乎？何其年之长也！又案：《秦本纪》云：'颛顼氏之裔孙曰女修，吞鸟之卵而生大业，大业娶少典氏而生柏翳'，明'少典'是国号，非人名也。"② 可知，黄帝与炎帝并非亲兄弟，而是出自同一个部落，同宗而已。

《左传·昭公十七年》载："昔者黄帝氏以云纪，故为云师而云名。炎帝氏以火纪，故为火师而火名。"③ 同样的记载见于《左传·哀公九年》晋赵鞅卜救郑之事，史墨曰："炎帝为火师，姜姓其后也。水胜火，伐姜则可。"④ 此记载中，炎帝带有了火神的属性。所以有观点认为："炎帝族团本来是一个崇拜火神的部族。而且炎帝一名本身，其初义也正是火神。"⑤ 又，《淮南子·氾论训》曰："炎帝于火，而死为灶。"⑥ 炎帝于是由火神衍化而为灶神。独载"炎帝"的文献中并未提及当时的生活环境，但就上引相关历史文献可推断，炎帝生活的时期已出现火之崇拜，此与神农时代相差不远。

从以上材料中可知，炎帝与黄帝出自同一个宗族，且炎帝因姜水而为姜姓。炎帝因火而有了火神的性质，并由此衍化出了灶神的身份。

（二）"炎帝""神农氏"并而载之

《管子·封禅》曰："桓公既霸，会诸侯于葵丘，而欲封禅。管仲曰：'古者封泰山……神农封泰山，禅云云。炎帝封泰山，禅云云。黄帝封泰山，禅亭亭……'"⑦ 在管子的笔下，神农与炎帝是两个人，故而才会各有封禅。

《史记》中亦载有炎帝与神农氏之事，按其记载可知：神农氏衰落之后，诸侯互相侵伐，而神农氏无法控制当时的局面，于是轩辕氏应时而生，先是与侵略其他诸侯

---

① 左丘明：《国语》，上海：上海古籍出版社2015年版，第237页。
② 司马贞：《史记索隐》，《四库全书》第246册，台北：商务印书馆1986年版，第450页。
③ 杜预、孔颖达：《春秋左传正义》，北京：北京大学出版社1999年版，第1360页。
④ 同上书，第1651页。
⑤ 何新：《诸神的起源—中国远古太阳神崇拜》，北京：光明日报出版社1996年版，第214页。
⑥ 刘安等撰，高诱注：《淮南子》，上海：上海古籍出版社1989年版，第150页。
⑦ 房玄龄注，刘绩补注，刘晓艺校点：《管子》，上海：上海古籍出版社2015年版，第336页。

国的炎帝战于阪泉，"三战而得其志"①，后又与蚩尤战于逐鹿，灭之。通过这两次战斗，轩辕氏跃居领导地位，代神农氏而有天下。可见，在司马迁笔下，神农与炎帝并不是同一人，甚至在他看来，二人也并非出自同一宗族，毕竟神农氏是一个救世主的形象，而炎帝素爱征伐，乃暴戾之人。

司马迁的观点引起了后世的诸多争议，赞同者据此极力否认炎帝与神农之关系，否定者认为此则材料不可取，如刘知几《史通·叙事篇》所云："至于《三五本纪》《日者》《太仓公》《龟策传》，固无所取焉。"②

班固《汉书》记载，西汉末刘歆编纂的《世经》首将"炎帝神农"并称，文载："以火承木，故为炎帝；教民耕种，故天下曰神农氏。"③ 刘歆显然是将炎帝火神的性质与神农农神的性质结合在了一起，这样的结合也并非毫无依据。古时生产力低下，耕作方式唯有刀耕火种，神农既是农神，在耕种之时自然要用到火烧的方式，刘歆合二为一，当立足于此。高诱注《吕氏春秋·季夏纪》曰："昔炎帝神农能植嘉谷，神而化之，号为'神农'，后世因名其官为神农。"④ 西汉以后，"神农"和"炎帝"合二为一，指代一人，虽后代仍有争议，但"炎帝"即为"神农"之论得到主流思想的认同。

皇甫谧所编《帝王世纪》中汇集了诸多炎黄资料，他继承了西汉以降关于"炎帝神农"的看法，并丰富了炎帝神农的故事。书中载："神农氏，姜姓也，母曰妊姒，有蟜氏之女，名女登，为少典妃。游于华阳，有神农首感女登于尚羊，生炎帝，人身牛首，长于姜水，因以为氏焉。有圣德，以火承木，位在南方，主夏，故谓之炎帝。都于陈，作五弦琴。凡八世：帝承、帝临、帝明、帝直、帝来、帝哀、帝榆罔。"⑤ 皇甫谧不仅勾勒出炎帝神农出生的故事及后代子嗣承继之情况，还进一步将其描绘成了人身牛首的长相，且在火神、农神的身份之上赋予了琴师始祖的身份。成书于秦末汉初，后散佚再辑的《世本》共有七个版本，其中清王谟辑本中记载："宋仲子曰：'炎帝即神农氏。炎帝身号。神农代号也。'"⑥ 其他六个人与王谟的观点高度一致，这表示七位编纂之人皆赞同此说法。

---

① 司马迁：《史记》，北京：中华书局2013年版，第4页。

② 刘知几著，浦起龙释：《史通通释》，上海：上海古籍出版社1978年版，第166页。

③ 班固撰，张永雷、刘丛译注：《汉书》，北京：中华书局2009年版，第436页。

④ 高诱：《吕氏春秋注》，上海：上海古籍出版社2014年版，第112页。

⑤ 皇甫谧著，刘晓东等注：《二十五别史·帝王世纪·世本·逸周书·古本竹书纪年·国语》，济南：齐鲁书社2000年版，第4页。

⑥ 宋衷注，秦嘉谟等辑：《世本八种》，北京：商务印书馆1957年版，第2页。

综合以上胪列资料及分析可梳理出以下观点："炎帝"与"神农"经历了独载到合称的过程，自此，"炎帝神农氏"具备了农神、火神、药神甚至琴师始祖的多重身份。在先秦典籍中，炎帝与神农很少出现在同一古籍中，但这并不表明炎帝与神农毫无干系。自汉朝之后，"炎帝神农氏"这一称呼受到大众认可，延续至今。

二、炎帝部族的历史变迁

徐旭生《中国古史的传说时代》谈道："（华夏集团）是三个集团中最重要的集团，所以此后它就成了我们中国全族的代表，把其他两个集团几乎全掩蔽下去。此部族中又分两个大亚族：一个叫作黄帝，一个叫作炎帝。"[①] 关于炎帝部族的起源，学术界存在多种声音。陕西宝鸡、山西高平、湖北随州、湖南株洲皆打出了"炎帝故里"的口号。究其原因，在于炎帝部族在发展中多次迁徙，其中就涉及炎帝部族的世系、炎帝部族的迁徙、炎帝部族的盛衰等方面的因素。

要解决上述问题，所依托的依旧是古史典籍与出土文献。在此之前，需要明确的是，"炎帝"是一个部族首领的统称，并非单指个人，在部族的历史发展中，所有承嗣帝位之人皆称为炎帝，恰如司马贞《史记索隐》释《封禅书》云："神农后，子孙亦称炎帝。"[②]

（一）炎帝世系

关于炎帝部族的世系，皇甫谧《帝王世纪》认为，炎帝共传八世，第一任炎帝之后，凡七帝：帝承、帝临、帝明、帝直、帝来、帝哀、帝榆罔。"世"，许慎《说文解字》释曰："世，三十年为一世。"[③] 炎帝传了八世，即有二百四十年。《春秋命历序》言："炎帝传八世，合五百二十岁。"[④] 此八世与《帝王世纪》所列八世相同，但年代却比之久远得多。司马贞《三皇本纪》亦认为炎帝传八世，共五百三十年。

南宋郑樵《通志》载："神农人身牛首，纳莽水氏之女，曰听谈，生临魁，嗣神农，曰帝临魁，在位八十年（或云六十年）。帝承嗣，位六十年（或云六年，一本承在临魁前）。帝明嗣，位四十九年，帝直嗣，位四十五年，帝釐嗣，位四十八年，帝哀嗣，位四十三年，帝榆罔嗣，位五十五年。诸侯相侵，帝不能正，黄帝征之，天下

① 徐旭生：《中国古史的传说时代》，北京：文物出版社1985年版，第40页。
② 司马贞：《史记索隐》，《四库全书》第246册，台北：商务印书馆1986年版，第508页。
③ 许慎撰，段玉裁注：《说文解字注》，上海：上海古籍出版社1981年版，第180页。
④ 陕西省地方志编委会：《〈炎帝志〉·〈春秋〉命历序》，西安：三秦出版社2009年版，第554页。

尊为天子，炎帝遂绝。自神农至榆罔五百年，自临魁至榆罔凡七帝，袭神农之号三百八十年。"① 郑樵认为，神农氏与莽水氏之女结合，生下帝临魁，然需要注意的是"嗣神农，曰帝临魁"这一句。临魁承继了神农之号，同时亦被尊为帝。这是否意味着，在临魁之前，神农氏的部族力量尚未达到尊天下的程度，而自临魁开始，神农才正式有了帝称。如此一来，那便意味着，炎帝是神农氏族首领的尊称。炎帝自第一代始，传八代，袭神农号三百八十年，后黄帝征伐诸侯有天下，炎帝遂绝。此处的"绝"，不应当是灭亡、灭绝之意，而是炎帝神农氏部族力量消减，不足以继续掌控天下。

相似的记载见于宋人刘恕《〈资治通鉴〉外纪》："神农在位一百二十年，或云一百四十年。神农纳（莽）水氏曰听谈，生临魁。帝临魁，元年辛巳，在位六十年，或云六十八年。帝承，元年辛巳，在位六年，或云六十年。一本承在临魁先。帝明，元年丁亥，在位四十九年。帝直，元年丙子，在位四十五年。直，一作宜。帝厘，一曰克，元年辛酉，在位四十八年。帝哀，元年己酉，在位四十三年。帝榆罔，元年壬辰，在位五十五年。自神农至榆罔四百二十六年。临魁至榆罔，七帝，袭神农之号三百六年。"② 刘恕的观点与郑樵十分相近，所不同的是，刘恕在郑樵的基础上，将每一位炎帝继位时间明确标注了出来，这很显然是受到了邹衍阴阳五行之说的影响。

对于炎帝部族到底存在了多少年的问题，见仁见智，但炎帝传八世这一说法，得到了普遍的认可。无论是皇甫谧还是郑樵抑或刘恕，他们对历代炎帝的承继顺序的看法是一致的。因此，抛去无法确认的年代问题，我们不妨以炎帝世系作为依据，将清炎帝部族的迁徙及盛衰情况。

（二）炎帝部落

1. 始居姜水

《国语·晋语》载："昔少典娶于有蟜氏，生黄帝、炎帝。黄帝以姬水成，炎帝以姜水成。成而异德，故黄帝为姬，炎帝为姜。二帝用师以相济也，异德之故也。"③ 从《国语》记载可知，炎帝生于姜水。又见《帝王世纪》载："神农氏，姜姓也。母曰

① 郑樵：《通志》，《四库全书》第 372 册，台北：商务印书馆 1986 年版，第 80 – 81 页。
② 刘恕编：《〈资治通鉴〉外纪》，《四部丛刊初编·史部》，上海：上海商务印书馆缩印明刊本，第 8 页。
③ 左丘明：《国语》，上海：上海古籍出版社 2015 年版，第 237 页。

任姒……名女登……游于华阳，有神农首感女登于尚羊，生炎帝，人身牛首，长于姜水。"① 姜水在何处？郦道元《水经注·渭水》载："岐水又东，迳姜氏城南为姜水……炎帝长于姜水，是其地也。"② 姜氏城又在何处？

据《太平寰宇记》关于关西道之描述可窥一二。"岐水，即大峦水也，源出县（普涧县，在北七十里），东南流入漆水。"③ 而漆水"源出县（普涧县）东南漆溪……出右扶风杜阳岐山，东入渭也"④。渭水流经岐山县（东五十里），在县南三十里，亦流经郿县（东南一百里），渭水经县东南。由《太平寰宇记》的记载可大致判断，此姜氏城应该在东南方向，属于岐山扶风境内，故此段所指的姜水也应该是位于东南方向的一段。

明万历《宝鸡县志》载："（姜氏城）昔传炎帝、周姜诞于此。"⑤ 于史有载，于地有考。陕西境内所存姜城堡遗址、北首岭遗址、福临堡遗址均属仰韶文化遗址。仰韶文化时期种植业以粟为主，黍次之，间有渔猎，且遗址中所留存的农业用具相当丰富。《周礼注疏》释"五谷"云："麻、黍、稷、麦、豆也。"⑥ 稷即为粟。这恰恰证明，仰韶文化时期种植业情况与炎帝作耒耜、教民耕种的情况十分吻合。遗址中出土的墓葬品中，女性的随葬品十分丰富，可见女性居社会主导地位。同时，在福临堡遗址中发现了陶祖和石祖，这说明彼时已出现了对男性的生殖崇拜。此与女性墓葬对比来看，分明符合炎帝时期母系社会向父系社会转变的时代特征。邹衡认为："现已查知，姜炎文化的中心分布地域适在宝鸡市区之内，这样，上述文献记载就在考古学上得到了印证。就是说，上古时代的炎帝族确实在此发迹。"⑦ 可见第一代炎帝生活在陕西境内，随着耕植水平的不断提高与部落的不断壮大，炎帝部落沿渭水向东部迁移。

2. 迁居高平

山西境内有关炎帝之记载一为古籍之载及碑刻留存，一为炎帝之女精卫填海之传说。山西上党境内有一山名羊头山，《太平寰宇记》载："高平县……羊头山，在县北

---

① 皇甫谧著，刘晓东等点校：《二十五别史·帝王世纪·世本·逸周书·古本竹书纪年·国语》，济南：齐鲁书社 2000 年版，第 4 页。

② 郦道元：《水经注》，《四库全书》第 573 册，台北：商务印书馆 1986 年版，287 页。

③ 乐史著，王文楚等点校：《太平寰宇记·关西道》，北京：中华书局 2007 年版，第 644 页。

④ 同上书，第 643 页。

⑤ 霍彦儒、郭天祥著：《炎帝传》，西安：陕西旅游出版社 1995 年版，第 13 页。

⑥ 郑玄注，陆德明音义，孔颖达疏：《周礼》，《四库全书》第 90 册，台北：商务印书馆 1986 年版，第 89 页。

⑦ 邹衡：《漫谈姜炎文化》，载《炎帝论》，西安：陕西人民出版社 1996 年版，第 1 页。

三十五里。《山海经》：'神农尝五谷之所，山形象羊头。'"① 又曰："羊头山。《郡国志》云：'有神农城，山下有神农泉，南带太行。又有散盖，即神农尝谷之所也。'"② 显然，山西上党之羊头山所对应的正是"尚羊山"，此处被认为是炎帝神农氏尝五谷、得嘉谷之地，炎帝农神的形象凭此得到了印证。

山西境内保存着数量众多的碑刻。现存最早的神农碑刻刻于北齐天保二年（551），石碑上有"神农，圣灵所托，远瞩太行"③ 等字样。唐天授二年所立之碑详细描述了炎帝尝百草、制末耜、植五谷的事迹，碑上一句"此山炎帝之所居也"④ 更是清清楚楚、言之凿凿地将羊头山定为炎帝所居之地。

《山海经·北次三经》云："发鸠之山，其上多柘木。有鸟焉，其状如乌，文首，白喙，赤足，名曰精卫，其鸣自詨。是炎帝之少女，名曰女娃。"⑤ 郭璞有注云："今在上党郡长子县西。"⑥ 女娃是炎帝之女，游于东海，溺水而亡化为精卫之鸟。故事自此流传下去，成为炎帝活动于山西境内的佐证。此外，晋代程玑《上党记》又载："神农庙西五十步有石泉二所，一清一白，俱甘美，呼为神农井。"⑦ 类似的神农城、神农井、神农庙的记载见之于《北魏风土记》《太平寰宇记》等文献，这些记载与遗址构成了一套完整的炎帝文化体系。

3. 被迫南迁

炎帝部族迁徙的脚步并未因此停留在山西，而是继续向东推进。《帝王世纪》载："炎帝初都陈，后徙鲁。"⑧ 此说亦见《通志·三皇纪》："都于陈，后徙鲁。"⑨ 关于"陈"之释义，《春秋传》曰："'陈，太昊之墟也。'于汉，属淮阳，今陈国是也。神农氏亦都陈，又营曲阜。"⑩ 炎帝带领部族经过河南，到达山东境地，然而，此次迁徙后，炎帝部族面临了一个更大的挑战，经此一事，炎帝部族被迫离开了黄河流域，一路南下。

---

① 乐史著，王文楚等点校：《太平寰宇记·河东道》，北京：中华书局2007年版，第918页。
② 同上书，第938页。
③ 高平金石志编委会：《高平金石志》，北京：中华书局2004年，第4页。
④ 同上书，第6页。
⑤ 郭璞注，郝懿行笺疏，沈海波校点：《山海经》，上海：上海古籍出版社2015年版，第117页。
⑥ 同上。
⑦ 乐史著，王文楚等点校：《太平寰宇记》，北京：中华书局2007年版，第939－940页。
⑧ 皇甫谧著，刘晓东等点校：《二十五别史·帝王世纪·世本·逸周书·古本竹书纪年·国语》，济南：齐鲁书社2000年版，第4页。
⑨ 郑樵：《通志》，《四库全书》第372册，台北：商务印书馆1986年版，第80页。
⑩ 徐宗元辑：《帝王世纪辑存》，北京：中华书局1964年版，第6－7页。

陕西历史博物馆杨东晨等部分学者认为，炎帝的南迁是因阪泉之战战败之故。关于阪泉之战，历来皆认同司马迁之说：炎帝部族侵伐诸侯，黄帝作为"正义"的一方，匡扶天下，与炎帝战于阪泉，"三战，而得其志"。此种说法招来颇多质疑的声音，学者认为炎帝与黄帝作为中华文明的始祖，向来是以先神、始祖神的身份面世，又怎会如同蚩尤一般，肆意征伐？因此，炎黄大战是否存在，有待商榷。但逐鹿之战，当有此事，且炎帝迁徙，应与此有关。

《路史》载："阪泉氏蚩尤，姜姓，炎帝之裔也。"① 又梁益《诗传旁通》"蚩尤"条云："蚩尤，阪泉氏，姜姓，炎帝之裔也。炎帝参卢曰榆罔，居空桑，命蚩尤居小颢以临四方。蚩尤作乱，伐空桑，逐榆罔居逐鹿，逐鹿一云浊鹿。自以为炎帝之后，篡号炎帝。参卢遂委命于有熊氏，有熊氏于是……及蚩尤战于逐鹿山，执蚩尤于中冀而诛之，身首异处。"② 《诗传旁通》捋出了清晰的人物关系：炎帝部落衰微，彼时首领为第八代炎帝榆罔，而作乱的炎帝是篡位之蚩尤。蚩尤强大，炎帝榆罔不能制，反被侵犯，于是便求助于黄帝。黄帝轩辕氏经过一番鏖战，最终将蚩尤戮于中冀。

蚩尤作乱，与炎帝有不可忽略的联系。且经此一役，黄帝名声大噪，人心归向，顺理成章为天下主，而炎帝部族日渐衰落，一部分融入黄帝部族，一部分四散迁徙，其中一支部族南下，进入江淮地区的湖北。

然而，史载南方亦存在一位农神性质的烈山氏。《国语·鲁语》曰："昔烈山氏之有天下也，其子曰柱，能殖百谷百蔬。"③ "烈""厉"二字包括连山氏之"连"、列山氏之"列"，在古籍中互为通假字，可看作一个称呼。上古时期，中国大地上存在着诸多的部落，显然，烈山氏即为其中之一。烈山氏起于烈山，因以为氏，至郑玄注礼时，说辞已发生变化。《礼记注疏》云："厉山氏，炎帝也，起于厉山，或曰有烈山氏。"④ 郑樵《通志·三皇纪》说："炎帝神农氏起于列山，亦曰烈山氏，亦曰连山氏，亦曰大庭氏，亦曰魁隗氏。"⑤

"烈山氏""连山氏""厉山氏"显然是具有地方色彩的地域农神，何以炎帝神农

---

① 罗泌：《路史》，《四库全书》第 383 册，台北：商务印书馆 1986 年版，第 109 页。

② 梁益：《诗传旁通》，《四库全书》第 76 册，台北：商务印书馆 1986 年版，第 924 页。

③ 左丘明著，韦昭注：《国语》，《钦定四库全书》第 406 册，台北：商务印书馆 1986 年版，第 48 页。

④ 郑玄注，陆德明音义，孔颖达疏：《礼记》，《四库全书》第 116 册，台北：商务印书馆 1986 年版，第 260 页。

⑤ 郑樵：《通志》，《四库全书》第 372 册，台北：台北商务印书馆 1986 年版，第 80 页。

氏亦以"烈山氏"之类指称？《左传》杜预注云："烈山氏，神农世诸侯。"① 炎帝率领部族进入湖北随州地区，与当地的烈山氏部落融合为一个新的部落，部落首领依旧沿袭炎帝神农氏之称，因此后世便有炎帝别号"烈山氏"的说法。

4. 葬于长沙

《太平御览》引《郡国志》云："炎帝神农氏葬于长沙。长沙之尾，东至江夏，谓之沙羡，是其地也。"② 皇甫谧《帝王世纪》："炎帝神农在位一百二十年而崩，葬长沙。"③ 罗泌《路史》亦载：炎帝神农氏"崩葬长沙茶乡之尾，是曰茶陵，所谓天子墓者"④。罗泌之子罗苹为《路史》作注："今陵山尚存二百余坟，盖妃后亲宗子属在焉。"⑤《太平御览》《续后汉书》等皆有类似记载。可见，炎帝部族确实曾涉足湖南，不仅如此，他的后妃宗子也跟随炎帝一同而来，聚族而居。

湖南龙山里耶秦简发现"祠先农简"22 枚，据《后汉书·礼仪志》注引《汉旧仪》："官祀先农，先农即神农炎帝也。"⑥ 湖南高庙文化遗址、屈家岭文化遗址、茶陵县独岭坳遗址、玉蟾岩遗址中出土的诸多文物证明，此时的炎帝部落经过历史的发展已经到了成熟的阶段，有稳定的居住环境和成熟的农业种植技术。

综上炎帝迁徙轨迹可见：第一代炎帝发迹于陕西姜水，随着耕植能力的不断发展及部族的不断壮大，部落向更利于生存的东部地区迁移。其沿渭水而行，经过山西高平到达河南、山东等地。后蚩尤作乱，欺凌第八代炎帝榆罔，将炎帝逐出。部族早已衰落的榆罔无力征伐，于是便求助黄帝，双方联手与蚩尤大战一场。炎、黄大胜，黄帝代炎帝为天下尊，而炎帝族群被迫南徙。南迁始经湖北随州，与当地之烈山氏融合，复又沿江而下至湖南，榆罔崩，葬于长沙。

三、炎帝文化之内涵与外延

《易经》云："刚柔交错，天文也；文明以止，人文也。观乎天文以察时变，观乎人文以化成天下。"⑦ 炎帝文化在人类社会与历史积淀中生成，其以农耕文化为主，兼及炎帝活动中创造出来的医药、手工业、音乐、姓氏等文化，及其后因炎帝而衍生出

---

① 杜预：《春秋左传集解》，北京：北京大学出版社 1999 年版，第 1522 页。
② 李昉等编，王晓天点校：《太平御览》第 2 卷，石家庄：河北教育出版社 1994 年版，第 625 页。
③ 皇甫谧著，徐宗元辑：《帝王世纪》，北京：中华书局 1964 年版，第 11 页。
④ 罗泌：《路史》，《四库全书》第 383 册，台北：商务印书馆 1986 年版，第 95—96 页。
⑤ 同上书，第 105 页。
⑥ 范晔：《后汉书》，北京：中华书局 1965 年版，第 3107 页。
⑦ 王弼撰，楼宇烈校释：《周易注》，北京：中华书局 2011 年版，第 121 页。

来的祭祀、碑刻、陵墓以及文人歌咏等内容，内涵广博。

1. 农耕文化

农耕文化是炎帝文化的核心，包括耒耜等农业工具的创造、刀耕火种之耕作方式的出现以及农作物的培育。炎帝之前，古人过着茹毛饮血的生活，《礼记·礼运》云："昔者，先王未有宫室，冬则居营窟，夏则居橧巢。未有火化，食草木之实、鸟兽之肉，饮其血，茹其毛。"[①] 神农氏认为"行虫走兽难以养民，乃求可食之物"[②]，于是便有了以粟为代表的五谷的出现，且顺天而为、因地制宜，创造性地发明了最早的农业用具——耒耜。

神农氏带领先民从渔猎社会过渡到农耕社会，迈出了人类历史上具有里程碑意义的一步。难怪《帝王世纪》等古籍记载中常常将"炎帝神农氏"描述为一位"牛首人身"的形象，这恐怕与牛在农耕生活中占有举足轻重的作用有关。

2. 医药文化

除却农神身份，炎帝还带有医药业之祖的符号。先民食未经烤炙的兽肉，餐无定准，患病情况甚多。炎帝神农氏"磨蜃鞭茇，察色，尝草木而正名之。审其平毒，旌其燥害，察其畏恶，辨其臣使，厘而三之，以养其性命而治病"[③]。神农氏尝百草之滋味，命名相关草木，分辨特性，以药草之用，养民性命，疗民伤病。其贡献与经验为后人所整理，并被编著为《神农本草经》以传后代。

3. 手工业文化

《太平御览》引《周书》云："神农（炎帝）耕而作陶。"[④] 耕为农耕，指农业；陶为陶器，为手工业。农业的发展，促进了手工业的产生。陶器的发明，使得农业生产富余成果有了贮藏之处，极大地改变了先民的饮食方式。

《吕氏春秋·爱类》言："神农之教曰：士有当年而不耕者，则天下或受其饥矣；女有当年而不绩者，则天下或受其寒矣。故身亲耕，妻亲绩，所以见致民利也。"[⑤] 神农之世，男耕女织，纺织业的发展使先民摆脱了穿兽皮、着树叶蔽体的窘境，这是人类文明前进的一大步。

---

① 郑玄注，陆德明音义，孔颖达疏：《礼记》，《四库全书》第 115 册，台北：商务印书馆 1986 年版，第 449 页。

② 马骕撰，王利器整理：《绎史》第 4 卷，北京：中华书局 2002 年版，第 115 页。

③ 罗泌：《路史》，《四库全书》第 383 册，台北：商务印书馆 1986 年版，第 92 页。

④ 李昉等编，孙雍长等点校：《太平御览》第 7 卷，石家庄：河北教育出版社 1994 年版，第 751 页。

⑤ 许维遹撰，梁运华整理：《吕氏春秋集释》，北京：中华书局 2009 年版，第 593 页。

农业与手工业的繁荣带来了剩余资料的产生，并由此催生了交易市场。《三皇本纪》载神农氏"教人日中为市，交易而退，各得其所"①。"日市"是交易市场的雏形，日中立市，先民各取所需，此为交易文化的滥觞。

4. 音乐文化

神农所创造的音乐文化主要是指五弦琴的创制。郑樵《通志》载，神农"始作五弦，削桐为琴，纠丝为弦，以通天地之德，以合神人之和"②。《世本》详细记载了神农制琴的过程，其《作篇》云："神农作琴。神农氏琴长三尺六寸六分，上有五弦，曰：宫、商、角、徵、羽。文王增二弦，曰：少宫、少商。"③ 神农制琴以桐木为主干，以丝为弦，琴长约为122厘米，上有五条琴弦，可奏五音，周代加二弦，五弦遂变七弦。神农制琴的目的在于以此为媒介，通天地之德，使天人相合。在上古时代，音乐的演奏主要是以五弦琴为主，如舜时《韶乐》《南海》等曲子均用五弦琴来演奏。

5. 姓氏文化

随着炎帝神农部落的迁徙，炎帝族后代分支建立诸侯国，并出现了诸多不同的姓氏。

姜姓是炎帝部族的大姓，《诗·大雅·生民之什》"厥初生民，时维姜嫄"便是佐证。《元和姓纂》载："姜姓，炎帝四岳之后封于申，号申伯，周宣王元舅也。时有申公，巫臣申包胥、申亥，韩有申不害……"④ 除却申姓外，还有齐、吕、卢、许、左、文等。这些姓氏有些是直承炎帝而来，如姜姓、吕姓，有的是进一步分化而来，如共姓、洪姓。

姓氏文化包含的内容十分广泛，大到姓氏的传说以及姓氏的源流，小到家法家规、子辈用语，都属于姓氏文化的范畴。近些年来，姓氏文化被广泛开发，海内外的中华儿女纷纷来大陆寻根，这对于进一步加强中华文化的凝聚力具有十分重要的意义。

6. 考古文化

炎帝文化具有强大的衍生力，辐射派生出了祭祀仪礼、碑刻石刻等考古文化。对炎帝之祭祀最早可以追溯到黄帝时代。《路史·后纪》载："（黄帝）而崇炎帝之祀于

① 司马贞：《补史记》，《四库全书》第244册，台北：台北商务印书馆1986年版，第965页。
② 郑樵：《通志》，《四库全书》第372册，台北：台北商务印书馆1986年版，第80页。
③ 宋衷注，秦嘉谟辑：《世本八种》，北京：商务印书馆1957年版，第24页。
④ 林宝：《元和姓纂》，《四库全书》第890册，台北：商务印书馆1986年版，第574页。

陈。"① 若记载可信，此炎帝定不是第一代炎帝，而是炎帝后嗣。《史记·封禅书》载："秦灵公作吴阳上畤，祭黄帝。作下畤，祭炎帝。"② 这是秦灵公三年祭炎帝活动的记载。其后历朝历代皆对炎帝进行官方祭祀，宋乾德元年、明元成宗大德九年皆举办了声势浩大的祭祀活动。

民间祭祀亦十分兴盛，并形成了一定的规模与传统。如陕西宝鸡地区的天台山庙会、常羊山神农城庙会、姜城村庙会等。连山苗族村中流传着以炎帝牛首人身为传说而制的"牛王崇拜"之舞。湖南会同保存着一种十分原始的祭祀习俗，每年秋收之后的月圆之夜，村中 16 岁以上的男子都要举办"炎帝裸祭"，这在全国祭祀活动中独树一帜。

碑刻石刻文化主要是指历代所修筑的、记载炎帝事迹或歌颂炎帝功德的石碑。迄今，已知最早记载炎帝事迹的是建于北齐天保三年（551）的碑刻，上有"神农，圣灵所托，远瞩太行"等字。另有唐武则天天授二年（691）的羊头山清化寺石碑、明成化十一年重修炎帝行宫碑、明万历六年随州知州阳存愚所立"炎帝神农氏遗址"碑等。这些碑刻石刻是炎帝文化与炎帝精神的延续，大多为皇族或者官方所立，显示了主流思想对炎帝的推崇。

7. 炎帝之文人歌咏

关于炎帝及其文化的歌咏屡见于文人的创作，其内容或歌咏炎帝精神，或赞美炎帝贡献，透露出后人对炎帝文化的礼赞、崇敬与发扬。

历来不乏对炎帝神农所创太平时代之赞美。东汉张衡《东京赋》云："昔常恨《三坟》《五典》既泯，仰不睹炎帝、帝魁之美。"③ 此赋中，冯虚公子闻安处先生之言，心中怅然，以炎帝之时垂裳而治比拟汉朝，透露出对炎帝所创太平盛世的赞美。陶渊明生活之东晋，政局动荡，帝王无道，国之将衰，陶渊明不由向往民风淳朴的神农时代，心怀戚戚，故《饮酒》有"羲农去我久，举世少复真"④ 之惋惜。愈是动荡，对炎帝时代的向往之情愈是浓烈。宋范仲淹《四民诗·农》以神农时民风淳朴、生活节俭、人民安居乐业的自在环境与世风日下、骄奢淫逸之风盛行、农民捉襟见肘还要时时应对赋敛之制的悲戚现状作对比，表达了范仲淹对神农时代安乐祥和之生存境遇的向往与追求。

---

① 罗泌：《路史》，《四库全书》第 383 册，台北：商务印书馆 1986 年版，第 107 页。
② 许嘉璐：《二十四史全译·史记》，上海：汉语大词典出版社 2004 年版，第 470 页。
③ 张衡著，张震泽校注：《张衡诗文集校注》，上海：上海古籍出版社 1986 年版，第 166 页。
④ 陶潜著，龚斌校笺：《陶渊明集校笺》，上海：上海古籍出版社 1996 年版，第 248 页。

　　文人墨客对炎帝功绩之颂扬是全方位的，举凡上文所述之种植五谷、教民农耕、亲尝百草、开设日市等内容皆有涉及。曹植与挚虞所作《神农赞》所称美之处，亦不出此范围。南宋罗泌《炎帝赞》与曹植、挚虞之作有异曲同工之妙，但落笔更为细致，诗歌从六个方面赞颂了炎帝的功绩与圣德：制耒耜，植五谷；尝百草，疗疾病；修地利，择地居；列廛肆，聚日市；善风俗，兴礼仪；弗伤害，施仁治。诗的最后四句，罗泌直抒胸臆，称赞炎帝之德世世代代，万古同辉。此外，王绩《采药》、张籍《卧疾》等诗皆涉神农亲尝百草以疗疾病之事。可见文人对神农的推崇与歌咏。

　　炎帝起自陕西宝鸡，传八世。随着文明的发展以及战争等因素，炎帝部落不断迁徙，自西而东，自北徂南，在陕西、山西、湖北、湖南等地皆留下了历史印记。炎帝文化是中华文化的滥觞，农耕文化是炎帝文化的核心，医药文化、音乐文化以及后世的碑刻石刻文化、文人歌咏等内容，是炎帝文化的重要组成部分。文化生生不息，精神历久弥新，炎帝文化、炎帝精神，是中华祖先留下来的最宝贵的财富。

南方印象："兕"的书写及其变迁*

羊凌霄　韦　萍**

【内容提要】殷商以降，兕多迁徙至南方，此后逐渐成为文人的描写对象。过去雷焕章等人的研究旨在将"兕"与某种生物互相对应，忽略了兕的形象本身的多样性。实际上，历代对兕的书写有时更接近一种文学叙述，新的元素与概念可以不断地附加到"兕"身上，从而丰富其形象与角色类型、拓展其语义，而兕甲、兕觥等兕类制品作为兕形象的一部分，同样给后世留下了深刻的记忆（强楚记忆与诗礼记忆）。在不断的书写与流变中，兕最终被塑造为一个南方符号，沉淀到中华民族的文化记忆中。

【关键词】兕　青兕　云梦　兕甲　南方

过去近百年间，对"兕"的研究多集中在文字考释及物种推定上，取得了不少重要成果。考释文字者，如唐兰将 1929 年出土于殷墟的巨兽头骨的额上刻辞隶定为"于倞田，隻（獲）白兕"①，并初步判断"兕"为牛族；其后徐在国又据"安大简"中的《诗经》材料将楚简中旧定为"嬴"的字改定作"兕"。② 推定物种者，如雷焕

---

　*【基金项目】安徽大学大自然文学研究协同创新中心项目"秦汉方士群体的自然观念与自然书写"（编号：ADZWZ23 - 07）。

　** 【作者简介】羊凌霄，男，1995 年生，贵州六盘水人，安徽大学文学院博士研究生，研究方向：战国秦汉魏晋南北朝文学史。韦萍，女，1994 年生，广西河池人，海南师范大学文学院博士研究生，研究方向：中国古代诗歌。

① 唐兰：《获白兕考》，载唐兰《唐兰全集（一）》，上海：上海古籍出版社 2015 年版，第 279 页。
② 徐在国：《谈楚文字中的"兕"》，《中原文化研究》2017 年第 5 期，第 11 页。

章运用文字学、古生物学及大量文献，力图证明"兕"即一种"野生圣水牛"[①]；张之杰在肯定雷氏结论的同时注意到了时代的差异，认为东周以后，水牛属造型在青铜器狩猎纹与汉画中几乎绝迹，因此春秋两汉时期"兕"更多指野牛[②]；之后黄家芳又梳理了"兕"演变为"犀"的过程，推测"兕"在晋时已经灭绝，后人不明因而误将"兕"当作"犀"[③]。

以上诸家所关注者，多为文字学与古生物学，从文学角度分析"兕"的文章至今尚未见有。"兕"的形象作为一种经典的"南方符号"频繁地出现在各类古籍中，在被反复称引的过程里具备了越来越丰富的文化内涵，成为一类经典的文学形象。下文拟从地域、种类、角色、喻指四个方面探寻"兕"这一形象的文学内涵。而"兕甲""兕觥"等兕类制品使"兕"的形象与更广泛的社会生活联系在一起，产生了更为深厚的人文意蕴，故亦作一章。从此五点切入，以希说明"兕"形象之流变及其成为经典的"南方印象"的原因。

一、南国：兕的活动区域

殷商时期有关兕的记载，主要见于甲骨文。雷焕章据岛邦男《殷墟卜辞综类》统计出44处获兕的记录，其中最多的一次高达40头[④]。黄家芳更找到一处商王狩猎获兕71头的记载[⑤]（黄氏未注明甲骨编号，遍检未得，疑将《合集》10408"癸卯允焚。隻……兕十一"误记为"七十一"）。根据甲骨文记录的商代频繁的猎兕活动，可推知当时"兕"在北方数量极多（今圣水牛骨多出土于河南安阳）。但到了周汉之时，今能见之文献已经极少提到兕在北方的情形。

今"北方兕"之记载多存于《山海经》。如《西山经》云："又西三百二十里，曰嶓冢之山……兽多犀、兕、熊、罴，鸟多白翰赤鷩。"[⑥] 吴任臣以其地在汉中宁羌（今陕西宁强）。《西次二经》云："西南三百里，曰女床之山……其兽多虎、豹、犀、

[①] ［法］雷焕章著，葛人译：《商代晚期黄河以北地区的犀牛和水牛——从甲骨文中的𱊝和兕字谈起》，《南方文物》2007年第4期，第160页。

[②] 张之杰：《兕试释补遗》，载《中国生物学史暨农学史学术讨论会论文集》，2003年6月，第58页。

[③] 黄家芳：《"兕"非犀考》，《乐山师范学院学报》2009年第3期，第84页。

[④] ［法］雷焕章著，葛人译：《商代晚期黄河以北地区的犀牛和水牛——从甲骨文中的𱊝和兕字谈起》，《南方文物》2007年第4期，第152页。

[⑤] 黄家芳：《"兕"非犀考》，《乐山师范学院学报》2009年第3期，第84页。

[⑥] 袁珂校注：《山海经校注》，成都：巴蜀书社1992年版，第33页。

兕。"① 毕沅以其地或在凤翔府岐山县（今陕西岐山）。《北山经》记曰"又北三百二十里，曰敦薨之山……其兽多兕、旄牛"②，汪绂以其地即燕支山，在山丹（今甘肃山丹）西北。据此可知在《山海经》的记载中，今甘陕一带仍有部分兕留存。唐兰推测商代获"白兕"之地"近于羌，则当在今之甘肃，正产兕极多之区矣"③，《山海经》的记载或即其遗存。

除《山海经》外，先秦两汉文献记载之"兕"皆已远离黄河流域，绝大部分集中于南方的江汉流域（尤其是楚国境内），现姑举十证：

1. 荆有云梦，犀兕麋鹿满之。④（《墨子·公输》）

2. 周昭王十六年，伐楚荆，涉汉，遇大兕。⑤（《竹书纪年·昭王》）

3. 叔向曰："君必杀之。昔吾先君唐叔射兕于徒林，殪以为大甲，以封于晋。"⑥（《国语·晋语八》）

4. （公孙）龙闻楚王张繁弱之弓，载忘归之矢，以射蛟兕于云梦之圃，而丧其弓。⑦（《公孙龙子·迹府》）

5. 昭后成游，南土爰底。厥利惟何，逢彼白雉（兕）?⑧（《楚辞·天问》）

6. 昔者楚襄王与宋玉游于云梦之台……登巉岩而下望兮，临大阺之蓄水……虎豹豺兕，失气恐喙。⑨（宋玉《高唐赋》）

7. 南方，阳气之所积，暑湿居之……其地宜稻，多兕象。⑩（《淮南子·墬形训》）

8. 客曰：……游涉乎云林，周驰乎兰泽……于是榛林深泽，烟云暗莫，兕虎并作。⑪（枚乘《七发》）

9. 仆对曰："臣闻楚有七泽，尝见其一……其下则有白虎玄豹，蟃蜒貙犴，

① 袁珂校注：《山海经校注》，成都：巴蜀书社1992年版，第40页。
② 同上书，第91页。
③ 唐兰：《获白兕考》，载唐兰《唐兰全集（一）》，上海：上海古籍出版社2015年版，第280页。
④ 王焕镳：《墨子集诂》，上海：上海古籍出版社2005年版，第1185—1186页。
⑤ 方诗铭、王修龄：《古本竹书纪年辑证》，上海：上海古籍出版社1981年版，第43页。
⑥ 徐元诰撰，王树民、沈长云点校：《国语集解》，北京：中华书局2002年版，第427页。
⑦ 公孙龙撰，吴毓江校释：《公孙龙子校释》，上海：上海古籍出版社2001年版，第2页。
⑧ 黄灵庚疏证：《楚辞章句疏证》，北京：中华书局2007年版，第1185—1187页。
⑨ 萧统编，李善注：《文选》，上海：上海古籍出版社1986年版，第875—877页。
⑩ 刘文典：《淮南鸿烈集解》，上海：上海科学技术文献出版社2015年版，第174页。
⑪ 萧统编，李善注：《文选》，上海：上海古籍出版社1986年版，第1567—1568页。

兕象野犀，穷奇獌狿。"① （司马相如《子虚赋》）

　　10. 夫犀象兕虎，南夷之所多也。② （《盐铁论·崇礼》）

　　其例尚多，不胜枚举。此类文献除泛说南方外（南土、巴浦、湘南、南夷等），更多是将兕与云梦泽联系在一起（除上引材料外，尚有《国语·楚语》《战国策·楚策一》《吕氏春秋·至忠》等），可见兕在南方虽分布广泛，但云梦泽当是其主要的繁衍地之一，故而兕的形象也成了描写云梦泽时的一个经典符号。

　　石泉说"（云梦）是指一片广大的、包括各种地貌（当然也包括湖泽）、到处孳育繁衍着野生动植物的未经开发的地区"③，兕所喜爱的正是这种"暑湿"环境，云梦这样广大的沼泽区域非常适合其生存，《谏格虎赋》说："夫兕虎之生，与天地偕，山林泽薮，又其宅也。"④ 是以兕的形象常出现在水边或泽地之中。且兕或具有较强的领地意识，一般不会离开其栖息地，故而平常很难看到，像郭璞遇见"大如水牛"的动物"来到城下"的情况是很少见的。⑤

　　因此，当人们来到野外，经过江边、沼地时，常常会受到兕的攻击，从而产生了"苍兕"和"狂兕"这两种经典的兕之形象（详见本文第二章）。而为了应对此类威胁，楚国常常举行盛大的田猎活动。兕的文学角色因而更加多样化。一方面作为山泽间的巨大隐患，另一方面成为田猎活动的重头戏（详见本文第三章）。然而，正是由于对兕的描写总是在"南方"（尤其是"云梦"）这一环境背景中，兕的特性及人们围绕其进行的狩猎活动才会进入到历代的文献系统里，最终使其成为一个经典的"南方印象"。

二、兕的种类与形象

（一）白兕

　　白兕的记载多见于甲骨文，在存世文献中非常少见。《合集》37398 有"……丬

---

① 司马迁撰，裴骃集解，司马贞索隐，张守节正义：《史记》，北京：中华书局 2014 年版，第 3642 - 3643 页。

② 王利器：《盐铁论校注》（定本），北京：中华书局 1992 年版，第 438 页。

③ 石泉：《石泉文集》，武汉：武汉大学出版社 2006 年版，第 324 页。

④ 傅亚庶：《孔丛子校释》，北京：中华书局 2011 年版，第 448 页。

⑤ 郭璞事见《太平御览》："郭璞既过江……时有物，大如水牛，灰色卑脚，脚类象，胸前尾上皆白，大力而迟钝。来到城下，众咸异焉。……其卦曰：'……山潜之畜，匪兕匪虎。身与鬼并，精见二午……'按卦事为驴鼠。"（详见李昉等：《太平御览》卷 728《方术部九·筮下》，北京：中华书局 1960 年版，第 3226 页。）

倞田隻白兕，叙于……在二月，隹王十祀，乡日，王来正孟方白"的记载，《合补》11301（反）亦有"麓，隻白兕，丁酉……"的记录。雷焕章推测，战前获白兕乃是吉兆，唐兰认为这是由于"殷人尚白，故获白兕则书"①，诚为卓识。可见白兕与一般的兕不同，其颜色蕴含着某种神秘的天意。战国"白兕"仅一见，且误作"白雉"，即《天问》之"厥利惟何，逢彼白雉（兕）"②，其更加明确地表明了遇见"白兕"乃是有"利"之事，屈原因不明昭王遇见白兕对应着何种吉兆（王逸以为利楚），故而发此天问。《唐六典》亦以见"白兕"为"上瑞"③，由此可知"白兕"是一种象征好运的生物，与其他种类的"兕"之形象完全不同。

（二）青兕

青兕在各类"兕"中最为常见，古书一般称引的"兕"即"青兕"。《尔雅·释兽》说："兕似牛，犀似豕。"④《说文解字》亦称："兕，如野牛，青色。"⑤ 王逸注《招魂》曰："怀王是时亲自射兽，惊青兕牛。"⑥ 韦昭注《晋语八》则称："兕，似牛而青，善触人。"⑦ 刑昺《论语》疏则直接引作："《尔雅》云：兕，如野牛。"⑧ 朱熹《论语集注》亦云："兕，野牛也。"⑨ 皆认为兕与牛相似，或径以为即"野牛"。

但"兕"的形象几乎无一例外都象征着巨大的威胁。王弼注曰"器之害者，莫甚乎兵戈；兽之害者，莫甚乎兕虎"⑩，《盐铁论》亦称："大夫曰：虎、兕所以能执熊罴、服群兽者，爪牙利而攫便也。"⑪ 均将"兕""虎"并列为兽类中最危险的生物，可知"兕"给时人留下了巨大的阴影，由此产生了一类"兕"的经典形象——狂兕。

"狂兕"的记载主要见于《战国策》与《说苑》，其文曰：

　　于是楚王游于云梦，结驷千乘，旌旗蔽日。野火之起也若云蜺，兕虎嗥之声

① 唐兰：《获白兕考》，载唐兰《唐兰全集（一）》，上海：上海古籍出版社2015年版，第280页。
② 黄灵庚：《楚辞章句疏证》，北京：中华书局2007年版，第1187页。
③ 李林甫等撰，陈仲夫点校：《唐六典》，北京：中华书局1992年版，第114 - 115页。
④ 《十三经注疏》整理委员会整理：《十三经注疏·尔雅注疏》，北京：北京大学出版社2000年版，第366 - 367页。
⑤ 许慎撰，段玉裁注：《说文解字注》，上海：上海古籍出版社1992年版，第458页。
⑥ 黄灵庚：《楚辞章句疏证》，北京：中华书局2007年版，第2101页。
⑦ 徐元诰撰，王树民、沈长云点校：《国语集解》，北京：中华书局2002年版，第427页。
⑧ 《十三经注疏》整理委员会整理：《十三经注疏·论语注疏》，北京：北京大学出版社2000年版，第366 - 367页。
⑨ 朱熹：《四书章句集注》，北京：中华书局1983年版，第170页。
⑩ 王弼注，楼宇烈校释：《老子道德经注校释》，北京：中华书局2008年版，第135页。
⑪ 王利器：《盐铁论校注》（定本），北京：中华书局1992年版，第524页。

若雷霆。有狂兕牂（牺）车依轮而至，王亲引弓而射，一发而殪。王抽旃旄而抑兕首，仰天而笑曰："乐矣，今日之游也！寡人万岁千秋之后，谁与乐此矣？"①（《战国策》）

其年，共王猎江渚之野，野火之起若云蜺，虎狼之嗥若雷霆。有狂兕从南方来，正触王左骖，王举旃旄，而使善射者射之，一发，兕死车下。王大喜，拊手而笑，顾谓安陵缠曰："吾万岁之后，子将谁与斯乐乎？"②（《说苑》）

安陵缠与楚共王狩猎中遇狂兕的故事相当精彩，然二书记载略有不同。《战国策》以为"狂兕"触者乃车，且被楚王亲自射死。《说苑》则以为"狂兕"触者乃左骖，且是被王指挥善射者所杀。二书记载虽异，但对"狂兕"的性格刻画则是同样生动。楚王狩猎，不仅从者众多（千乘），且点燃大火焚烧山林驱赶野兽，而"狂兕"却不畏千乘、野火，直犯王驾，其暴躁勇武的个性跃然纸上。后来《招魂》同样写道："青骊结驷兮齐千乘，悬火延起兮玄颜烝……与王趋梦兮课后先。君王亲发兮惮青兕，朱明承夜兮时不可以淹。"③ 文中楚怀王在云梦狩猎，虽亦有千乘、悬火，犹惧青兕（黄灵庚按：惮之为难、为惊、为惧，其义相通），可见"狂兕"冲犯王驾不仅是楚王的心病，亦成为一种经典的文学描写。

（三）随兕

随兕在各类记载中同样稀少，今仅见于《吕氏春秋》，其文如下：

荆庄哀王猎于云梦，射随兕，中之。申公子培劫王而夺之……不出三月，子培疾而死……对曰："臣之兄犯暴不敬之名。触死亡之罪于王之侧，其愚心将以忠于君王之身，而持千岁之寿也。臣之兄尝读故记曰：'杀随兕者，不出三月。'是以臣之兄惊惧而争之，故伏其罪而死。"王令人发平府而视之，于故记果有，乃厚赏之。④

---

① 刘向集录，范祥雍笺证，范邦瑾协校：《战国策笺证》，上海：上海古籍出版社 2006 年版，第 766 - 767 页。

② 刘向撰，向宗鲁校证：《说苑校证》，北京：中华书局 1987 年版，第 337 页。

③ 黄灵庚：《楚辞章句疏证》，北京：中华书局 2007 年版，第 2095 - 2102 页。

④ 吕不韦撰，陈奇猷校注：《吕氏春秋新校释》，上海：上海古籍出版社 2002 年版，第 584 - 585 页。

子培夺楚王所射"随兕"替王受诅，不出三月而亡，可见随兕象征着凶兆，与象征吉兆的白兕不同。从楚王射兕、欲罚子培、责问培弟、发府验《记》这些情节来看，随兕与灾祸的联系在当时鲜为人知，子培亦是偶读《故记》方才知晓。虽然随兕生活在云梦泽中，亦是楚王的狩猎对象，但文中随兕的这种近于巫术的神秘性与一般青兕的特征完全不同，故应别作一类。

虽然随兕显示出了与众不同的特性，但近代诸家多忽略了这则材料，有些甚至做出了错误的理解。如雷焕章认为"随兕"即"追赶你的兕"①，把"随"理解成了动词。实际上"随兕"应为一专名，其依据有三：其一，随兕，《说苑》引作"科雉"②，雉与兕通，"科雉"应为一专名之音转，否则当作"随雉"；其二，高诱注曰："随兕，恶兽名也。"③ 是以"随兕"为一专名，而非以"兕"为一通名；其三，虞世南《狮子赋》云"碎随兕于龈腭，屈巴蛇于指掌"④，以"随兕"与"巴蛇"相对，二者应皆为专名。若理解为追赶，则因追赶楚王而被射杀的青兕不知几多，固不足为奇。

（四）苍兕

苍兕之名似与青兕同，然二者形象相距甚远，不可混为一谈。苍兕最早出现在《史记·齐太公世家》中，是文记载了一段齐太公吕尚于孟津之上宣读的誓词，其文曰："文王崩，武王即位。九年，欲修文王业，东伐以观诸侯集否。师行，师尚父左杖黄钺，右把白旄以誓，曰：'苍兕苍兕，总尔众庶，与尔舟楫，后至者斩！'遂至盟津。"⑤ 司马贞索隐提到"亦有本作'苍雉'"，继而引："马融曰：'苍兕，主舟楫官名'。又王充曰：'苍兕者，水兽，九头'。"⑥ 马融以为官名，自是孔子解"乐正夔一足"那样的儒家式的训诂方法，旨在去神秘化，而王充以为水兽，则使"兕"的形象又开一生面。

王氏之说今见于《论衡·是应篇》，文如下：

---

① ［法］雷焕章著，葛人译：《商代晚期黄河以北地区的犀牛和水牛——从甲骨文中的𡦂和兕字谈起》，《南方文物》2007年第4期，第158页。

② 刘向撰，向宗鲁校证：《说苑校证》，北京：中华书局1987年版，第93页。

③ 吕不韦撰，陈奇猷校注：《吕氏春秋新校释》，上海：上海古籍出版社2002年版，第587页。

④ 李昉等：《太平御览》，北京：中华书局1960年版，第3950页。

⑤ 司马迁撰，裴骃集解，司马贞索隐，张守节正义：《史记》，北京：中华书局2014年版，第1791－1792页。

⑥ 同上书，第1792页。

仓兕者，水中之兽也，善覆人船，因神以化，欲令急渡，不急渡仓兕害汝，则复觟䚡之类也。河中有此异物，时出浮扬，一身九头，人畏恶之，未必覆人之身也。尚父缘河有此异物，因以威众。夫觟䚡之触罪人，犹仓兕之覆身也，盖有虚名无其实效也。人畏怪奇，故空襄增。①

在王充看来，苍兕如觟䚡（王充以为一角之羊，或即獬豸）一般仅是某种习性特殊的兽类，太公望只是将其神化借以威慑众人。但是苍兕这种"一身九头""善覆人船"的特性却与之前提到的诸兕均不相同，具有极高的辨识度。

故而后世诗人亦多用以创作。如班彪《游居赋》曰："遂发轸于京洛，临孟津而北厉，想尚甫之威虞，号苍兕而明誓。"② 萧纲《南郊颂》又曰："尘清世晏，苍兕无所用其武功，运谧时雍，鸳鹭咸并修其文德。"③ 任孝恭《答魏初和移文》亦云："故屡动云旗，再驱苍兕，同小白之存亡，等任好之继绝。"④ 苍兕的"水妖"形象在武王大会诸侯、齐太公宣誓威众的叙事情境里，也染上了一层"顺天革命"的意味，使其除了象征"水中的威胁"外，还增添了一份天命的神秘感与政治上的道德意味。

（五）兕犀

兕犀之名始见于唐代《白孔六帖》《岭表异录》等文献（相关材料黄家芳网罗已详)，这些文献认为兕即一种独角犀，其所据者即前代对于兕有"一角"的记载，但如雷焕章所分析的那样，《山海经·海内南经》应是这类说法的史源。⑤ 并且恰如雷焕章、张之杰、黄家芳等学者所说，这种看法不但与唐代之前绝大多数文献描述不合，而且对于《山海经》等书关于"兕，一角"的记载或也存在误读。（因为甲骨文"兕"字象牛之侧面，故仅见一角，先秦诸多牛形图画亦如此。退一步说，即使《山海经》等书所描写的"兕"为"犀"，也只能表明"兕"在诸书中的所指并不一致。）

唐人以"兕"为"犀"，虽然与事实不符，但在文学的角度上却为"兕"提供了一种新的形象，而唐以前确实也有以"犀"类"兕"的材料，旧题郭宪所著《洞冥记》有这样一段记载：

① 王充撰，张宗祥校注，郑绍昌标点：《论衡校注》，上海：上海古籍出版社 2010 年版，第 357 页。
② 欧阳询撰，汪绍楹校：《艺文类聚》，上海：上海古籍出版社 1985 年版，第 506 - 507 页。
③ 同上书，第 683 页。
④ 同上书，第 1051 页。
⑤ ［法］雷焕章著，葛人译：《商代晚期黄河以北地区的犀牛和水牛——从甲骨文中的 🐃 和兕字谈起》，《南方文物》2007 年第 4 期，第 158 页。

> 吠勒国贡文犀四头，状如水兕。角表有光，因名明犀。置暗中，有光影，亦曰影犀。织以为簟，如锦绮之文。此国去长安九千里，在日南。[①]

可见在汉人的认识中，亦有类"兕"之"犀"，唯此文犀远在离长安九千里以外的吠勒国，在中国难得一见。因而这种与水兕极为相像的犀牛形象便带有一种异国情调，且此犀在黑暗中能发出夜光，便越发显得神奇。反过来说，这种与犀牛外貌相似的水兕形象，或即晋以后学者认兕为犀的又一依据。

三、兕的角色

（一）山泽间的巨大隐患

先秦时期，人口较少，国与国、城与城之间存在着广袤的无人区，大量野生动物栖息其间，其中便包括兕。兕是一种群居动物，其性格暴躁、体型庞大且善于触人，在南方的山林泽地中广泛分布。《小雅·何草不黄》云："匪兕匪虎，率彼旷野。"[②]正以兕为野兽。蒋济《万机论》言："水牛之为畜……朋游屯行，部队相伍。"[③] 亦表明了兕的群居特性。大量野生兕牛的存在对交通构成了巨大威胁，故《韩非子》说："夫兕虎有域，动静有时，避其域，省其时，则免其兕虎之害矣。"[④] 正是说外出时要避开兕虎的活动范围和活动时间。《老子》以"陆行不避兕虎""兕无所投其角"为"摄生"的极高境界，亦彰显了兕作为山泽间巨大隐患的角色。这一角色及其书写，正是当时人兕关系最为自然的写照。

（二）衡量勇武的标准

由于兕是危害最大的野兽之一，因此在文学书写中，战胜或杀死兕也就成为个人勇武的象征。在此意义上，兕即变为了衡量个人勇武的标准。《小雅·吉日》云："既张我弓，既挟我矢。发彼小豝，殪此大兕。"毛《传》曰："殪，一发而死，言能中微而制大也。"[⑤]《传》正以此举是彰显周宣王之武德。《墨子》曰："故昔夏王桀……

---

① 郭宪：《汉武帝别国洞冥记》，载王根林、黄益元、曹光甫校点《汉魏六朝笔记小说大观》，上海：上海古籍出版社 1999 年版，第 128 页。

② 《十三经注疏》整理委员会整理：《十三经注疏·毛诗正义》，北京：北京大学出版社 2000 年版，第 1111 页。

③ 李昉等：《太平御览》，北京：中华书局 1960 年版，第 1269 页。

④ 王先慎撰，钟哲点校：《韩非子集解》，北京：中华书局 1998 年版，第 150 页。

⑤ 《十三经注疏》整理委员会整理：《十三经注疏·毛诗正义》，北京：北京大学出版社 2000 年版，第 770 页。

有勇力之人，推哆大戏，生列兕虎，指画杀人。"① 以生裂兕虎为有勇力的象征。《史记·袁盎传》索隐引《尸子》云："孟贲水行不避蛟龙，陆行不避兕虎。"② 孟贲是周代有名的勇士，诸书多称引之，此亦以不惧兕虎为其勇力的表征。

故《庄子·秋水》假孔子曰："陆行不避兕虎者，猎夫之勇也……"③《说苑·君道》记楚庄王言："其攫犀搏兕者，吾是以知其劲有力也……"④《抱朴子外篇·行品》称："赴白刃而忘生，格兕虎于林谷者，勇人也。"⑤ 这些描述已脱略了具体的史事，"不畏兕虎"成为"勇武"的代名词。受此影响，兵器之利也往往要借兕来呈现，如《淮南子·脩务训》言："苗山之鋋，羊头之销，虽水断龙舟，陆剸兕甲，莫之服带。"⑥ 王粲《刀铭》云："（朝氏之刀）陆剸犀兕，水截鲵鲸。"⑦《抱朴子外篇·博喻》亦曰"淳钩之锋，验于犀兕"⑧。此又是兕牛角色的一种延伸。

（三）田猎活动的主角

田猎是古代天子、诸侯常举行的一项活动，旨在捕捉野兽充作祭品、食物，《史记·殷本纪》已记有著名的"网开一面"的典故，甲骨文中亦有诸多与田猎相关的刻辞。在诸多动物中，"兕"有着更高的地位，可以说是田猎的重头戏。前引《国语》记叔向言："昔吾先君唐叔射兕于徒林，殪，以为大甲，以封于晋。"⑨ 据叔向之言，晋国始祖唐叔因射兕为甲，而得封于晋。而《战国策》所记"王大说，乃封坛（缠）为安陵君"⑩ 之事，亦在楚王射兕"大乐"之后。

由此可见"猎兕"在古人心目中的地位之高。君王还常借田猎来考察其属下，《说苑·君道》记此一事：

> 楚庄王好猎，大夫谏曰……王曰："吾猎将以求士也，其榛丛刺虎豹者，吾

---

① 王焕镳：《墨子集诂》，上海：上海古籍出版社 2005 年版，第 789 - 790 页。
② 司马迁撰，裴骃集解，司马贞索隐，张守节正义：《史记》，北京：中华书局 2014 年版，第 3317 页。
③ 王叔岷：《庄子校诠（中）》，北京：中华书局 2007 年版，第 618 页。
④ 刘向撰，向宗鲁校证：《说苑校证》，北京：中华书局 1987 年版，第 19 页。
⑤ 杨明照：《抱朴子外篇校笺》，北京：中华书局 1991 年版，第 539 页。
⑥ 刘文典：《淮南鸿烈集解》，上海：上海科学技术文献出版社 2015 年版，第 50 页。
⑦ 俞绍初辑校：《建安七子集》，北京：中华书局 1989 年版，第 136 页。
⑧ 杨明照：《抱朴子外篇校笺》，北京：中华书局 1991 年版，第 241 页。
⑨ 徐元诰撰，王树民、沈长云点校：《国语集解》，北京：中华书局 2002 年版，第 427 页。
⑩ 刘向集录，范祥雍笺证，范邦瑾协校：《战国策笺证》，上海：上海古籍出版社 2006 年版，第 767 页。

是以知其勇也；其攫犀搏兕者，吾是以知其劲有力也；罢田而分所得，吾是以知其仁也。"因是道也，而得三士焉，楚国以安。①

其中"搏兕"是考察劲力的标准之一，由田猎考察出的"三士"即勇士、力士与仁士，楚王认为三者互补足可安定楚国。此外，"猎兕"还可作为为民除害的一项活动，以彰显贵族品格。《太平御览》记崔骃《与窦宪笺》云："《礼》：公侯非麋兕不射，且以服猛，为民除害，因以登临器械也。故晋唐叔射兕于徒林，以为大甲。"②崔氏据"礼"认为公侯非兕不射，典籍中射兕者确实多为楚王，古时或有此一礼，而兕的地位亦由此得到体现。

（四）尊贵的祭品

兕是一种野生水牛，在甲骨文中已作为祭品，"三礼"亦以牛为"太牢"。吴郁芳提出周时有"望祭"，需要君王亲自射取野牛作为祭品，并将这项活动与楚王"云梦射兕"联系起来，以为"射牛"即"射兕"。③除甲骨文直接提到过"祭兕"外，《史记·封禅书》尚有一旁证：

> 丙辰，禅泰山下阯东北肃然山，如祭后土礼。天子皆亲拜见，衣上黄而尽用乐焉……纵远方奇兽蜚禽及白雉诸物，颇以加礼。兕牛犀象之属不用。皆至泰山祭后土。封禅祠；其夜若有光，昼有白云起封中。④

汉武帝"禅肃然"之事在元封元年四月丙辰日（即公元前110年4月20日），特别提到了"兕牛犀象之属不用"一句，《史记·武帝纪》《汉书·郊祀志》亦记此事，唯《风俗通义》作"纵远方奇兽飞禽及白雉，加祠，兕牛犀象之属"⑤，认为"兕"并非不用而是加祀。相较之下，《史记》记载应更可信，但兕可充作祭品且与牛有别，是应当注意的。

（五）园林中的观赏对象

汉魏六朝时炫奇爱博的风尚颇为兴盛，因此兕亦成为一种可供人观赏的动物，葛

---

① 刘向撰，向宗鲁校证：《说苑校证》，北京：中华书局1987年版，第19页。
② 李昉等：《太平御览》，北京：中华书局1960年版，第2104页。
③ 吴郁芳：《射兕、抟魂与望祭——〈楚辞·招魂〉新考》，《求索》1985年第3期，第106页。
④ 司马迁撰，裴骃集解，司马贞索隐，张守节正义：《史记》，北京：中华书局2014年版，第1679页。
⑤ 应劭撰，王利器校注：《风俗通义校注》，北京：中华书局1981年版，第68页。

洪所辑《西京杂记》即记此一事：

> 茂陵富人袁广汉……于北邙山下筑园，东西四里，南北五里，激流水注其
> 内。构石为山，高十余丈，连延数里。养白鹦鹉、紫鸳鸯、牦牛、青兕，奇兽怪
> 禽，委积其间……广汉后有罪诛，没入为官园，鸟兽草木，皆移植上林苑中。①

袁广汉于北邙之园中广蓄奇珍异兽，其中便包括"青兕"，可知当时兕已成为一些人
的观赏对象。袁氏死后，此园奇兽皆移入上林苑，仍是供皇家用以狩猎。从山泽到园
林，随着兕的自然属性不断被剥离，兕与人类社会的联系日渐紧密，其在文献中的角
色也越发多样。

四、兕的喻指

（一）以兕喻士卒

兕常与虎并称，用以代指士卒。《小雅·何草不黄》云："匪兕匪虎，率彼旷野。
哀我征夫，朝夕不暇。"毛传训为："兕虎者，以比战士也。"② 此诗最早以兕来喻士
卒，哀悯战士常处荒野，但其侧重点在环境，兕本身与士卒的联系尚不密切。然自
《诗经》有此关联后，诸家便径直以兕来喻士卒，如《淮南子》曰"故良将之卒，若
虎之牙，若兕之角……可以噬，可以触"③，又说"始如狐狸，彼故轻来；合如兕虎，
敌故奔走"④。前以兕角喻士卒之强，后以兕虎喻士卒之猛。郑公业曾说十事以劝阻董
卓发兵山东，其七曰："且天下强勇，百姓所畏者，有并、凉之人，及匈奴、屠各、
湟中义从、西羌八种，而明公拥之，以为爪牙，譬驱虎兕以赴犬羊。"⑤ 以虎兕来比喻
当时战斗力最强大的几种军队，可见此喻指已为人熟知。

（二）以兕喻乱臣

最早以兕喻乱臣者是孔子，《论语·季氏》曰"虎兕出于柙"，戴望解为"喻季

---

① 刘歆撰，葛洪集，向新阳、刘克庄校注：《西京杂记校注》，上海：上海古籍出版社 1991 年版，第
130－131 页。

② 《十三经注疏》整理委员会整理：《十三经注疏·毛诗正义》，北京：北京大学出版社 2000 年版，
第 1111 页。

③ 刘文典：《淮南鸿烈集解》，上海：上海科学技术文献出版社 2015 年版，第 605 页。

④ 同上书，第 615 页。

⑤ 范晔撰，李贤等注：《后汉书》，北京：中华书局 1965 年版，第 2258 页。

氏兵擅出于外"①，是以虎兕喻季氏，季氏曾以"八佾舞于庭"，孔子以其为悖礼之乱臣，故此处用"虎兕"喻之。《楚辞·九思》亦云："虎兕争兮于廷中，豺狼斗兮我之隅。"其注曰："庭，朝廷也。虎兕，恶兽，以喻奸臣。"② 王逸此处则说得更为明白，盖以虎兕、奸臣俱危害苍生，故有此代指。且兕乃兽中危害最巨者，唯有权位颇高的大奸大恶才足以当之，故刘颂给晋武帝上疏称："善恶之报必取其尤，然后简而不漏，大罪必诛……害法在犯尤，而谨搜微过，何异放兕豹于公路，而禁鼠盗于隅隙。"③ 将犯大罪者比作"兕豹"，足称妥帖。皮日休亦有诗"九伯真犬羵，诸侯实虎兕。"可谓得其妙。

（三）兕在并称中的意义错位

兕在早期文献中，并非以单独的面貌出现，而常与其他兽类连言，如虎兕、犀兕、豺兕、兕豹等。单就兕而言，其本身具有许多特性，但当并称者不同时，其所指也会产生相应变化。如虎兕连言时，主要是强调兕的力量与危害。《论衡》称"兕、虎俱猛，一实也"④，即以言力；王弼注《老子》说"兽之害者，莫甚乎兕虎"⑤，即以言害。《老子》第五十章言"兕无所投其角，虎无所措其爪"⑥，则兼顾了力与害的特性，并将虎爪和兕角作为虎兕的特征凸显了出来。在诸多并称中，虎、兕相连最为常见，所指亦较驳杂，但此当是其原意与主轴。总而言之，虎兕并称彰显了兕的攻击性。

犀兕连言，则主要是强调兕的力量与其皮的坚韧，将犀兕之皮作为二者的连接点，其意指更偏向于防御性，如《抱朴子·外篇·博喻》言"淳钧之锋，验于犀兕"⑦，《列子·仲尼篇》称"吾之力者能裂犀兕之革"⑧。出现此差异的原因，除了犀、兕皮厚常被用于制作铠甲外，还与虎是肉食性动物有关。老虎食人的事在古代并不少见，而犀虽勇猛，却是食草动物，且体型笨重、行动迟缓，因而二者在与兕并称时，所激活的兕本身的特性也就不同。

兕豹、豺兕并称较前二者来说并不多，姑并论之。兕豹一词见《晋书》"何异放

---

① 戴望注，郭晓东校疏：《戴氏注论语小疏》，上海：华东师范大学出版社 2014 年版，第 245 页。
② 黄灵庚：《楚辞章句疏证》，北京：中华书局 2007 年版，第 2846－2847 页。
③ 房玄龄等：《晋书》，北京：中华书局 1974 年版，第 1305 页。
④ 王充撰，张宗祥校注，郑绍昌标点：《论衡校注》，上海：上海古籍出版社 2010 年版，第 165 页。
⑤ 王弼注，楼宇烈校释：《老子道德经注校释》，北京：中华书局 2008 年版，第 135 页。
⑥ 同上书，第 134 页。
⑦ 杨明照：《抱朴子外篇校笺》，北京：中华书局 1991 年版，第 241 页。
⑧ 杨伯峻：《列子集释》，北京：中华书局 1979 年版，第 136 页。

兕豹于公路"，又见《胡非子》"析兕豹，傅（搏）熊罴，此猎徒之勇也"①。将兕与豹并称，其含义与虎兕并称类似，虎亦可与豹连言而称虎豹。豺兕则见于柳宗元所作乐府《兽之穷》："富兵戎，盈仓箱。乏者德，莫能享。驱豺兕，授我疆。"② 此诗乃子厚依李密降唐事而作，以豺兕喻乱兵流寇，其义重在害，但豺的力却远不如虎豹，柳氏以此为譬，颇有认为乱兵虽为非作歹但不堪一击的意思。虎、犀、豹、豺各自的特点不同，兕与其并称时，自身的含义也会随之产生变化，此种殊微是披阅古书时需要注意的。

五、生活世界：兕甲与兕觥

兕除了以动物的形象出现，还常表现为各种兕类制品。《牛赋》称牛"皮角见用，肩尻莫保"，足称妥帖。兕皮、兕角也常被制成甲胄、酒器，融入古人的生活世界之中，从而具备了文化内涵。郭璞《山海图赞》称："兕惟壮兽，似牛青黑，力无不倾，自焚以革，皮充武备，角助文德。"③ 以文、武该之，十分精到，可以说对兕类制品的书写开拓了兕牛形象的新面向。

（一）兕甲：强楚军队的历史记忆

郭璞称"兕唯壮兽……皮充武备，角助文德"，是说兕皮常用于制作铠甲，因此属于军事装备。兕甲在古代十分有名，《说文》释兕曰："如野牛，青色，其皮坚厚可以制铠。"④《冬官考工记》称："犀甲七属，兕甲六属，合甲五属。犀甲寿百年，兕甲寿二百年，合甲寿三百年。"⑤ 可见犀兕之甲均极为耐用，而兕甲还要优于犀甲。

汉儒对兕甲做出了更为丰富的诠释。汉末孔融《真刑论》尚言："古圣作犀兕革铠，今盆领铁铠，绝圣甚远。"⑥ 对兕甲推崇备至，乃至于附会到"古圣"头上。汉和帝、安帝时人李尤，甚至用儒家的道德哲学来诠释"兕甲"，其《铠铭》曰："甲铠之施，扞御锋矢。尚其坚刚，或用犀兕。内以存身，外不伤害。有似仁人，厥道广大。好德者宁，好战者危。专智恃力，君子不为。"⑦ 借兕甲传达出了一种刚柔并济、

---

① 王天海、王韧：《意林校释》，北京：中华书局2014年版，第98页。
② 柳宗元：《柳宗元集》，北京：中华书局1979年版，第16页。
③ 欧阳询撰，汪绍楹校：《艺文类聚》，上海：上海古籍出版社1985年版，第1645页。
④ 许慎撰，段玉裁注：《说文解字注》，上海：上海古籍出版社1992年版，第458页。
⑤ 《十三经注疏》整理委员会整理：《十三经注疏·周礼注疏》，北京：北京大学出版社2000年版，第1298-1299页。
⑥ 李昉等：《太平御览》，北京：中华书局1960年版，第1636页。
⑦ 同上。

重德慎战的思想。

然而兕甲作为一种军事装备，更多时候是与军队同时出现，两周之时，兕多产于南方，有能力大量装备兕甲的就只有楚、越诸国，其中又以楚国最为强盛，楚国强大的军队给当时以及后世留下了难以磨灭的印象，而兕甲便成为楚军强盛的一个典型标志。姑举数例如下：

    1. 楚国之民……胁蛟犀兕，坚若金石。① （《商君书·弱民》）

    2. 楚人鲛革犀兕以为甲，鞈如金石……② （《荀子·议兵》）

    3. 昔者楚人地……地利形便，卒民勇敢，蛟革犀兕，以为甲胄……③ （《淮南子·兵略训》）

    4. 昔楚人蛟革犀兕以为甲，坚如金石……④ （《韩诗外传·卷四》）

    5. 楚人鲛革犀兕所以为甲，坚如金石……⑤ （《史记·礼书》）

    6. 世言强楚劲郑，有犀兕之甲，棠谿之铤也。⑥ （《盐铁论·论勇》）

    7. 文学曰："楚、郑之棠谿、墨阳，非不利也，犀鞈兕甲，非不坚也，然而不能存者，利不足恃也。"⑦ （《盐铁论·论勇》）

    8. 总令荆之力，兕甲十万，铁马千群。⑧ （沈约《齐司空柳世隆行状》）

诸书皆以犀兕之甲为强楚的象征，提及越国者仅《吴越春秋》，其言："越王中分其师以为左右军，皆被兕甲。又令安广之人，佩石碣之矢，张卢生之弩。"⑨ 可见越国亦用兕甲，且规模不小。但为何文献对越军这一情况描述甚少？除越国本身不如楚国强盛且远离中原外，恐怕还与吴越士兵作战时不穿铠甲有关，即吕思勉所说："盖吴、越古本倮，汉世虽袭衣冠，战时犹沿旧习也。"⑩

---

① 高亨：《商君书注译》，北京：中华书局 1974 年版，第 453 页。
② 王先谦撰，沈啸寰、王星贤点校：《荀子集解》，北京：中华书局 1988 年版，第 281 页。
③ 刘文典：《淮南鸿烈集解》，上海：上海科学技术文献出版社 2015 年版，第 55 页。
④ 韩婴撰，许维遹校释：《韩诗外传集释》，北京：中华书局 1980 年版，第 137 页。
⑤ 司马迁撰，裴骃集解，司马贞索隐，张守节正义：《史记》，北京：中华书局 2014 年版，第 1379 页。
⑥ 王利器：《盐铁论校注》，北京：中华书局 1992 年版，第 536 页。
⑦ 同上。
⑧ 欧阳询撰，汪绍楹校：《艺文类聚》，上海：上海古籍出版社 1985 年版，第 845 页。
⑨ 周生春：《吴越春秋辑校汇考》，上海：上海古籍出版社 1987 年版，第 845 页。
⑩ 吕思勉：《吕思勉读史札记（中）》，上海：上海古籍出版社 2005 年版，第 952 页。

楚之兕甲之所以给后世留下如此深刻的印象，最主要的原因是楚国军队装备此甲与中原诸国进行了频繁的战争，而兕甲外坚内柔便于作战，故令各国难忘。如周昭王曾三次发兵攻楚，结果却是"丧六师于汉""南巡不返"，成为周衰楚兴的转折点，[①]此后楚国便时常与中原各国发生战争，如著名的齐桓公伐楚、晋楚城濮之战等，皆是其例。各国对兕甲的强烈印象当是在这些规模浩大的战争中形成的，故《九歌·国殇》亦以"操吴戈兮披犀甲"来形容楚国军容。

楚军是如此强大，装备亦尤为精良，但却连连遭遇挫败，遂成为各家学说中的经典反例，如《荀子·议兵》所言：

> 楚人鲛革犀兕以为甲……然而兵殆于垂沙，唐蔑死，庄蹻起，楚分而为三四。是岂无坚甲利兵也哉？……汝、颍以为险，江、汉以为池……然而秦师至而鄢、郢举，若振槁然。是岂无固塞隘阻也哉？其所以统之者非其道故也。[②]

举唐蔑战死、庄蹻乱境与白起攻楚三事来说明"力不可恃"的道理，《淮南子》又另举楚怀王"北畏孟尝君""委身强秦"二事，以补充荀说。[③]虽立意在扬弃，但此论从侧面却说明了楚军的强大。兕甲即附着于强大的楚军，经过《荀子》《淮南子》《韩诗外传》《史记》及《盐铁论》等典籍的书写，沉淀为经典的历史印象。

（二）兕觥：交错在诗礼间的记忆

与兕皮充作武备不同，兕角常被制为饮酒礼器，被《诗经》屡屡称引。其用途大致有二：一用以罚酒；二借以告诫。如《豳风·七月》云："跻彼公堂，称彼兕觥，万寿无疆！"[④]《小雅·桑扈》曰："兕觥其觩，旨酒思柔。彼交匪敖，万福来求。"[⑤]《周颂·丝衣》说："兕觥其觩。旨酒思柔。不吴不敖，胡考之休！"[⑥]均在罚酒后加以带有教导意味的祝颂之辞，《七月》《丝衣》俱祝长寿，《桑扈》则祝交友良善、能得万福。

此外，兕爵还可以用于敬谢。《左传·昭公元年》记赵孟与子皮、穆叔互相行礼

---

① 魏昌：《楚国史》，武汉：武汉出版社 2002 年版，第 42 - 43 页。
② 王先谦：《荀子集解》，北京：中华书局 1988 年版，第 281 - 283 页。
③ 刘文典：《淮南鸿烈集解》，上海：上海科学技术文献出版社 2015 年版，第 55 页。
④ 《十三经注疏》整理委员会整理：《十三经注疏·毛诗正义》，北京：北京大学出版社 2000 年版，第 594 页。
⑤ 同上书，第 1011 页。
⑥ 同上书，第 1608 页。

赋诗，穆叔（叔孙豹）赋《鹊巢》《采蘩》以谢赵孟劝阻楚国伐鲁，子皮亦赋《野有死麕》表彰赵孟能以礼义和合诸侯，赵孟则赋《常棣》以兄弟之国相期许。于是穆叔、子皮及曹大夫皆"举兕爵曰：'小国赖子，知免于戾矣。'饮酒乐。"[1] 此即作为敬谢之礼。《杨柳赋》言："洗觯酌樽，兕觥并扬。饮不至醉，乐不及荒。威仪抑抑，动合典常。退坐分别，其乐难忘。"[2] 兕觥在诗文中作为礼的中介，其弯曲的造型给人以一种威严感，再盛以美酒并附上敦厚的告诫，的确能让人在此描述中感受到先秦礼乐文化的中和之美。

六、兕成为南方印象的原因

兕之所以作为一种南方印象被后世牢记，主要有三点原因：其一，商代以降，兕渐次迁徙至南方（尤其是江汉平原），与楚越诸国产生频繁的交集，并由此进入了与"云梦""楚军"相关的叙事话语中，前引《战国策》《荀子》《楚辞》诸书皆可证明，正是这些极具地域色彩的描写为"兕"的形象奠定了"南方"基调，故而可说，战国末年是其形象固定在"南方"的关键期。再考此期作者，亦多久居南方或径为南人，如老子、屈原、荀卿、宋玉、刘安、枚乘等，两相比照，具有一致性。相对而言，承载"北方兕"记忆的甲骨文则长期湮埋在殷墟之下，《山海经》记录的山川位置又极为模糊，故而世多不传。

其二，"兕"逐渐由自然界进入社会生活，并为人熟知。在《老子》《韩非子》的描写中，兕纯然是一种野外的隐患，与人类社会并无任何必然交集。为了减轻这种隐患，楚国展开了日渐频繁的狩猎活动，人、兕开始在狩猎场所（多为云梦泽）相遇，由此产生了"狂兕""随兕"等经典形象，但此阶段两者关系以冲突为主，对兕的描写也多是负面。随着猎兕活动的持续进行，兕及兕类制品广泛进入时人的社会生活中，如以兕充作祭品、以兕觥罚酒、以兕甲装备军队等等，使兕广为人知。尤其是楚人以兕作甲的行为，给各国留下了深刻的"强楚"记忆，被各家反复书写，进一步强化了兕与南方的联系。

其三，历代文献通过对"兕"形象的塑造，赋予了其诸多文化内涵。这种塑造凝结在各种经典的文本中，形成了一个民族乃至国家的文化记忆。恰如冯亚琳所说：

---

① 《十三经注疏》整理委员会整理：《十三经注疏·毛诗正义》，北京：北京大学出版社 2000 年版，第 1322 页。

② 傅亚庶撰：《孔丛子校释》，北京：中华书局 2011 年版，第 449 页。

复杂的过往事件往往附着在一些特定的概念、人物、图像甚至比喻上，形成了回忆的"密集性"。无论是哈布瓦赫、诺拉，还是扬·阿斯曼显然均认识到了这一点，于是他们分别用了"记忆图像""记忆场"和"记忆形象"来指称这一现象。①

兕正是在不断地书写中形成了这一回忆的"密集性"，如兕与云梦的联系、楚王射兕与狂兕触车的事件、兕甲与强楚军队留下的战争印象等，被不同的作者回忆、叙述与重构，又被不同的读者阅读、接受或超越。正是在这一动态的过程中，兕逐渐成为一种"南方印象"，承载着古人对于礼乐、善恶乃至国家兴衰等命题的深刻见解，沉淀在中华民族的文化记忆中。

---

① 冯亚琳：《文学与文化记忆的交会》，《外国语文》2017 年第 2 期，第 50 页。

古代历史研究

论宋元江西文化名人的学习精神及当代价值[*]

董　明[**]

【内容提要】宋元江西名人荟萃，文化繁荣，涌现出许多杰出的文化名人，为中国古代文化事业发展与繁荣作出了卓越的贡献。通过研究发现，宋元江西文化名人兴盛的主要原因除这一时期江西地理位置优越、社会经济发展、交通条件便捷、人口快速发展等客观因素外，还有一项主观因素尤为重要，那就是他们普遍具有以好学、重学、苦学、博学和善学为主要内容的宝贵的学习精神。中国特色社会主义新时代，继承和弘扬宋元江西文化名人志存高远的好学精神、氛围浓厚的重学精神、理想坚定的苦学精神、视野开阔的博学精神和思维创新的善学精神，具有重要的时代价值和现实意义。

【关键词】宋元　江西　文化名人　学习精神　当代价值

一、引言

江西素有"物华天宝，人杰地灵"之美誉，诞生了诸如陶侃、陶渊明、欧阳修、王安石、曾巩、晏殊、朱熹、汤显祖、解缙等众多文化名人，其中以宋元时期数量最多、影响最大、成就最突出。徐永明、黄鹏程等学者对《全宋词》《全元诗》《全元文》三部大型文集作者籍贯分别作统计分析，结果显示在有具体省级行政区域可考的

* 【基金项目】江西省文化艺术科学规划一般项目"正史所见宋元临川历史名人辑汇"（编号：YG2022140）；南昌师范学院博士科研启动基金项目（编号：NSBSJJ2022002）

** 【作者简介】董明，男，1977年生，安徽定远人，历史学博士，《南昌师范学院学报》编辑部副教授，研究方向：区域历史与文化。

作者中，江西籍作者数量均位居全国第二，仅次于排名第一的浙江，远超同期经济文化相对比较发达的江苏、山东、河南、河北、安徽等地①。黎清对宋代江西的文学家族和进士家族进行统计分析，得出宋代江西涌现的文学家族至少 151 个以上②、两宋进士家族 547 家的结论③，就宋代江西来说，无论是文学家族数量还是进士家族数量，在全国范围内均为翘楚。通过以上研究可见，宋元时期的江西为名人荟萃之所、文化繁荣重地是不争的事实。

有关宋元江西文化繁荣或名人兴盛的原因，有学者从江西优越的地理位置、便利的交通条件、社会经济的发达、人口数量的发展、官私教育的繁荣、科举事业的勃兴、图书印刷事业发达、国家文治、儒学熏陶等方面做过多维分析和综合探讨④。不可否认，上述因素都对宋元江西文化繁荣和名人兴盛起到了重要的推动作用。但笔者认为，除了这些因素之外，还有一个重要因素也是宋元江西文化繁荣和名人兴盛的主要原因，那就是宋元江西士人普遍具有的极其宝贵的学习精神，而且这种宝贵的学习精神在宋元江西文化名人这一群体身上体现得尤为集中和明显。关于这一点，也有学者提及。如夏汉宁、黎清在谈及宋代江西进士家族兴盛原因时指出，江西士人刻苦好学、读书之风颇盛是重要原因之一⑤。但学界对宋元江西文化名人学习精神的研究还不够充分，挖掘还不够深入，当代价值的弘扬还不够响亮。鉴于此，本文拟就宋元江西文化名人的宝贵学习精神做专门论述，并对其当代价值作研究阐释，以期有益于学界在这一问题上的深入探讨。

---

① 参见徐永明、黄鹏程：《〈全元文〉作者地理分布及其原因分析》，《复旦学报》（社会科学版）2017 年第 2 期；徐永明、唐云芝：《〈全元诗〉作者地理分布的可视化分析》，《浙江大学学报》（人文社会科学版）2019 年第 1 期；娄欣星：《〈全宋词〉作者的地理分布及其成因》，《台州学院学报》2020 年第 2 期。

② 参见黎清：《宋代江西文学家族的构成及其分析》，《江西社会科学》2013 年第 3 期。

③ 参见夏汉宁、黎清：《文化地理视域下的宋代江西籍进士家族》，《江西社会科学》2017 年第 11 期。

④ 相关研究参见杜文玉、罗勇：《论宋代江西文化的发展》，《赣南师范学院学报》1990 年第 2 期；李兴华：《论宋代江西文化名人崛起的原因》，《景德镇陶瓷学院学报》1995 年第 3 - 4 期；俞兆鹏：《宋代江西文化繁荣的原因》，《文史知识》2008 年第 11 期；宋三平、张涛：《论两宋江西地区的交通及其影响》，《南昌大学学报（人文社会科学版）》2009 年第 6 期；刘遵海：《宋明时期江西进士在全国的地位和影响分析》，《九江学院学报》2016 年第 3 期；徐永明、黄鹏程：《〈全元文〉作者地理分布及其原因分析》，《复旦学报（社会科学版）》2017 年第 2 期；夏汉宁、黎清：《文化地理视域下的宋代江西籍进士家族》，《江西社会科学》2017 年第 11 期；施由明：《论中原移民与宋代江西文化名人的产生》，《中原文化研究》2020 年第 2 期；娄欣星：《〈全元文〉作者的地理分布及其成因》，《台州学院学报》2020 年第 2 期。

⑤ 夏汉宁、黎清：《文化地理视域下的宋代江西籍进士家族》，《江西社会科学》2017 年第 11 期。

二、宋元江西文化名人的学习精神

宋元时期，江西文化名人辈出，历史影响深远，为中国文化发展做出了卓越的贡献。结合文献研究发现，宋元江西文化名人这一群体普遍具有好学、重学、苦学、博学和善学的宝贵学习精神，这是他们成长成才的重要原因，也是宋元江西思想文化发展繁荣的重要动力。

（一）好学精神

好学，即非常深爱学习。宋元江西文化名人普遍具有积极向上的好学精神，而且这种好学精神自幼即有，贯穿一生。

临川为江西才子之乡，名人荟萃，诞生了王安石、晏殊、谢逸、危积等文化名人及家族。作为王氏家族的代表人物，王安石"少好读书，一过目终身不忘"[1]。王安石之所以能在文学领域成绩斐然、独领风骚，与其宝贵的好学精神有关。晏殊侄孙晏防，幼即师从王安石，"宽厚好学"[2]，著有《侯门集》十卷、《俱眠集》一卷，为宋代有名才子。德安王韶家族，为江西文化名门，其子王寀、曾孙王阮、玄孙王遂等均有文名。文献记载王寀"好学，工词章"[3]。王阮"少好学，尚气节"[4]。王氏家族能在众多文化名门中占有一席之地，好学精神不可或缺。德安夏竦"资性明敏，好学"[5]，其孙夏倪也好学不倦，夏氏祖孙在宋代诗坛都享有盛誉。乐平王刚中，幼即从学，"无他嗜好"[6]，宋高宗绍兴十五年（1145）进士第二人，致仕后"惟读书著文为乐"[7]，所著约百余卷。像这些嗜学不厌的例子，还有很多。如"性嗜学，扫一室独居"[8] 的德兴张根、"年五十，犹问学于朱熹"[9] 的玉山赵蕃、"三岁即知读书"[10] 的

---

① 脱脱等：《宋史》卷三二七《王安石传》，北京：中华书局1977年版，第10541页。

② 黄宗羲撰，全祖望补修，陈金生、梁运华点校：《宋元学案》卷九八《荆公新学略》，北京：中华书局1986年版，第3257－3258页。

③ 脱脱等：《宋史》卷三二八《王寀传》，北京：中华书局1977年版，第10584页。

④ 脱脱等：《宋史》卷三九五《王阮传》，北京：中华书局1977年版，第12053页。

⑤ 脱脱等：《宋史》卷二八三《夏竦传》，北京：中华书局1977年版，第9571页。

⑥ 脱脱等：《宋史》卷三八六《王刚中传》，北京：中华书局1977年版，第11864页。

⑦ 同上书，第11864页。

⑧ 王梓材、冯云濠编撰，舒大刚、杨世文等校点：《宋元学案补遗》卷二五《龟山学案补遗》，北京：人民出版社2012年版，第1047－1048页。

⑨ 脱脱等：《宋史》卷四四五《赵蕃传》，北京：中华书局1977年版，第13146页。

⑩ 宋濂：《元史》卷一八一《虞集传》，北京：中华书局1976年版，第4174页。

崇仁虞集、自述"嗜学不厌"① 的南丰刘壎、"髫龄有志于学"② 的余干饶鲁等等。可以看出，宋元江西文化名人普遍具有好学不倦的精神，他们通过学习不断增长知识和才干，并在思想文化领域做出了突出的贡献。

（二）重学精神

在传统儒家思想影响及科举入仕激励双重因素作用下，中国古代许多家庭均把读书业儒作为第一要务，并世代相承，形成良好的重学传统和家风。相对于其他地区，江西的重学风气更为浓厚。乐平洪迈曾在《容斋随笔》卷五《饶州风俗》中说："为父兄者，以其子与弟不文为咎；为母妻者，以其子与夫不学为辱。"③ 这种重学现象不独饶州所有，江西其他州县皆然。仅以古代书院数量为例，从唐至明，江西书院数量均居全国首位，清时仅排在广东之后，位居第二④。

婺源朱熹出生于书香之家，其父朱松在病重弥留之际仍不忘嘱托朱熹去拜名师学习，云：胡宪、刘勉之、刘子翚"三人学有渊源，吾所敬畏，吾即死，汝往事之，而惟其言之听"⑤。朱熹能成长为一代理学大师，与其父亲对教育的重视不无关系。刘传一门为鄱阳望族，苏天爵云："刘氏来居，世笃诗书。遭时易代，历年三百。诗书之传，独有遗泽。"⑥ 刘氏祖先虽历经沧桑，仍以诗书为业。六世祖刘宇、刘定，先后登宋仁宗庆历二年（1042）进士和皇祐五年（1053）进士，"皆有闻于世，为郡望族"⑦。大父刘元芝，传承家学，不废诗书，时常戒训子孙云："吾家世习诗礼，盖三百年，汝曹勉毡，无坠先业。"⑧ 刘传弟刘仁、刘仪可及子刘贞皆业儒。玉山赵蕃家族，刘宰云其为"文献之家"⑨，周必大称其家族"距熙宁已百年，而家学不绝"⑩。

---

① 刘壎：《自志（大德六年）》，李修生：《全元文》卷三五，南京：凤凰出版社 2017 年版，第 10 册，第 418 页。

② 黄宗羲撰，全祖望补修，陈金生、梁运华点校：《宋元学案》卷八三《双峰学案》，北京：中华书局 1986 年版，第 2812 页。

③ 洪迈撰，孔凡礼点校：《容斋随笔》卷五《饶州风俗》，北京：中华书局 2005 年版，第 683 页。

④ 刘卉：《江西书院发展和书院文物保护利用初探》，《南方文物》2017 年第 2 期。

⑤ 脱脱等：《宋史》卷四二九《朱熹传》，北京：中华书局 1977 年版，第 12769 页。

⑥ 苏天爵撰，陈高华、孟繁清点校：《滋溪文稿》卷一四《故静观处士刘君墓碣铭》，北京：中华书局 1997 年版，第 231 页。

⑦ 同上书，第 230 页。

⑧ 同上。

⑨ 脱脱等：《宋史》卷四四五《赵蕃传》，北京：中华书局 1977 年版，第 13146 页。

⑩ 周必大：《周益国文忠公集》卷五《跋鱼计亭赋》，《宋集珍本丛刊（051－2）》，北京：线装书局 2004 年版，第 524 页。

清江聂氏"家世儒科"①，其"外氏家本儒"②"俱以诗书燕其后"③，家族在清江有名于时。再如建昌杨宗伯，年幼孤，其祖母授书，"凡先世遗训皆使知之"④。及长，辟官不就，自云："吾兄弟当夙夜绩学，以续诗书之泽。"⑤ 由上述可知，宋元江西文化名人的频出与其成长的家庭环境有着密切关联。这些家族均以读书业儒为最高精神追求，并世代相承，绵延不绝，形成了良好的重学传统，为人才的成长和发展提供了重要的家庭环境。

（三）苦学精神

在古代，流传着许多苦学的励志经典故事，如孔子的"韦编三绝"，苏秦、孙敬的"刺股悬梁"，车胤、孙康的"囊萤映雪"，匡衡的"凿壁借光"等。他们身上集中折射出中国古代文人不畏艰难、刻苦学习的宝贵精神。在宋元时期涌现出的江西文化名人中，他们大都也是经历苦学而成才的。

宋元江西许多文化名人成长的家庭条件都非常艰苦。玉山汪应辰，"家贫无膏油，每拾薪苏以继晷。从人借书，一经目不忘"⑥。在如此艰苦的家庭条件下，汪氏并没有放弃学习，而是以借书满足基本学习，成为宋高宗绍兴五年（1135）进士第一人，与其兄汪涓被时人称为"二汪"。乐平马廷鸾，"甘贫力学，既冠，里人聘为童子师，遇有酒食馔，则念母藜藿不给，为之食不下咽"⑦。面对贫困，马氏并没有怨天尤人，而是刻苦学习，后登宋理宗淳祐七年（1247）进士第，官至宰相，著《六经集传》《语孟会编》《楚辞补记》《洙泗裔编》《读庄笔记》《张氏祝氏皇极观物外篇》诸书。有"儒林四杰""元诗四大家"之称的丰城揭傒斯幼年也是家贫如洗，靠"读书尤刻苦，昼夜不少懈"的苦学精神"贯通百氏，早有文名"⑧。还有"甘贫力学"⑨的新喻刘清之，"即僧舍肄词业，夜枕不解衣"⑩的乐平洪适、洪遵、洪迈兄弟，"安贫乐分，不

---

① 李修生：《全元文》卷八六《瑞金知县愚斋聂先生行状》，南京：凤凰出版社 2005 年第 2 版，第 3 册，第 175 页。
② 李修生：《全元文》卷八六《先妣圹记》，南京：凤凰出版社 2005 年第 2 版，第 3 册，第 197 页。
③ 李修生：《全元文》卷八六《瑞金知县愚斋聂先生行状》，南京：凤凰出版社 2005 年第 2 版，第 3 册，第 175 页。
④ 苏天爵撰，陈高华、孟繁清点校：《滋溪文稿》卷一九《杨府君墓志铭》，北京：中华书局 1997 年版，第 317 页。
⑤ 同上。
⑥ 脱脱等：《宋史》卷三八七《汪应辰传》，北京：中华书局 1977 年版，第 11876 页。
⑦ 脱脱等：《宋史》卷四一四《马廷鸾传》，北京：中华书局 1977 年版，第 12436 页。
⑧ 宋濂：《元史》卷一八一《揭傒斯传》，北京：中华书局 1976 年版，第 4184 页。
⑨ 脱脱等：《宋史》卷四三七《刘清之传》，北京：中华书局 1977 年版，第 12953 页。
⑩ 脱脱等：《宋史》卷三七三《洪遵传》，北京：中华书局 1977 年版，第 11565 页。

贪不躁"① 的清江徐得之，"家甚贫，萧然吟咏以自乐"② 的南昌杨显民等等，都是在家庭条件异常艰苦的情况下坚持学习而卓然成才的杰出江西文化名人。

读书要有所成，还得下苦功夫，要有咬定青山不放松的坚强意志。与司马光同修《资治通鉴》并著有《十国纪年》《资治通鉴外纪》等书的高安刘恕，"求书不远数百里，身就之读且抄，殆忘寝食"③。这些史学成就的取得，是与刘恕的苦学分不开的。清江彭龟年痴迷读书，勤奋"至忘寝食"④，在经学领域取得丰硕的成果，著有《止堂集》《止堂训蒙》《内治圣鉴》《经解》《祭仪》等书。临江新淦"三孔"诗文传天下，亦以刻苦著称。孔文仲"少刻苦问学"⑤，孔武仲"幼力学"⑥，受二兄影响，孔平仲也是勤奋苦读，其成就不在二兄之下，《宋诗钞·平仲清江诗钞》云其"长于史学，工词藻，故诗尤夭矫流丽，奄有二仲"⑦。此外，诸如"诵书日数千言，每冥思精索"⑧ 的上饶徐元杰、"十载一灯"⑨ 的丰城王道昌、"推究经传，反复诘难，必得肯綮乃已"⑩ 的德兴张一清、"读书清苦，日记千言"⑪ 的鄱阳刘传、"自少力学"⑫ 的南丰曾肇、提出"咬得菜根，则万事可做"⑬ 的临川汪革等等，都是通过勤奋苦学而成才的江西文化名家。

（四）博学精神

《礼记·中庸》在谈到学习要旨时说："博学之，审问之，慎思之，明辨之，笃行之。"其中"博学之"排在首位，可见博学的重要性。从宋元时期江西涌现的文化名人来看，博学多闻也是这一群体的主要特征。

---

① 脱脱等：《宋史》卷四三八《徐得之传》，北京：中华书局1977年版，第12983页。

② 王梓材、冯云濠编撰，舒大刚、杨世文等校点：《宋元学案补遗》卷九二《草庐学案补遗》，北京：人民出版社2012年版，第3578页。

③ 脱脱等：《宋史》卷四四四《刘恕传》，北京：中华书局1977年版，第13119页。

④ 脱脱等：《宋史》卷三九三《彭龟年传》，北京：中华书局1977年版，第11995页。

⑤ 脱脱等：《宋史》卷三四四《孔文仲传》，北京：中华书局1977年版，第10931页。

⑥ 脱脱等：《宋史》卷三四四《孔武仲传》，北京：中华书局1977年版，第10933页。

⑦ 吴之振、吕留良、吴自牧选，管庭芬、蒋光煦补：《宋诗钞》"平仲清江集钞"条，北京：中华书局1986年版，第466页。

⑧ 脱脱等：《宋史》卷四二四《徐元杰传》，北京：中华书局1977年版，第12660页。

⑨ 李修生：《全元文》卷八七《先君圹记》，南京：凤凰出版社2005年第2版，第3册，第194页。

⑩ 王梓材、冯云濠编撰，舒大刚、杨世文等校点：《宋元学案补遗》卷八四《存斋晦静息庵补遗》，北京：人民出版社2012年版，第3247页。

⑪ 王梓材、冯云濠编撰，舒大刚、杨世文等校点：《宋元学案补遗》卷四九《晦翁学案补遗下》，北京：人民出版社2012年版，第1892页。

⑫ 脱脱等：《宋史》卷三一九《曾肇传》，北京：中华书局1977年版，第10395页。

⑬ 马端临：《文献通考》卷二三八《经籍考六十五》，北京：中华书局2011年版，第6471页。

德安夏竦博学多才，除在政治军事领域多有建树外，在文学、历史、文字、法律等领域也有较高的造诣和杰出的成就。《宋史》本传云其"自经史、百家、阴阳、律历，外至佛老之书，无不通晓"①。乐平洪迈"博极载籍，虽稗官虞初，释老傍行，靡不涉猎"②。宋孝宗乾道十二年（1185）曾预修《四朝帝纪》，著有《夷坚志》《容斋随笔》《史记法语》《万首唐人绝句》等书，其文学、史学、哲学、艺术等思想为后人所研究和称颂。杨云翼为乐平另一位重要文化名人，"博通经传，至于天文、律历、医卜之学，无不臻极"③。据《金史·杨云翼传》载，杨云翼除著有文集若干卷外，在校书上成绩也很突出，校有《大金礼仪》《续通鉴》《周礼辨》《左氏》《庄》《列赋》《五星聚井辨》《县象赋》等书或文④。南昌熊朋来"关于世教，其余若天文、地理、方技、名物、度数，靡不精究"⑤。尤精于《三礼》，著有《经说》《天慵文集》《瑟谱》等书。安福王庭珪"弱冠，通经史百家"⑥。著有《易解》《论语讲义》《经讲义》《语录》《杂志》《沧海遗珠》《校字》《方外书》《风停山丛录》等书。其子王颀六经百氏皆通，尤邃于《春秋》⑦。还有清江道学名家张洽，"自《六经》传注而下，皆究其指归，至于诸子百家、山经地志、老子浮屠之说，无所不读"⑧。此外，像永丰欧阳修、欧阳发父子，临川王安石、王安国兄弟，浮梁汪沆、汪澈兄弟，崇仁吴澄、吴当祖孙，分宁余卞，鄱阳杨辅世，临川谢逸，玉山汪逵等均是博学多才，在多个领域都有建树。由上述可见，宋元江西文化名人群体突出成就的取得与其博采众家、兼收并蓄的博学精神密不可分。

（五）善学精神

善学，即善于学习。《礼记·学记》云："善学者，师逸而功倍，又从而庸之。"面对浩如烟海的书籍文献和流派纷呈的名师名家，如何在有限的时间内掌握要旨、获得真传、为己所用，并形成自己的学术风格，是考验每个学习者的重要课题。因此，

---

① 脱脱等：《宋史》卷二八三《夏竦传》，北京：中华书局1977年版，第9571页。
② 脱脱等：《宋史》卷三七三《洪迈传》，北京：中华书局1977年版，第11570页。
③ 王梓材、冯云濠编撰，舒大刚、杨世文等校点：《宋元学案补遗》卷一百《屏山鸣道集说略补遗》，北京：人民出版社2012年版，第3959页。
④ 脱脱等：《金史》卷一一《杨云翼传》，北京：中华书局2020年版，第2563－2564页。
⑤ 宋濂：《元史》卷一九《熊朋来传》，北京：中华书局1976年版，第4336页。
⑥ 周必大：《庐陵周益国文忠公集》卷二九《左承奉郎直敷文阁主管亳州崇道观王公形状》，《宋集珍本丛刊（051－2）》，北京：线装书局2004年版，第353页。
⑦ 王梓材、冯云濠编撰，舒大刚、杨世文等校点：《宋元学案补遗》卷一九《范吕诸儒学案补遗》，北京：人民出版社2012年版，第949页。
⑧ 脱脱等：《宋史》卷四三《张洽传》，北京：中华书局1977年版，第12785页。

学习需要掌握一定的技巧或方法，是为善学。宋元江西文化名人，除具有好学、重学、苦学、博学等学习精神外，还普遍具有善学精神。他们勤于思考、善于发问、懂得取舍，并将学习心得、体会及成果著书立说以泽被后世，成为中华传统文化宝库中的重要资源。

宋元时期，江西理学发展迅速，出现许多理学名家，他们在学习和传承理学思想过程中，认真研读、虚心求学、大胆发问、及时总结，为发展和弘扬理学做出了杰出的贡献。安仁汤千，对众家之说"融会贯通，卓然自有见处"，真德秀评价"其用心于内，而求践其实者也"①。丰城范士衡，早从临川李德远、刘淳叟游，晚师朱熹。他在习读《春秋》一书时，认为"其说漫衍，皆传注害之"，遂作《尊经辨》《春秋本末》二书辩之②。清江张洽"自《六经》传注而下，皆究其指归"③，追本溯源的问学精神为其成为道学大家打下坚实的基础。"四书"历来为儒学家们所热衷和研读，相关心得体会著述颇多。清江周良佐，对朱子所释《四书》中所引用人名及其事实"博考备述，俾人名事实坦然明白。间又发挥其词语，通晓其旨趣"④，所著《四书人名考》对初学者及读者大有裨益。临江萧镒与其友欧阳养正，读书之余，采集"先儒之遗言绪论，及时之不倍师说者"，加之二人的观点编著《四书待问》八卷⑤嘉惠于学林。吕祖谦著有《吕氏家塾读诗记》一书，宜春李公凯著《毛诗句解》二十卷，对该书所记部分内容加以矫正⑥。同郡夏自明，"壮岁从上饶陈先生文蔚问答疑难，无苟同之病"⑦。对于当时名师，夏自明并没有完全附和与盲从，而是严谨问学，丝毫不苟。崇仁吴澄于学尤善思，"于《易》《书》《诗》《春秋》《礼记》各有纂言，尽破传注穿凿之习，其书纂言只注今文二十八篇，不用伪孔古文，尤为绝识。又订《孝经》定本，合古、今文，分经一章，传十二章。校正《皇极经世书》及《老子》《庄

---

① 黄宗羲撰，全祖望补修，陈金生、梁运华点校：《宋元学案》卷八四《存斋晦静息庵学案》，北京：中华书局1986年版，第2842页。

② 王梓材、冯云濠编撰，舒大刚、杨世文等校点：《宋元学案补遗》卷六九《沧州诸儒学案补遗上》，北京：人民出版社2012年版，第2518－2519页。

③ 脱脱等：《宋史》卷四三《张洽传》，北京：中华书局1977年版，第12785页。

④ 王梓材、冯云濠编撰，舒大刚、杨世文等校点：《宋元学案补遗》卷四九《晦翁学案补遗下》，北京：人民出版社2012年版，第1896页。

⑤ 同上书，第1890页。

⑥ 王梓材、冯云濠编撰，舒大刚、杨世文等校点：《宋元学案补遗》卷五一《东莱学案补遗》，北京：人民出版社2012年版，第1970页。

⑦ 王梓材、冯云濠编撰，舒大刚、杨世文等校点：《宋元学案补遗》卷七《沧州诸儒学案补遗下》，北京：人民出版社2012年版，第2573页。

子》《太元经》《乐律》《八阵图》、郭璞《葬书》，皆行于世"①。吴澄在理学上所取得的成绩和做出的贡献超出同期许多人，这均源自其对学习的不断反思和切身体悟。此外，像分宜欧阳贞所著《周易问辨》三十卷②、建昌胡泳所著《四书衍说》③、都昌陈大猷所著《尚书集传会通》④、上饶陈文蔚所著《尚书解注》⑤、余干柴元裕所著《论语解》⑥ 等均是作者在所学过程中产生的思想文化结晶，为后世学者提供了重要的学习参照。

宋元时期也是中国诗词文赋发展与繁荣的黄金时期，其中江西士人所做之贡献尤为突出。他们在继承前人优秀创作风格的同时又有所创新，成为诗坛、文坛及词坛有着重要影响的文化代表，这也是他们善学有成的有力佐证。"豫章四洪"（洪朋、洪刍、洪炎、洪羽）俱有诗名，尝从其舅黄庭坚学，在诗词创作上既有黄庭坚的影子，也有自己的独特风格，成为江西诗派的代表人物。永丰欧阳修文垂千古，其长子欧阳发，少师安定先生胡瑗，得其古乐钟律之说，而其文章则"得文忠公之学"⑦。中子欧阳棐，"广览强记，能文词"⑧。欧阳修卒后，"代草遗表，神宗读而爱之，意修自作也"⑨。其为文深得欧阳修真传。欧阳修之孙、欧阳辨之子欧阳懋，博学多才，传承家学的同时也有所自创。"其为文，古律虽殊，体制不一，各极其妙，而家法灿然，时推能世其家者。"⑩ 吉水杨万里，"精于诗"⑪，早年学江西体，后转习陈师道、王安石和晚唐诗，中年以后，自成一家，其诗风生动活泼，清新自然，被誉为"诚斋体"，影响深远。庐陵刘辰翁，年少学于乡贤曾深甫、尧章先生朱埴，后学古文于欧阳守

---

① 柯劭忞：《新元史》卷一七《吴澄传》，上海：上海古籍出版社 2018 年版，第 3526 页。
② 王梓材、冯云濠编撰，舒大刚、杨世文等校点：《宋元学案补遗》卷八三《双峰学案补遗》，北京：人民出版社 2012 年版，第 3237 - 3238 页。
③ 黄宗羲撰，全祖望补修，陈金生、梁运华点校：《宋元学案》卷六九《沧州诸儒学案上》，北京：中华书局 1986 年版，第 2292 页。
④ 黄宗羲撰，全祖望补修，陈金生、梁运华点校：《宋元学案》卷八三《双峰学案》，北京：中华书局 1986 年版，第 2814 页。
⑤ 黄宗羲撰，全祖望补修，陈金生、梁运华点校：《宋元学案》卷六九《沧州诸儒学案上》，北京：中华书局 1986 年版，第 2320 页。
⑥ 黄宗羲撰，全祖望补修，陈金生、梁运华点校：《宋元学案》卷七九《丘刘诸儒学案》，北京：中华书局 1986 年版，第 2640 页。
⑦ 脱脱等：《宋史》卷三一九《欧阳发传》，北京：中华书局，1977 年，第 10382 页。
⑧ 同上。
⑨ 同上。
⑩ 王梓材、冯云濠编撰，舒大刚、杨世文等校点：《宋元学案补遗》卷四《庐陵学案补遗》，北京：人民出版社 2012 年版，第 311 页。
⑪ 脱脱等：《宋史》卷四三三《杨万里传》，北京：中华书局 1977 年版，第 12870 页。

道、学诗于王泰来，集众家之长的刘氏对诗文有自己独到的见解。其子刘将孙（字尚友）少学于江万里，亦能文。吴澄评其父子文章谓"辰翁奇诡变化，尚友浩瀚演迤，皆能成一家之言"①。具有"元诗四大家"之称的范梈，门生众多，其中清江傅若金和吉水杨伯允学业最精，揭傒斯有"范公之诗，清江傅若金得其神，庐陵杨伯允得其骨"的评论②。此外，宜春赵汝镂，古体诗学李白、苏轼、张籍，近体诗学杨万里、"永嘉四灵"，刘克庄评价其诗"兼众体"③。临川蔡元翰所著《唐制举科目图》一卷"博采别条，乃可备一家言耳"④。这些都是善学会学的典型代表。

纵观宋元江西文化名人，他们普遍具有善学之精神，在学习前人成果和博采众家之长的同时，善于吸收与消化，并形成自己的创作风格和研究成果，产生了较大的影响，成为这一时期颇具影响的文化名家。

三、宋元江西文化名人学习精神的当代价值

重视学习是中华民族的传统美德。习近平总书记曾在中央党校 2009 年春季学期第二批进修班开学典礼上的讲话上指出一些领导干部读书存在的问题："一是追求享乐、玩物丧志，不好读书；二是热衷应酬、忙于事务，不勤读书；三是浅尝辄止、不求甚解，不善读书；四是学而不思、知行不一，学用脱节。"⑤ 时至今日，习近平总书记的讲话仍然有着重要的警醒作用。对照习近平总书记的讲话内容，结合宋元江西文化名人的学习精神，如何在新时代继承和发扬好学、重学、苦学、博学和善学的学习精神，依然有着重要的社会价值和现实意义。

（一）继承和弘扬宋元江西文化名人志存高远的好学精神

继承和弘扬宋元江西文化名人的学习精神，首先要继承和弘扬他们志存高远的好学精神。分宁黄庶，"其少而学也，观《诗》《书》以来至于忠臣、义士奇功大节，

---

① 柯劭忞：《新元史》卷二三七《刘辰翁传》，上海：上海古籍出版社 2018 年版，第 4523 页。

② 王梓材、冯云濠编撰，舒大刚、杨世文等校点：《宋元学案补遗》卷五九《清江学案补遗》，北京：人民出版社 2012 年版，第 2178 页。

③ 刘克庄撰，辛更儒校注：《刘克庄集笺校》卷九四《〈野谷集〉序》，北京：中华书局 2011 年版，第 3984 页。

④ 马端临：《文献通考》卷一九八《经籍考二十五》，北京：中华书局 2011 年版，第 5704 页。

⑤ 习近平：《领导干部要爱读书读好书善读书》，共产党员网：https://news. 12371. cn/2015/12/15/ARTI1450152703326709. shtml? from = groupmessage&isappinstalled = 0&ivk_ sa = 1024320u，首发时间：2015 年 12 月 15 日。

常恨身不出于其时，不得与古人上下其事"①。黄庶年少立志，发奋读书，向忠臣、义士看齐，其"矫拔生新""古质简劲"②的文风对其子黄庭坚产生了深刻的影响。鄱阳彭汝砺，"读书为文，志于大者，言动取舍，必合于义"③，在同辈中有着极高的威望，树立了良好的榜样。乐平洪皓"少有奇节，慷慨有经略四方志"④。其出使金国，羁留荒漠十五年不辱使命而归，事迹可歌可泣。余干赵汝愚"早有大志，每曰：'丈夫得汗青一副纸，始不负此生'"⑤。其忠于国家、不畏权贵的人生经历为后人所敬仰和钦佩。"树无根不长，人无志不立。"正是在远大理想抱负的指引下，宋元江西文化名人好学不倦的精神为其成长成才奠定了重要的精神基础。在中国特色社会主义新时代，我们要进一步继承和弘扬好这种志存高远的好学精神。习近平总书记强调："把学习作为一种追求、一种爱好、一种健康的生活方式，做到好学乐学。"⑥如此，方能立大志、做大事、有大为，为中华民族伟大复兴中国梦的实现奠定优秀的人才基础。

（二）继承和弘扬宋元江西文化名人氛围浓厚的重学精神

继承和弘扬宋元江西文化名人的学习精神，其次要继承和弘扬他们氛围浓厚的重学精神。黄庭坚高祖黄元吉"买田聚书，长雄一县"⑦，曾祖黄中理"筑书馆于樱桃洞、芝台，两馆游士来学者常数十百人。故诸子多以学问文章知名"⑧。在良好的重学家风熏陶下，分宁黄氏家族人才辈出，贡献杰出。奉新胡仲尧，"构学舍于华林山别墅，聚书万卷，大设厨廪，以延四方游学之士。"⑨游学者纷至沓来。其弟胡仲容"建本县孔子庙，颇为宽敞"，而子侄辈均举进士⑩，成为当地文化大族。被王安石评为"其文能世其家者也"⑪的南昌陈执方将重学精神融入其为官经历，其所任州县，

①　王梓材、冯云濠编撰，舒大刚、杨世文等校点：《宋元学案补遗》卷一九《范吕诸儒学案补遗》，北京：人民出版社2012年版，第906页。

②　傅璇琮、祝尚书编著：《宋才子传笺证》（北宋前期卷），沈阳：辽海出版社2011年版，第634页。

③　脱脱等：《宋史》卷三四六《彭汝砺传》，北京：中华书局1977年版，第10976页。

④　脱脱等：《宋史》卷三七三《洪皓传》，北京：中华书局1977年版，第11557页。

⑤　脱脱等：《宋史》卷三九二《赵汝愚传》，北京：中华书局1977年版，第11982页。

⑥　习近平：《在中央党校建校80周年庆祝大会暨2013年春季学期开学典礼上的讲话（2013年3月1日）》，《人民日报》2013年3月3日002版。

⑦　黄庭坚撰，刘琳、李勇先、王蓉贵校点：《黄庭坚全集》正集卷三十二《叔父和叔墓碣》，成都：四川大学出版社2001年版，第861页。

⑧　王梓材、冯云濠编撰，舒大刚、杨世文等校点：《宋元学案补遗》卷一九《范吕诸儒学案补遗》，北京：人民出版社2012年版，第906页。

⑨　脱脱等：《宋史》卷四五六《胡仲尧传》，北京：中华书局1977年版，第13390页。

⑩　同上书，第13391页。

⑪　王安石：《王文公文集》卷八四《司农卿分司南京陈公神道碑》，上海：上海人民出版社1974年版，第903页。

均以兴校办学为己任①。毋庸置疑，学习不仅是事关个人成长的大事，也是事关社会发展进步的大计，必须引起每个家庭的高度重视和社会各界的普遍关注，因此，务必要在全社会营造和形成一种尊学崇学重学的浓厚氛围。习近平总书记在 2022 年 4 月 23 日首届全民阅读大会上的贺信中强调："希望全社会都参与到阅读中来，形成爱读书、读好书、善读书的浓厚氛围。"② 宋元江西文化名人氛围浓厚的重学精神，是中华民族宝贵的精神财富，在中国特色社会主义新时代必须加以充分继承和大力弘扬。

（三）继承和弘扬宋元江西文化名人理想坚定的苦学精神

继承和弘扬宋元江西文化名人的学习精神，需要继承和弘扬他们为实现理想而坚持不懈的苦学精神。乐平马端临，"幼翻馆阁之储，知前代之典章，识当世之体要"③，为补杜佑《通典》之阙，集二十余年之功力著成《文献通考》，为我们研究宋史提供了大量珍贵的文献资料。临川王安石，"以道德经济为己任"④，自云"垂髫初识字"⑤"生十二年而学"⑥，不畏权贵推行新法，晚居金陵时依然不废文章，为后人留下丰富而又宝贵的文化遗产。婺源朱熹，"少时，慨然有求道之志"⑦，幼从学，长不废，一生笔耕不辍，"竭其精力，以研穷圣贤之经训"⑧，所著经史子集各类书籍有一百四十余部之多⑨，成为我国古代著名理学大师。宋元江西文化名人有力诠释了"路漫漫其修远兮，吾将上下而求索""十年磨一剑""梅花香自苦寒来"等中华经典名言。习近平总书记在 2014 年 5 月 4 日北京大学师生座谈会上强调"要勤学，下得苦功夫，求得真学问"⑩，又说"读书是一个长期的需要付出辛劳的过程，不能心浮

---

① 王安石：《王文公文集》卷八四《司农卿分司南京陈公神道碑》，上海：上海人民出版社 1974 年版，第 903 页。

② 习近平：《习近平致首届全民阅读大会举办的贺信》，中国政府网：http://www.gov.cn/xinwen/2022－04/23/content_ 5686827.htm。首发日期：2022 年 4 月 23 日。

③ 马端临：《文献通考·抄白》，北京：中华书局 2011 年版，第 25 页。

④ 脱脱等：《宋史》卷三二七《王安石传》，北京：中华书局 1977 年版，第 10553 页。

⑤ 王安石：《王文公文集》卷七四《贵州虞部使君访及道旧窃有感恻因成小诗》，上海：上海人民出版社 1974 年版，第 787 页。

⑥ 王安石：《王文公文集》卷五《与祖择之书》，上海：上海人民出版社 1974 年版，第 62 页。

⑦ 脱脱等：《宋史》卷四二九《朱熹传》，北京：中华书局 1977 年版，第 12769 页。

⑧ 同上。

⑨ 束景南：《朱熹年谱长编》，上海：华东师范大学出版社 2001 年版，第 1441－1465 页。

⑩ 习近平：《青年要自觉践行社会主义核心价值观——在北京大学师生座谈会上的讲话（2014 年 5 月 4 日）》，《人民日报》2014 年 5 月 5 日 002 版。

气躁、浅尝辄止"①。因此，我们要学有所成，必须经得住风雨、耐得住寂寞、受得了诱惑，否则将一事无成。为了实现自己的理想和人生目标，宋元江西文化名人始终保持着一种健康向上、不怕困难的刻苦问学精神。这种宝贵的苦学精神是中华民族历经千年而经久不衰的优秀文化遗产，在中国特色社会主义新时代依然散发着馨香与魅力，必须加以继承和弘扬。

（四）继承和弘扬宋元江西文化名人视野开阔的博学精神

继承和弘扬宋元江西文化名人的学习精神，还要继承和弘扬他们视野开阔的博学精神。南城李觏"通经术，有文章"②，时人评其为"宋大儒……胸罗今古，博洽《五经》"③。清江张洽，"无所不读"④，不但精于《春秋》学，在史学、地理学领域也有建树，《续通鉴长编事略》《历代郡县地理沿革表》即为其代表作品。婺源朱熹"既博求之经传，复遍交当世有识之士"⑤，其卓著学术成就的取得与其博学多采、广泛交游密不可分。站高方能望远，多采方能博学。宋元江西文化名人视野开阔的博学精神，为他们在各个领域发挥创造、建功立业打下坚实的基础。中国特色社会主义新时代，我们面临着"两个大局"，需要在各个领域全面应对、积极应战，需要更多的学识渊博、全面发展的复合型人才加入中华民族伟大复兴中国梦实现的具体实践中来。因此，新时代继承和弘扬宋元江西文化名人视野开阔的博学精神尤为必要和重要。

（五）继承和弘扬宋元江西文化名人思维创新的善学精神

继承和弘扬宋元江西文化名人的学习精神，更要继承和弘扬他们思维创新的善学精神。像"习《易》，自成一家"⑥ 的都昌江万里、"诵书日数千言，每冥思精索"⑦

---

① 习近平：《领导干部要爱读书读好书善读书》，共产党员网：https://news. 12371. cn/2015/12/15/ARTI1450152703326709. shtml? from = groupmessage&isappinstalled = 0&ivk_ sa = 1024320u，首发时间：2015年 12 月 15 日。

② 吴处厚撰，尚成校点：《青箱杂记》卷七，《宋元笔记小说大观（2）》，上海：上海古籍出版社2001 年版，第 1671 页。

③ 李觏撰，王国轩点校：《李觏集》附录五《孙甫李泰伯先生文集叙》，北京：中华书局 2011 年第 2版，第 568 页。

④ 脱脱等：《宋史》卷四三《张洽传》，北京：中华书局 1977 年版，第 12785 页。

⑤ 脱脱等：《宋史》卷四二九《朱熹传》，北京：中华书局 1977 年版，第 12769 页。

⑥ 周密撰，王根林校点：《癸辛杂识》后集《太学文变》，载《宋元笔记小说大观（6）》，上海：上海古籍出版社 2001 年版，第 5738 － 5739 页。

⑦ 脱脱等：《宋史》卷四二四《徐元杰传》，北京：中华书局 1977 年版，第 12660 页。

的上饶徐元杰、"文章机杼自成一家"① 的金溪陆焕之、提出作诗"三不可"② 口诀的临川危稹、诗"兼众体"③ 的宜春赵汝镣、文章"皆能成一家之言"④ 的庐陵刘辰翁、刘将孙父子等等，都是善学、会学的代表人物。他们在学习和继承前人学术风格特点的同时，结合自身实际加以创造和发挥，形成自己的学术主张和文化特色，在中国思想文化史上留下了重要的印记。习近平总书记在党的十九大报告中强调："要增强学习本领，在全党营造善于学习、勇于实践的浓厚氛围，建设马克思主义学习型政党，推动建设学习大国。"⑤ 中国特色社会主义新时代，我们不但要继承和弘扬宋元江西文化名人的好学精神、重学精神、苦学精神和博学精神，更要继承和弘扬他们思维创新的善学精神，勤于思考、善于总结、注重创新、灵活运用，为不断实现人民对美好生活的向往而努力奋斗。

要之，宋元江西文化名人群体身上所呈现的以好学、重学、苦学、博学和善学为主要内容的学习精神是中华民族宝贵精神财富和中国社会经济发展的不竭动力，无论是在千年之前的宋元，还是在中国特色社会主义新时代，都具有催人奋进、令人向上的伟大震撼力量。习近平总书记强调："梦想从学习开始，事业从实践起步。"⑥ 中华民族伟大复兴的中国梦的实现，"就必须大兴学习之风，坚持学习、学习、再学习"⑦。

---

① 陆游：《渭南文集》卷三八《山堂陆先生墓志铭》，载《宋集珍本丛刊（047－3）》，北京：线装书局 2004 年版，第 648 页。

② 《诗人玉屑》卷五《口诀·三不可》："诗不可强作，不可徒作，不可苟作。强作则无意，徒作则无益，苟作则无功。"

③ 刘克庄撰，辛更儒校注：《刘克庄集笺校》卷九四《〈野谷集〉序》，北京：中华书局 2011 年版，第 3984 页。

④ 柯劭忞：《新元史》卷二三七《刘辰翁传》，上海：上海古籍出版社 2018 年版，第 4523 页。

⑤ 习近平：《决胜全面建成小康社会 夺取新时代中国特色社会主义伟大胜利——在中国共产党第十九次全国代表大会上的报告（2017 年 10 月 18 日）》，《人民日报》2017 年 10 月 28 日 001 版。

⑥ 习近平：《在欧美同学会成立 100 周年庆祝大会上的讲话（2013 年 10 月 21 日）》，《人民日报》2013 年 10 月 22 日 002 版。

⑦ 习近平：《在中央党校建校 80 周年庆祝大会暨 2013 年春季学期开学典礼上的讲话（2013 年 3 月 1 日）》，《人民日报》2013 年 3 月 3 日 002 版。

明代正德、嘉靖年间政争述论

——以王琼与杨廷和为例

莫德惠[*]

【内容提要】 王琼与杨廷和皆为明代历史上颇有影响的政治人物，两人均历仕成化、弘治、正德与嘉靖四朝，王琼于正德十年（1515）以后长期执掌兵部，杨廷和自正德七年（1512）以后长期任内阁首辅。两人为同一时期的政治人物，两人的政治关系成为我们研究明代中期政局不可绕开的部分。两人在正德十年以前往来较少，两人的互动主要是在正德十年以后，由于王琼日益受到明武宗的重用，与杨廷和在诸多权力、人事问题上产生重大分歧，两人关系逐渐恶化。正德、嘉靖之际，杨廷和利用整顿明武宗旧政之机对王琼予以政治打击，王琼落败后被贬戍。嘉靖七年（1528）王琼被明世宗起用之际，朝廷上发生了著名的"封疆之狱"，使得已致仕的杨廷和、彭泽等人皆被论罪。该案实际是王、杨之间矛盾的延续。

【关键词】 政争 王琼 杨廷和 王阳明

王琼在明代历史上有"治世能臣"之称，在正德、嘉靖政坛上曾发挥过重要影响。王琼从成化二十年（1484）中进士后被授工部主事，至嘉靖十一年（1532）病逝于吏部尚书任上，他的仕途历经成化、弘治、正德及嘉靖四朝，任官时间长达四十余

---

* **【作者简介】** 莫德惠，男，1986年生，广西平乐人，历史学博士，柳州市委党校（柳州市行政学院）讲师，研究方向：明史，王阳明历史文化。

年。其中于正德八年（1513）以后相继担任六部中的户、兵、吏三部尚书，又以正德十年至正德十五年担任兵部尚书，重用王阳明平定南赣盗乱以及江西宁藩朱宸濠叛乱，及嘉靖七年至嘉靖十年（1531）以兵部尚书身份总督陕甘三边军务，成功抚定西北边乱最为著名[①]。杨廷和为翰林出身，正德朝以前曾任明武宗朱厚照的学业讲官，朱厚照即位初期，杨廷和入阁期间，备受内阁首辅李东阳的器重。正德七年李东阳致仕后，杨廷和出任内阁首辅。正德十六年（1521）明武宗病卒后，杨廷和获得武宗生母张太后的政治支持，起草武宗遗诏，迎立新皇朱厚熜即位，并采取一系列整顿正德朝旧政措施，获得朝野广泛的拥护，一时权势显赫。正、嘉之际随着王琼在政治上的倒台，王阳明也被殃及其中。王阳明在嘉靖初年备受冷遇的状况，背后实际掺杂着王琼与杨廷和政治斗争的因素。目前学界有不少研究，但主要侧重讨论两人的仕途、事功等方面，对两人政治关系演变的探讨不多[②]。因此考察王阳明在政治上境遇，有助于深入理解王、杨之间政治关系的复杂性。综合以上内容可知，正、嘉时期王琼与杨廷和之间的矛盾关系，曾深刻影响着各自的政治生命，以及时代政治与人事关系状况。

一、正德间彭泽对王、杨关系之影响

王琼，山西太原人，成化二十年中进士，以后长期转任地方官职，直至正德二年（1507）调回京师出任户部右侍郎，正德八年（1513）被擢升户部尚书，正德十年转任兵部尚书[③]。杨廷和，四川新都人，成化十四年（1478）中进士，早年主要充任翰林庶吉士、检讨等职，明武宗即位以后曾任户部、吏部尚书等职，正德二年（1507）调入内阁。期间，逐渐受到首辅李东阳的器重，李东阳致仕以后便继任首辅一职[④]。杨廷和较王琼任官时间早，两人并非科举同年，也非同乡，并且王琼长期外任，杨廷和任官翰林，在官场上也未见公务往来的记载，因此早年也谈不上有多少交情。正德初年王琼调任京职，两人才可能有所接触。正德早年两人的关系，杨一清（1454—

---

① 见张居正：《明世宗实录》卷一百四十嘉靖十一年七月庚辰条，台北："中央"研究院历史语言研究所 1966 年版，第 3276–3277 页。

② 见张正明：《明代重臣王琼》，《晋阳学刊》1997 年第 5 期，第 104–109 页。罗辉映：《杨廷和事略考实》，《中国史研究》1990 年第 2 期，后载刘复生主编：《川大史学·中国古代史卷》，成都：四川大学出版社 2006 年版，第 682–699 页。胡吉勋：《"大礼议"与明廷人事变局》，北京：社会科学文献出版社 2007 年版，第 277 页。

③ 见张廷玉：《明史》卷一百九十八《王琼传》，北京：中华书局 1974 年版，第 5231–5232 页。

④ 见张廷玉：《明史》卷一百九十《杨廷和传》，北京：中华书局 1974 年版，第 5031–5032 页。

1530）认为起初"未尝不厚"①。杨一清所指的初期应是在正德十年以前，当时王琼虽被调往户部任职，但经常被调往外地整顿盐法、漕运以及赈济等事务，故与内阁并无多少直接来往。即使升任户部尚书以后，从王、杨所留下的文字以及时人的记载来看，也未见与杨廷和有直接的往来，并且王琼出任户部尚书时间较短，与杨廷和并无直接的利益或者权力的纠葛。在私人关系上，也从未见两人有所互动，如诗文唱和、以诗相赠等事迹。因此杨一清所指的"未尝不厚"应是官场上官员正常关系，双方私下的关系应该是比较疏远，仅为公务上的往来关系。

两人发生不愉快的经历源于正德十年（1515）朝廷会推兵部尚书之事。正德十年原兵部尚书陆完（1458—1526）转任吏部，兵部尚书职缺，当时会推的热门人选是杨廷和的门生、时任都察院掌院御史彭泽。彭泽，甘肃兰州人，弘治三年（1490）进士，正德年间曾多次平定地方叛乱，而逐渐受到杨廷和的器重。正德十年彭泽被召回出任都察院掌院御史，背后原因值得深究。杨廷和与陆完的关系较为密切，两人在诸多问题上有共同的利益，如对待宁王朱宸濠问题上，陆完一直暗中支持朱宸濠恢复王府护卫，而杨廷和则抱以纵容的态度②。况且王琼与陆完的关系也是比较紧张，如王琼出任兵部尚书以后，与陆完也是经常发生争执，矛盾愈发尖锐③。正德十年（1515）朝廷会推兵部尚书，结果王琼出任兵部尚书一职。

对于彭泽落选的原因，清人史籍认为是王琼勾结明武宗近臣钱宁而取得兵部尚书职位④。王琼是否是勾结明武宗近臣钱宁而取得兵部尚书职位，这一问题并不重要。从当时朝廷权力格局的情况分析，便能理解王琼为何能够出任兵部尚书。当时六部尚书除了王琼执掌户部外，杨一清、毛纪分别担任吏部尚书和礼部尚书。杨一清、毛纪、陆完均与杨廷和关系交好，若兵部尚书仍是杨廷和的门生彭泽，则作为内阁首辅的杨廷和权势则会大增，这也是使得钱宁不得不有所顾忌。而对于最高统治者明武宗而言，也希望维持朝廷各部门权力之间的平衡，以维持统治秩序的稳定。因此从这种意义而言，准许王琼出任兵部尚书实则出自明武宗的意志。王琼出任兵部尚书，使得

① 杨一清著，唐景绅、谢玉杰点校：《杨一清集·密谕录》卷五《论王琼可用否奏对》，北京：中华书局2001年版，第999页。

② 见费宏：《明武宗实录》卷一百九十三正德十五年十一月庚申条，台北："中央"研究院历史语言研究所1966年版，第3614页。罗辉映认为杨廷和在朱宸濠谋叛过程中扮演很不光彩的角色，对朱宸濠复宁府护卫以及庇护宁王的活动中负有主要政治责任。见罗辉映：《杨廷和事略考实》，载刘复生主编：《川大史学·中国古代史卷》，成都：四川大学出版社2016年版，第686页。

③ 见费宏：《明武宗实录》卷一百九十四正德十五年十二月丁未条，台北："中央"研究院历史语言研究所1966年版，第3638页。

④ 见张廷玉：《明史》卷一百九十八《彭泽传》，北京：中华书局1974年版，第5236-5237页。

杨廷和与陆完的政治计划落空，杨廷和的权势也受到抑制，从此王琼与杨廷和的关系开始变得微妙起来。

王琼担任兵部尚书后，着手整顿军政，如废除以斩杀敌人首级多少来计功的制度，建议逐年废除清军御史，以及提高武举级别等，以激励官军的战斗力。[①] 这些措施没有触犯到杨廷和的利益，两人的关系暂时也处于相对和平的状态，但这种局面没多久就被彭泽经略甘肃之事打破，并造成两人政治关系从此恶化。彭泽经略甘肃之事梗概大致如下：正德九年（1514）在杨廷和的举荐下，彭泽以都御史身份赴陕西、甘肃一带提督军务。在彭泽提督军务期间，土鲁番大肆侵扰甘肃哈密地区，攻破城池，烧杀抢掠，导致官印被夺。彭泽在未经朝廷同意的情况下，擅自派遣使节与土鲁番交涉，并答应增加金币、彩缎等物换回城印。但彭泽还未等城印赎回，便上疏朝廷，说与土鲁番的矛盾已经解决，并请求致仕，然而未被获准。正德十年在兵部尚书陆完的建议下，彭泽被召回朝出任都察院掌院御史，接着陆完转任吏部，兵部职缺，彭泽便成为当时兵部尚书热门人选，但兵部尚书职位最终被王琼所获得。而西北甘肃方面的情况是，当土鲁番的使节将城印归还明军时，当时负责此事的甘肃都御史李昆、兵备副使陈九畴违背彭泽当初答应土鲁番增加金币的条件，仅以杂币二百草率了事，引起土鲁番来使不满，随后李昆、陈九畴却将使节扣留，由此引发土鲁番统治者的震怒。正德十一年（1516）九月土鲁番再次大举侵扰肃州，造成明军七百余人伤亡，大批城内百姓被掳走，史称"甘肃之变"[②]。

"甘肃之变"引起朝野震动，正德十二年（1517）王琼上疏要求清查该事，但在杨廷和、陆完等人的压制下，彭泽、李昆以及陈九畴当时并没有被论罪。正德十三年（1518）三月王琼再次要求勘察甘肃事件及追究相关人物的罪责。在王琼的请求下，明武宗下令廷议此事，结果彭泽被削职为民，李昆、陈九畴被下狱治罪[③]。廷议的结果是杨廷和最不能接受的，彭泽经略甘肃是他所推荐，并且彭泽作为他的心腹，在此事中又遭罪落职，也使得他内心愤懑。彭泽经略甘肃从来都不应视作单纯的军事问题，而是杨廷和政治布局的重要环节。如果深究此事背后的因素，又与正德十年兵部

---

① 见张廷玉：《明史》卷一百九十八《王琼传》，北京：中华书局1974年版，第5232页。

② 见严从简著，余思黎点校：《殊域周咨录》卷十三《西戎·土鲁番》，北京：中华书局1993年版，第437－440页。

③ 见费宏：《明武宗实录》卷一百六十正德十三年三月壬子条，台北："中央"研究院历史语言研究所1966年版，第3094页。按，明人陈建对彭泽经略甘肃多有批评，认为他经略甘肃期间"无奇谋深策，惟思以利啗番夷而已"。见陈建著，钱茂伟点校：《皇明通纪》（下），北京：中华书局2008年版，第1129页。

会推尚书事件有密切联系。当时与杨廷和关系密切的陆完，于正德十年期满将会调任吏部，而届时兵部尚书职位定会空缺，朝廷暂时找不到合适的人选担任，安排彭泽经略甘肃，则可以增加他的政治资历，那么正德十年兵部尚书一职非彭泽莫属。让杨廷和与陆完料想不到的是，他们共同的政敌王琼取得明武宗旨意而转任兵部尚书。并且王琼上任以后不久，又发生与彭泽关系密切的"甘肃之变"，使得王琼借此事件，要求彻查"甘肃之变"所相关的人物，这样的结局是杨廷和与陆完所预料不及的，在明武宗的干预下，"甘肃之变"中负有重大责任的彭泽等人均被论罪。杨廷和两次与王琼的政治斗争中均以失败告终，他虽身为内阁首辅，但面对强势的王琼，仍然处于弱势状态。两人的关系业已恶化。更令杨廷和忌恨的是，王琼执掌的兵部，日常所处的军国大政多数情况下未经内阁票拟，便取得明武宗旨意而行事。"大学士廷和以琼所诛赏，多取中旨，不关内阁，弗能堪。"[1] 需要指出的是，王琼之所以胜出，除了上述所分析的原因外，还有他本身的因素。嘉靖初年内阁首辅杨一清就曾指出王琼"才识之优，识见之敏，人多不及"[2]。并且王琼善于结交权贵，使之为自己政治目的服务[3]。因此，在关键时刻，王琼在与杨廷和等人的政治斗争中屡屡胜出。

二、嘉靖初王、杨冲突加剧及双方政治命运之转折

正德十六年三月明武宗病故，其死后无子嗣，杨廷和取得武宗生母张太后支持，负责起草遗诏，宣布迎立武宗堂弟、封国湖北安陆的兴王朱厚熜即皇帝位。而此时已转任吏部尚书的王琼，则被排斥于这场关系皇位更替的活动之外。正德十六年杨廷和等人议定新皇人选后，在左顺门等待张太后的懿旨时，王琼赶来厉声指斥："此岂小事，而我九卿，顾不预闻耶？"[4] 在张太后的支持下，杨廷和在这场迎立新皇的活动中，以及期间清理武宗旧政的过程中，如罢团营、革除皇店、豹房等活动把王琼完全排斥于外。当年四月朱厚熜即位，是为明世宗嘉靖皇帝。当月王琼便被六科给事中张九叙弹劾"滥鬻将官，依阿权幸"之罪，张九叙弹劾王琼内容主要有两方面，一指王

① 张廷玉：《明史》卷一百九十八《王琼传》，北京：中华书局 1974 年版，第 5233 页。

② 杨一清著，唐景绅、谢玉杰点校：《杨一清集·密谕录》卷五《论王琼可用否奏对》，北京：中华书局 2001 年版，第 998 页。

③ 按，孟森先生曾指出："明代士大夫之大有作为者，亦往往有宦官为之助而始有以自见。"见孟森：《明史讲义》，上海：上海古籍出版社 2002 年版，第 6 页。

④ 费宏：《明武宗实录》卷一百九十七正德十六年三月丙寅条，台北："中央"研究院历史语言研究所 1966 年版，第 3681 页。

琼执掌兵部时滥封将官。二指王琼于武宗朝依附近臣钱宁、江彬等人①。这些所谓的罪状，要是置于平时难以成立，但当时的政治环境来看，王琼的政治地位确实存在风险，因为一方面这位新皇是政敌杨廷和等人所迎立，他本人在此事前后并无半点功绩。另一方面杨廷和等人要利用新皇即位之际，对所谓的武宗旧政进行革新，其中包括以往在杨廷和等人看来依附钱宁、江彬之人，都将是要清洗的对象。而张九叙弹劾王琼的罪状，很明显是符合杨廷和的政治意图的。更重要的是，新皇即位之初，对有迎立之功的内阁首辅杨廷和所提出的革新举措均予以准许，这也有利于新皇笼络人心，以稳固自身的统治。

对于张九叙的弹劾，王琼当日便上疏予以反击，他在奏疏中指斥杨廷和在政事上专擅、庇护彭泽罪责问题，建议罢黜杨廷和，以清政治风气。王琼的上疏并未得到明世宗的准许，相反被予以斥责，并要求将王琼的奏疏内容下发有司讨论②。当月御史杨秉中再次弹劾王琼结纳权幸钱宁、江彬以及排挤彭泽等人，明世宗准许恢复彭泽等人官职③。可见当时的政治环境已日益对王琼不利，先是弹劾杨廷和的奏疏被否定，接着彭泽复官，并在杨廷和的提拔下被擢升为兵部尚书，所有这些因素都对王琼构成威胁。五月，王琼便被执下狱论罪，科道官继续弹劾，王琼被论以死罪，这结果杨一清曾指出是杨廷和"报复之过"④。后王琼复辩，言官史道、范永銮等论救，王琼最终被免死，于当年十一月被判处戍边⑤。正德十六年王琼与杨廷和的政治斗争，在杨廷和占据了绝对政治优势的情况下，以王琼下狱戍边的方式暂时结束。而被杨廷和提拔为兵部尚书的彭泽，在王琼与杨廷和的政治斗争中，也曾参与弹劾王琼的活动，对王琼被论罪起到推波助澜的作用。彭泽担任兵部尚书以后，对王琼以往执掌兵部时所废除的某些军事建制予以恢复，如恢复九江兵备副使，力图清洗王琼的政治遗产⑥。

---

① 见张居正：《明世宗实录》卷一正德十六年四月己酉条，台北："中央"研究院历史语言研究所1966年版，第50页。

② 同上书，第51-52页。

③ 见张居正：《明世宗实录》卷一正德十六年四月庚戌条，台北："中央"研究院历史语言研究所1966年版，第55页。

④ 杨一清著，唐景绅、谢玉杰点校：《杨一清集·密谕录》卷五《论王琼可用否奏对》，北京：中华书局2001年版，第1000页。

⑤ 见张居正：《明世宗实录》卷八正德十六年十一月己巳条，台北："中央"研究院历史语言研究所1966年版，第299页。

⑥ 见张居正：《明世宗实录》卷十二嘉靖元年三月壬申条，台北："中央"研究院历史语言研究所1966年版，第447页。

嘉靖元年（1522）十二月山西佥事史道弹劾杨廷和的罪状，指其为"漏网元恶"①。彭泽随即弹劾史道，给予杨廷和政治上支持。但彭泽的奏疏并未受到明世宗的肯定，同时明世宗告谕言官，要求言官以后上奏毋挟私"中伤善类"②。在明世宗的告谕下，彭泽弹劾史道之举也受到其他言官的论劾，彭泽也由于言官的弹劾而最终致仕。为何明世宗对言官弹劾杨廷和之举不加驳斥，反而告谕言官要求不能伤及善类？这实际与当时的政治环境的变化密切相关，此时朝廷的局势与正德十六年已大不相同。正德十六年，明世宗刚即位，需要杨廷和等人的支持，并且杨廷和在明世宗即位的过程中具有定策之功，所以当时凡是弹劾杨廷和的言官，明世宗均予以驳斥并加以治罪，杨廷和当时可谓权势大增。而此时杨廷和因极力反对明世宗所兴起的"大礼议"，即推尊其父为皇帝的活动，使得明世宗对其日益积恨。因此对于杨廷和门生彭泽的奏疏，明世宗并不加以重视。

史道的弹劾也使得杨廷和屡次求退，但并未获明世宗准许。史道的奏疏现已难以搜寻，但实录对其内容有所节略，杨廷和本人的文集中也记载了一些内容。史道的奏疏，有两点足以引起明世宗的不满与警惕，第一点是杨廷和主持册封明世宗父母尊号时失仪；第二点是杨廷和于嘉靖初年钳制言路，并强势要求詹事府、六部、大理寺、都察院等部门服从他的意志，尤其是牢牢掌控吏部及兵部大权。另外，在正德、嘉靖之际，杨廷和通过颁布遗诏、迎立新皇、整顿武宗旧政等一系列举措，大肆排除异己，逐渐建立起个人的权威。这些状况对刚即位不久的明世宗而言，都是潜在的巨大威胁。而且以杨廷和为首的一批官员强势反对明世宗推尊其父的议礼活动已触及明世宗底线。如何清除杨廷和的势力，实际上已成为当时明世宗必须考虑并解决的问题。史道的攻击，正好可以为逐渐清除杨廷和的势力提供借口。

更重要的是，史道的弹劾是否受到王琼的影响？正德十六年王琼被下狱论罪，史道是当时参与论救的人物之一。作为王琼政治上的同情者，史道此时弹劾的杨廷和、彭泽等人，均是王琼生平的政敌，因此不得不令人怀疑他背后的指使者极有可能就是王琼。因为除了王琼以外，没有人能够如此深刻了解杨廷和、彭泽以往的事迹，并且指出其中令人怀疑的问题所在。若从史道个人的角度而言，他原为兵科给事中，弹劾杨廷和是不满被调离京职，此时他已调任山西佥事，按理说他与杨廷和之间也谈不上有什么深刻的矛盾。当时的政治形势也是需要考虑的重要因素，明世宗由于杨廷和反

① 张居正：《明世宗实录》卷二十一嘉靖元年十二月戊子条，台北："中央"研究院历史语言研究所1966年版，第614页。
② 同上书，第616页。

对议礼之事，对其日益不满，并且杨廷和在正、嘉之际处事时"报复恩仇之事颇多"①。因此史道的弹劾，也有可能是以史道为代表一批曾被杨廷和清洗的官员的一次反击。史道弹劾杨廷和的结局是被贬为南阳府通判，这个结果应该有明世宗干预的因素。而自此之后，杨廷和则屡次请辞，并未被准许，可见史道的弹劾确实已令杨廷和甚为不安，加之与明世宗在议礼上的严重争执，使其也意识到自身政治地位开始动摇。嘉靖三年（1524）三月杨廷和因反对明世宗派遣内臣赴江南织造之事而求致仕，终被获准辞官，其政治生命也从此结束。此外史道的奏疏对以后明世宗重用议礼新贵张璁、桂萼、霍韬等人，逐渐清除杨廷和在朝中的势力，起到重要的推动作用。

三、嘉靖七年王琼起复前后王、杨关系之探讨

随着杨廷和等人的辞官，过去与其政见相同的一批官员，如蒋冕、乔宇、毛纪等人纷纷离职。支持明世宗"大礼议"活动的一批新贵，诸如张璁、桂萼、霍韬等人开始崭露头角，在政事上日益发挥着影响。至嘉靖六年之前，杨廷和已辞官近三年，王琼则远在陕西绥德戍边。而朝廷上明世宗主导的推尊其父为帝的议礼活动仍在继续进行，朝臣之间的政治斗争此起彼伏，如嘉靖六年二月张璁联合桂萼逐走大学士费宏②，对以往反对大礼议的科道、翰林等官员的予以处置③。朝廷上纷纷扰扰，似乎并未波及王琼与杨廷和，对他们两人的政治命运也没有产生影响。

嘉靖六年以后，随着明世宗已经彻底主导议礼之事，他下令要求廷臣修纂《明伦大典》一书，即对"大礼议"活动的性质与相关人员功罪论定的一部书籍。此时的政治形势显然已经对杨廷和等曾反对议礼活动的人相当不利。嘉靖六年二月，曾于正、嘉之际被杨廷和以革除武宗旧政名义而革职的锦衣卫王邦奇，上疏陈述西北边境动乱状况，指出动乱根源于正德时期彭泽"赂番求和，邀功启衅"，杨廷和"草诏论杀写亦虎仙所致"④。请求诛杀二人，并重新选任大臣，赴甘肃整顿军务，如此边境可靖。数日之后，王邦奇再次上奏指斥大臣费宏、石珤等人皆为杨廷和同党，请求予以逐

---

① 杨一清著，唐景绅、谢玉杰点校：《杨一清集·密谕录》卷五《论王琼可用否奏对》，北京：中华书局 2001 年版，第 1000 页。

② 见张居正：《明世宗实录》卷七十三嘉靖六年二月癸亥条，台北："中央"研究院历史语言研究所 1966 年版，第 1647－1648 页。

③ 按，关于嘉靖初朝廷对科道、翰林等部门的清洗的论述，见胡吉勋，《"大礼议"与明廷人事变局》，北京：社会科学文献出版社 2007 年版，第 519 页。

④ 张居正：《明世宗实录》卷七十三嘉靖六年二月乙未条，台北："中央"研究院历史语言研究所 1966 年版，第 1644－1646 页。

出。王邦奇两次上疏的内容均牵涉已致仕的杨廷和，受到明世宗的重视。明世宗下令甘肃方面督抚重新勘察边事，已致仕的彭泽再次被论罪。这场由王邦奇所兴起的大狱，史称"封疆之狱"。随着费宏等人的离职，杨廷和的政治同情者仅剩杨一清等人，其他人如张璁、桂萼、霍韬、方献夫等人均曾与杨廷和结怨，将来在杨廷和的问题上也不可能施与援手，而且这些议礼新贵也深知明世宗与杨廷和在议礼问题上的矛盾迟早需要解决。正德七年六月，朝廷颁布对"大礼议"相关人员功罪的最终定论的《明伦大典》一书，杨廷和被认定为"罪之魁，怀贪天之功，制胁君父，定策国老以自居，门生天子而视朕，法当戮市，特大宽宥，革了职着为民"[①]。杨廷和在议礼事件上的不合作，最终导致晚年的政治悲剧，次年病故于家。

以上叙述嘉靖初年的政治形势下的杨廷和的政治境遇，那么此时其政敌王琼的政治状况如何呢？嘉靖六年七月王琼已被明世宗赦免罪状，还籍于民；次年被起用出任兵部尚书兼都察院右都御史，总督陕西三边军务。王琼被赦免及起用的时间，也正是王邦奇掀起"封疆之狱"前后。此大狱使得与杨廷和关系密切的一批官员相继获罪，这一牵涉杨廷和的案件之中，是否掺杂着王琼的政治运作？如果王琼确实在此案中有所影响，那他在被起复总制陕西三边军务，包括嘉靖十年（1531）回朝担任吏部尚书期间，虽然曾多次遭到言官的弹劾，但言官却从未提及王琼涉及此案。杨一清上呈明世宗的密疏中，虽极力反对起用王琼，指斥王琼"心险难测，性贪有疾"[②]，但也从未涉及此案。因此，为了深入理解王琼是否牵涉此案，是否陷害杨廷和、彭泽等人，有必要对王琼被起复前后及涉及的相关人事状况，予以讨论。

嘉靖六年（1527）六月，詹事霍韬上《议任大臣疏》，提出："若兵部尚书缺人，臣窃谓非前兵部尚书王琼不可，盖王琼应变之才，既高出流辈，而刚毅之气又足慑伏群小。今兵籍冗滥，非王琼之精练，决难裁革；而边政隳弛，非王琼之果断，亦难修复。"[③] 接着礼部侍郎桂萼再次上疏，指出当时甘肃边务废弛，边乱不靖的根源，与杨廷和、彭泽有密切的关系，建议起用王琼"总制三边，则三边壅蔽尽辟，而西北之患亦不足忧也"。并且指出王琼"才高意广，速谤招尤""然方圣明锐志中兴，天下正

① 张居正：《明世宗实录》卷八十九嘉靖七年六月癸卯条，台北："中央"研究院历史语言研究所1966年版，第2010页。
② 杨一清著，唐景绅、谢玉杰点校：《杨一清集·密谕录》卷五《论王琼可用否奏对》，北京：中华书局2001年版，第999页。
③ 霍韬：《渭涯文集》卷二上《议任大臣疏》，桂林：广西师范大学出版社2015年版，第387页。

在多事，岂可置此具经济大略之人于无用地乎？"① 霍韬与王琼生平未曾相识，但霍韬对王琼甚为推崇。他曾致信王琼，提及他在嘉靖初年任兵部主事时，阅览兵部旧牍，惊叹王琼处理兵部事务的高超能力。王琼病故后，其子王朝立便请霍韬撰写墓志铭，理由是："知公心迹，惟韬为悉也。"② 相比霍韬，桂萼的荐举则带有极强的政治目的，之所以举荐王琼，是因为嘉靖初年在议礼事件中，桂萼受到杨廷和的排斥，故与杨廷和关系交恶。王琼是杨廷和的政敌，因此建议起用王琼。而王琼本人在军事上也极具才识，曾于正德朝长期担任兵部尚书，有平定各地叛乱大功。因此，桂萼大力举荐王琼总制军务，一方面可以打击杨廷和及其势力，另一方面若王琼总制三边有功，桂萼本人则有荐举之功。无论从哪一方面而言，对桂萼的政治仕途都有重要裨益。

对于霍韬、桂萼的举荐奏疏，明世宗要求吏部商议王琼是否可用。同时他又给杨一清密谕，要求杨一清对霍韬、桂萼举荐王琼之事提出意见。杨一清在密谕中明确表明自己的态度，认为王琼决不可用，但由于霍、桂两人是最早支持"大礼议"活动的人物，备受明世宗的重用，因此杨一清也不敢否定两人的举荐，只是建议对王琼"宜复兵部尚书致仕，待有相应员缺，吏部推用他"③。杨一清坚决反对起用王琼的理由主要有三点：一、认为王琼政治品行有亏，于正德朝执掌兵部时结纳近臣钱宁，倚为心腹，使得三边将帅尽出其门。后又结交江彬，钱宁祸败，并未牵连王琼，是由于江彬施与援救。二、反驳桂萼等人所言，王琼被众人弹劾是由于杨廷和的操纵之故的说法。认为王琼在与杨廷和交恶之前已备受言官弹劾。对于正、嘉之际王琼下狱论死，则又指出是杨廷和报复太过的缘故。三、认为桂萼等大力举荐王琼，并非与王琼私下有所交易，只是桂萼等人"盖闻诸所好之人，而未尝深究其行事，取其敏给之才，而不暇细察其心"④。可见，表面上杨一清反对起用王琼，主要是由于对方曾交结近臣，政治品行恶劣，却暗中批评桂萼等人推荐王琼之举。杨一清极力反对起用王琼，还有其他重要方面的原因，以王琼的政治才识及能力，对杨一清也是一种威胁。自嘉靖六年费宏等人离职以后，朝廷上以张璁、桂萼、霍韬等议礼派占据主导优势，而王琼与这些人虽不相识，但对于议礼问题上的政治立场却较为一致，因此若是王琼得以起

---

① 桂萼：《文襄公奏议》卷二《请起用旧臣通壅弊以安天下疏》，《四库全书存目丛书》第 60 册，济南：齐鲁书社 1996 年版，据重庆图书馆藏明嘉靖二十三年桂载刻本影印，第 62 页。

② 霍韬：《渭涯文集》卷六上《赠少保兼太子太保吏部尚书谥恭襄前少师王公神道碑铭》，桂林：广西师范大学出版社 2015 年版，第 1311 页。

③ 杨一清著，唐景绅、谢玉杰点校：《杨一清集·密谕录》卷五《论王琼可用否奏对》，北京：中华书局 2001 年版，第 998 页。

④ 同上书，第 1000 页。

用，无疑增强桂萼等人的势力。况且杨一清与杨廷和之间政治交情较好，若王琼被起用以后，是否会借机报复杨廷和、彭泽等人，再次兴起大狱。对于杨一清的意见，明世宗没有予以答复。

嘉靖六年七月，吏部商议的结论是反对起用王琼。期间，有御史胡松弹劾桂萼"举用非人，树党固位"，结果被调外任。桂萼随即上疏反驳，并继续荐举王琼，指出某些廷臣反对起用王琼，是因为王琼以前"力攻廷和，故朝臣群起而非之"。而现在边境"兵疲粮乏，而诸臣才力无如琼比，惟其才高，故忌之者众"。并且建议若是朝廷起用王琼，则"仍戒琼不得修廷和之怨，以绝攻者之口"①。桂萼推荐的理由除了强调边方危机外，还指出王琼被某些廷臣所阻的原因，是因为王琼与杨廷和之间的矛盾问题。虽然杨廷和已致仕，但朝中还有其大量的政治同情者。因此桂萼建议起用王琼以后，严令他不得挑起与杨廷和等人的矛盾，如此便可以平息攻击。但桂萼的上疏再次遭到冷遇，明世宗只是命令吏部遇缺推用。八月，桂萼上疏陈言正德朝发生的甘肃事件，指出当年甘肃事件造成边境生灵涂炭，至今边方未靖，其根源是"杨廷和欲成王琼之罪，故科道官禁无一言。比遣勘问，又相推诿"。所以要起用王琼以明此事，并指出自己"何私于琼哉"！对桂萼的再次推荐，明世宗答复"朕自有处置"②。

桂萼、霍韬多次举荐对明世宗已有所触动，之后他在给杨一清密谕中透露了对王琼的政治安排。他先是对杨一清等人说打算起用王琼出任南京参赞，但他又认为这样安排，使得王琼官升太骤。于是就让杨一清与张璁商议，结果是杨、张两人建议让王琼出任参赞。接着明世宗指出他深知杨、张两人的用意，并强调要是让王琼担任朝廷其他官职，可能会重蹈覆辙，即交结权幸的情况又会出现。最后明世宗说出自己的安排，即让王琼"立边功后方可用。三边虽重，重则重之，而南都乃祖宗根本之地，今已将（王）宪改内用。琼代之，卿可安心"③。可见明世宗对王琼的任命，一方面满足了桂萼、霍韬等人请求，另一方面也安抚了杨一清等人。嘉靖七年二月已还籍归家的王琼，正式被任命为兵部尚书兼都察院右都御史，总督陕甘三边军务。王琼虽然被起用，但所面临的西北边事，却是相当棘手与极易引起纷争的问题，也是他正德朝时期与杨廷和等人结怨的症结。但王琼确实如桂萼、霍韬等言极具政治与军事才能，他

① 张居正：《明世宗实录》卷七十八嘉靖六年七月庚寅条，台北："中央"研究院历史语言研究所1966年版，第1739—1740页。
② 张居正：《明世宗实录》卷七十九嘉靖六年八月癸丑条，台北："中央"研究院历史语言研究所1966年版，第1754—1755页。
③ 杨一清著，唐景绅、谢玉杰点校：《杨一清集·密谕录》卷六《论推赞理南京戎务奏对》，北京：中华书局2001年版，第1033页。

赴任陕西年间"西服土鲁番，率十国奉约束入贡；北捍俺答，经岁无烽警。及是诸番荡平，西陲无事"①。

嘉靖七年前后王琼被起复的原因，实际上是桂萼、霍韬的多次举荐，以及由明世宗决定的结果。而嘉靖六年初由王邦奇所兴起的"封疆之狱"，使得王琼政敌杨廷和、彭泽等人遭罪，也使得此时还处于被贬戍境地的王琼脱不了干系。因为"封疆之狱"之后，王琼即被霍韬、桂萼两人多次举荐，并在杨一清等人极力反对之下，仍然最终受到明世宗的重用。即使事情过了两年以后，杨一清在某次上呈明世宗的密谕中，仍然暗批王琼"躐次骤升，岂能服人"②。而霍韬此时也针锋相对，指出嘉靖六年桂萼数次推荐王琼被阻，是由于受到杨一清等人的阻挠③。可见嘉靖七年前后关于王琼的起复问题，已成为当时朝臣之间在政治上的一次博弈。而以桂萼为代表的议礼新贵占据了优势。从王琼被任命的官职而言，也是值得仔细玩味的问题。王琼总督陕甘军务，正是正德朝时期他与杨廷和、彭泽等人发生激烈矛盾之处。但较之于彭泽，王琼经略边务，却取得了重大的功绩。总之，嘉靖七年王琼起复仍然是与政敌杨廷和的矛盾的延续，同时也成了当时嘉靖朝臣之间的政治博弈。

四、从王阳明政治境遇审视王、杨关系

王阳明作为有明一代大哲，他的政治仕途曾多遭波折，其中与王、杨关系的恶化有密切的关系。王琼生平对王阳明甚为推重，他出任兵部尚书以后不久，便举荐王阳明担任南赣巡抚，负责征讨南、赣地区的盗乱，并为之解决平叛过程中军权、粮饷等问题。因此使王阳明的征讨进展迅速，并于正德十三年（1518）左右基本解决了南赣地方的盗乱。王阳明对王琼的推荐及征讨期间的大力支持，使他逐渐将王琼引为生平知己，十分推重。

正德十四年（1519），封国江西南昌的宁藩朱宸濠叛乱，当举朝惊惶之际，王琼指出推任王阳明为南赣巡抚就是为了防备朱宸濠之乱。王阳明也未令王琼失望，他仅用一个多月的时间便将叛乱平定，并且生擒朱宸濠等一批叛乱人员。王阳明巡抚南赣期间以及平定朱宸濠之乱的功绩，皆归功于兵部与王琼，这使得杨廷和甚为忌恨。

---

① 《明世宗实录》卷一一十四嘉靖八年六月庚辰条，台北："中央"研究院历史语言研究所 1966 年版，第 2712 页。

② 杨一清著，唐景绅、谢玉杰点校：《杨一清集·密谕录》卷六《论推补工部尚书奏对》，北京：中华书局 2001 年版，第 1038 页。

③ 见霍韬：《渭涯文集》卷三下《给假疏》，桂林：广西师范大学出版社 2015 年版，第 586 页。

《明史》记载王阳明"前后平贼，率归功琼，廷和不喜，大臣亦多忌其功"①。嘉靖初年由杨廷和等人主撰的《明武宗实录》，记载到王阳明征讨南赣事迹时并无褒扬，相反指斥王阳明开启了平叛活动中的"附下罔上之风"②。

正德十六年三月明武宗病故，杨廷和等人获取张太后的政治支持而权势显赫，开始进行一系列革新政治的举措，作为杨廷和政敌的王琼，在此期间被下狱戍边。对于王琼所推重之人王阳明，杨廷和则"忌其功高名高，不令入朝，乃升南京兵部尚书"③。由于王阳明平定朱宸濠之乱，加之其提倡的心学影响甚大，因此使他在政治与学术皆取有盛名，这使得杨廷和对他极为防范，虽然擢升王阳明为南京兵部尚书，但实为一官场闲职。王阳明平定宁王朱宸濠叛乱，朝廷要予以封赏，但在杨廷和的干预下，王阳明虽被封为新建伯，但诰券、岁禄等一系列的赏赐并未给予，并以明武宗病故，不宜举行封赏之由，阻止王阳明入朝；对其他参与平叛的官员如知府邢珣、徐琏、陈槐，御史伍希儒、谢源等予以罢黜④。此举使得王阳明甚为不满，他曾连续两次上疏辞爵、辞官，并希望为这些官员平反，以及为当时被执下狱戍边的王琼申冤，但没有获得相应的答复⑤。为此，王阳明也拒绝赴任南京，长期居家或赴各地讲学。

嘉靖初年王阳明在政治上的失意，除了杨廷和本人的阻抑外，还与杨廷和的政治交情甚好的官员相关。杨廷和辞官以后，蒋冕、毛纪相继担任内阁首辅，但任期的时间较短，均因议礼之事与明世宗发生冲突而辞官。毛纪之后担任内阁首辅的是费宏。费宏于正德年间曾短暂入阁，后因反对宁藩朱宸濠恢复王府会之事而致仕，随后又遭到朱宸濠的打击。王阳明与费宏之间的关系初期良好，他平定朱宸濠之乱后，费宏曾专门撰文称赞。但王阳明在正、嘉之际所上的奏疏中，对费宏在朱宸濠叛乱有配合之力却一字未提，使得费宏对王阳明生怨。并且在正、嘉之际，由于费宏之前反对朱宸濠之故，又在政治上颇有声望，当时朝廷上多数官员疏荐他出仕，但王阳明却未置一词，也使得费宏逐渐有所成见⑥。嘉靖四年（1525）王阳明门生席书举荐王阳明入阁，并认为当时

---

① 张廷玉：《明史》卷一百九十五《王守仁传》，北京：中华书局 1974 年版，第 5165－5166 页。
② 费宏：《明武宗实录》卷一百六十七正德十三年四月庚寅条，台北："中央"研究院历史语言研究所 1962 年版，第 3240 页。
③ 杨一清：《杨一清集·密谕录》卷五《论王阳明为人如何奏对》，北京：中华书局 2001 年版，第 1001 页。
④ 见张廷玉：《明史》卷一百九十七《黄绾传》，北京：中华书局 1974 年版，第 5219 页。
⑤ 见王守仁撰，吴光、钱明、姚延福编校：《王阳明全集》卷十二《辞封爵普恩赏以彰国典疏》《再辞封爵普恩赏以彰国典疏》，上海：上海古籍出版社 2011 年版，第 502－505 页，第 505－510 页。
⑥ 见黄云眉：《明史考证》，北京：中华书局 1986 年版，第 1575 页。

"今诸大臣多中材，无足与计天下事者。定乱济时，非守仁不可"①。为此明人王世贞认为，席书的奏疏中无疑是讽刺内阁，而费宏时为内阁首辅，无疑增加了对王阳明的顾忌。此外作为最高统治者的明世宗，即位之初对王阳明的心学也多有不满，对王阳明的平叛之功也深有怀疑②。这些因素的牵涉，也使得王阳明在政治仕途上备受冷遇。

因此王阳明在正、嘉之际以及嘉靖初年政治上备受打击、冷遇的原因较为复杂，但阻抑他仕途的因素与杨廷和却是密不可分，即使杨廷和致仕以后，王阳明的仕途也是遭到杨廷和政治同情者的阻抑，甚至最高统治者明世宗的质疑。由于王阳明在军事与学术上皆有重大的影响力，极易引起其他官员嫉妒。对于杨廷和而言，阻抑王阳明仕途的重要原因，还是由于王阳明是王琼所推重的人物。杨廷和由于与王琼在政见上的深刻矛盾，使得他对王琼所推重的人物均抱有成见甚至敌意。又由于这时期王琼的倒台，无法给予王阳明政治上的支持，也成为王阳明的政治仕途备受阻抑的原因之一。可见王琼与杨廷和的矛盾关系，真实影响到了王阳明的政治境遇；换言之，王阳明在嘉靖初年的政治失意，也是王琼与杨廷和之间的矛盾关系的侧面反映。

余论

综合前文对王琼与杨廷和之间关系的演变的梳理与论述，可以总结出他们之间的关系及其变化的原因，以及他们的关系的演变对明中期的政治格局的影响。

两人早期的关系较为疏远，他们开始有政治利益上冲突，与杨廷和所推重的都御史彭泽有密切关系。正德十年由于原兵部尚书陆完调任吏部，作为内阁首辅的杨廷和希望彭泽出任，当时朝中舆论也多认为彭泽能出任兵部尚书一职，但王琼却通过内批的形式，取得明武宗的旨意转任兵部尚书。王琼出任兵部尚书，实际上可以视为当时朝廷权力的某种平衡。由于王琼的政治、军事上的才能获得明世宗的信任，因此自正德十年以后长期担任兵部尚书。期间，与杨廷和也多次在政见上发生冲突，其中以正德十三年廷议彭泽经略甘肃失败之事而最为突出，彭泽经略甘肃为杨廷和所举荐，结果由于处置不当而使得明军遭受重大损失，并且加剧了西北边境的动乱。因此王琼要求廷议彭泽等人经略甘肃之罪，最终使得彭泽被削职为民，其他相关人员也被下狱论罪。此事使得杨廷和对王琼大为怨恨，由此两人的矛盾日益

---

① 张居正：《明世宗实录》卷四十八嘉靖四年二月辛卯条，台北："中央"研究院历史语言研究所1962年版，第1215页。

② 见杨一清著，唐景绅、谢玉杰点校：《杨一清集·密谕录》卷六《论方献夫代任吏部如何奏对》，北京：中华书局2001年，第1034页。

尖锐。正德十六年初由于明武宗病故，杨廷和作为内阁首辅取得张太后的信任，开始对朝政进行革新，其中对政敌王琼被整肃下狱，最后戍边绥德卫。在王琼戍边以后，杨廷和与即位不久的明世宗在议礼问题上发生严重冲突，于嘉靖三年辞官归家，他的政治生命也由此结束。

虽然王琼远在陕西绥德，杨廷和致仕居家，但两人在政治上的矛盾却并没有因此而化解，相反后来被议礼新贵张璁、桂萼等人所利用，成为打击杨廷和在朝政治同情者的重要借口。嘉靖六年曾被杨廷和革职的锦衣卫人员王邦奇上疏要求重新勘察甘肃之事，杨廷和、彭泽等人再次被论罪，即"封疆之狱"。而就在杨廷和、彭泽等人被论罪不久，被贬戍绥德的王琼再次被明世宗起复经略甘肃之事。王邦奇所兴起的"封疆之狱"是否与王琼有关，从王琼起复的经过，以及通过对时为内阁首辅杨一清与明世宗的密谕等方面分析可知，王琼并没有直接牵涉此案，但两人的矛盾关系成为议礼新贵张璁、桂萼等人打击杨廷和等势力的发力点却是事实。在以上所引起两人关系恶化的过程中，杨廷和所推重的彭泽一直扮演着重要的角色。而王琼所重视的一代大哲王阳明也深受两人关系的影响。正、嘉之际王阳明在政治仕途上受到杨廷和的极力阻抑，实际也是王琼与杨廷和政治关系恶化的一个侧重反映。

需要指出的是，正德十六年十一月杨廷和被任命为纂修《明武宗实录》的总裁，嘉靖三年杨廷和去职之后，其门生董玘继续进行《明武宗实录》的修纂活动。在这部实录中，王琼于正德朝的事迹被予以贬斥或否定，与王琼关系密切者如王阳明等人所处的重要事件也被贬损。而隆庆、万历时期由张居正等人修纂的《明世宗实录》则对王琼及其关系密切者并无贬损之辞，并且对王琼的生平事功给予高度肯定，对他为官生涯中存在的缺陷也予以指出。两部实录对王琼政事的记载存在较大的差异，其中原因实与杨廷和对王琼的仇视相关。今人谢贵安的研究认为大臣常利用主持或参与实录的修纂之机抨击政敌，《明实录》的修纂与明代的权力斗争相交织[1]。

综观王琼与杨廷和两人政治关系的演变过程，两人的关系从初期的较为疏远发展到水火不容。即使杨廷和病故以后，王琼仍因杨廷和的缘故被言官弹劾。两人都是同一时期重要的政治人物，而且都是曾受到明武宗、明世宗两代帝王所推重的人物，他们的政治关系好恶确实影响到了当时的政局，如西北边乱及防务、嘉靖初年的"大礼议"等问题，实际上均掺杂两人的影响。此外两人在政治上的尖锐矛盾，实际上成为明代中期以后部、阁之间权力斗争的缩影。

---

① 见谢贵安：《明实录研究》，武汉：湖北人民出版社 2003 年版，第 24 页。

古代哲学研究

"茶"意象的"化"意境诠释

魏子钦[*]

【内容提要】"茶"意象是中国茶文化的核心内容，由"茶"意象可观测其背后的"茶"意境。从境界论看，"茶"意象所呈现的意境，可由"化"字集中呈现。其中，"化"有推拓、展开、融合之义，指出茶者由他律的"自觉"变化为自律的"不自觉"的变化过程。所以，"化"的茶意境是以茶事化境、人生化境、宇宙化境所构成的三重境界形态，此三重"化"意境形态是层层升华、通达向上的递进关系，且宇宙化境的"万物化一"也是三重"化"意境之境界旨要。与此同时，之所以"茶"的"化"意境是以"万物化一"为境界旨要，并不是说茶者脱离现实引发的高谈空想，而是说茶者以茶为媒，识得吾人与万物一体而化的境界体验。因此，茶意境的三重化境以"茶境化人"为现实表现，以身生活与心生活的"身心互化"为现实表现的具体内容，进而彰显"有无之化"的人生境界。

【关键词】意象诠释　茶意象　茶意境　化

茶文化是中国传统文化中的重要组成部分。近年来，对中国茶文化的思考，更多地归本于中国传统文化及生活本身。作为认识、思考中国传统文化有效途径之一的中国茶文化研究，主要着力于以中国传统思维方式的解读视角，即通过凝练"茶"意象以析出"茶"意象的文化特性，系统理解"茶"意象的文化内涵，显现"茶"意象

＊【作者简介】魏子钦，男，1996 年生，吉林省吉林市人，安徽大学哲学学院博士研究生，研究方向：儒学与中国哲学研究。

背后的文化特质。有鉴于此，以"茶"意象为切入点，借由"茶"意象而观测其背后的"茶"意境，将"茶"意境的境界形态十字打开，即揭示出茶意境的境界特质、境界要旨、境界体验。其中，茶意境是以"茶境化人"为现实表现，以身生活与心生活的"身心互化"为现实表现的具体内容，进而彰显"有无之化"的人生境界，自养其成，自植灵根，承续中华茶文化的人文精神之慧命。

一、意象思维与"茶"意象

随着国学热的兴起，中国茶文化受到了国内各界人士不同程度的重视。其中，一批致力于中国文化普及、中国哲学现代化及建构茶道哲学的学者，纷纷集中在中国茶文化问题上发表见解。张立文先生以"和合学"的"和生、和处、和立、和达、和爱"五大原理对中国茶道文化进行深入思考，中国茶道文化的核心精神内涵主要体现在"自然、虚静、养性"①。李萍认为：中国茶道基本理念"闲、隐、乐"②。还有学者根据"二重证据法"系统梳理"中国茶文化的源流、概念界定与主要特质"③。值得注意的是，虽然上述学者的相关研究之视角与方法存在明显不同，但表述的基本研究心态与指向是相同的：即学者们不约而同地关注到中国传统文化对中国茶文化的影响与作用，故而积极参与到中国茶文化及其特质相关问题的讨论，以促使中国茶文化相关研究之推进、深化。总之，学界以"中国式审美"④ 来思考中国茶文化成为趋势，挺立中国文化本位的文化自觉意识在研究中国茶文化的过程也越来越明显。

为了回到中国传统文化的视角解读中国茶文化，从思维元素或工具的角度看，中国的思维元素是以意象思想为主要特征，这与西方抽象思想形成明显区别。其中，中国人的意象思维是以象征方式作用在概念、符号之中，并依此对具体事物进行意象化的诠释表达。所以，从历史文化发展的纵向线索与哲学逻辑起点的横向视点的交叉处角度看，中国"意象论"具有以"道"为本的哲学特质，有别于西方逻辑论的"意象论"⑤。可见，中国哲学中的"意象"具有宇宙意识、原初基始的意义，并构成"天人合一"的哲学样态。另一方面，中国文化重意象的说法，不仅在中西文化的比

---

① 张立文：《中华和合学与当代茶道文化的精神价值》，《文化学刊》2017 年第 7 期，第 17 页。

② 李萍：《中国文化传统与茶道四境说》，《北京科技大学学报》（社会科学版）2015 年第 5 期，第 94 页。

③ 刘礼堂、宋时磊：《中华茶文化的源流、概念界定与主要特质》，《农业考古》2020 年第 5 期，第 7 页。

④ 施由明：《论中国式审美与中国茶文化》，《农业考古》2020 年第 5 期，第 22 页。

⑤ 王万昌：《"意象论"的哲学底蕴》，《复旦学报》（社会科学版）1993 年第 4 期，第 105 – 109 页。

较视域下较为明显，在中国文化内部的由形达意的形意观上也有细致表明。中国人注重从形向意的认识抽取，也就是思维推演的层级递进、抽象化意的思维过程。意象思维"是种融感性与理性、形象与抽象为一体"①的思维方式，是以象征方式把握对象世界的一种特定的思维方式。

中国人透过带有感性、直观、直觉、体验、形象、生命等文化符号，使形下之物具有了意象文化，茶的文化意象就是这样来的。从茶道精神、茶德上说茶的意象，茶可寄情融情，也可说理、言理，其中蕴含了人们对事物所承载的共同情感与人生体验。日本茶道曾将茶道精神概括为"和、敬、清、寂"。韩国茶礼则有讲"清、敬、和、乐"。这也是说，人生来就是一种文化的生命体验，借助外物来表达自我，成为自己的力量。而这个生命体验又能影响他人，是借由自我的真实表现而带动他人的真实表现，而这样一种活动也可称为"意象诠释"。

从茶茗雅称上看，中国古人常将茶称为"茶君子""茶佳人""瑞草魁"等。然而，古人茶事，总伴着风雅，诗文中茶也有众多雅称。茶因具有清心醒神之效，被称为"不夜侯"，又因具有消毒功能成为"消毒臣"。另外，茶的雅称还有甘露、酪奴、水厄、翘英、灵草、流华、仙芽、苦口师等等。无论是苏轼在《叶嘉传》中"以物拟人，寓意茶为叶嘉"的雅称，还是苏易简在《文房四谱》中提到：茶为"清友"的美誉，足见中国传统文化对中国茶文化的深刻影响，亦见中国人对茶意象的丰富描绘。另外，也有学者通过茶意象研究认为：唐宋时期，茶意象和中国文人存在着紧密联系。唐宋文人将茶分为"喜茶、苦茶、雅茶、禅茶"②，通过茶事诗词抒发苦闷，追求雅趣，表意人生。

茶经过中国文化的长期浸泡，出现大量的文化性的茶意象。纵观茶的意象诠释，茶人对于茶的意象把握与追求虽然不尽相同，但其共同点却是茶人专意于生命体验与文化境界上得来的人生体验，并借以通过意象思维的意象诠释法，从茶之功效、生命感受、心灵感悟等多方面赋予茶以雅称美名而显出茶意象背后之人文精神与境界。

二、"茶"意象的"化"意境

中国人对茶意象的文化向往，构成茶意境的境界形态。常言，一茶千味。就人生境界而言，随着茶者所持之人生体验与对茶意象的理解不同，以致茶者所揭示的茶意

① 高晨阳：《论中国传统哲学的意象思维倾向及一般特点》，《山东社会科学》1993年第2期，第80页。

② 高青芝：《茶意象和唐宋文人的诗意人生》，《荆楚学刊》2013年第3期，第75页。

境也有所转换。从境界论看，"茶"意象所呈现的意境，可由"化"字集中呈现。

从字源学角度看，根据张京华的研究，"化"字，古在"匕"部，不在"人"部。"化"字的本义是变化与教化，"化"字的引申义是变化与生化①。故而，"化"有推拓、展开、融合之义。从中华人文精神看，梁漱溟曾言："化是什么？化就是生命与宇宙的合一，不分家，没彼此，这真是人生最理想的境界。"② 牟宗三先生也讲化，认为化是毫无黏滞、执着、冰结与限制，是达"超自觉"③ 境地。人如果能在随时思考焦虑的自觉中得以超脱，便是化之境。

作为人生最理想的境界——"化"，在茶意境上也有显现。从中国茶文化看，茶之"化"是指茶在水中温润化开，将茶之精华化在水中。茶人对茶之化的理解并未仅停留在物质现象层面，也有精神层面的追思。茶之化的茶意境指出茶者由他律的"自觉"变化为自律的"不自觉"的变化过程。这是说，茶者在品茶之间，由茶观心，明见本真，跳出外界茶礼的具体束缚，将茶事、茶时、茶空间——消解、跳脱，化入一体而化的茶意境之中。所以，"化"的茶意境的境界形态由此产生，具体而言，是以茶事化境、人生化境、宇宙化境所构成。

茶处山谷林野，吸气清地灵，受水泉涤洗、冈阜环抱，是天地化合的柔秀之物。人们经过对自然之茶的感悟，提炼出茶的意象，并将其提升到茶意境。其中，正如上文论证，茶意象投放到茶意境中可通过"化"文化表示出来。故此时之茶意境是以自然世界、现实生活为基色，即茶事化境。

茶事化境是茶意象的"化"意境的初级境界形态。茶事化境是在物质世界、现实世界做出的思考与认识，指茶者在品茶煎茶、赏茶煮茶等现实生活、实践活动中获得的生命体验。"茶者，南方之嘉木也。"茶"字或从草，或从木，或草木并"④。其中，陆羽关于煎茶饮茶提出"清饮法"，不仅强调了茶本身的自然特性，也主张茶与器、物、水、煮、饮等匹配，即一泉一茶的搭配，使茶之色、香、味、神、境，化为一体，流露出"化"的物质文化意涵。故而，非真水莫现其能，非精茶莫窥其体。陆羽借助具体之茶，升格为茶指意象做出的意象诠释，体现物质茶提升到文化茶层面的茶事化境，茶水化一，简单之味天趣悉备，"化"之尽矣。

---

① 张京华：《"与时俱化"——中国古代变化观》，《中南林业科技大学学报》（社会科学版）2007 年第 2 期，第 31 页。
② 梁漱溟：《朝话》，上海：上海人民出版社 2017 年版，第 163 页。
③ 牟宗三：《中国哲学十九讲》，长春：吉林出版集团有限责任公司 2016 年版，第 200 页。
④ 陆羽撰，陆廷灿续辑，曹海英译注：《茶经·续茶经》，哈尔滨：北方文艺出版社 2013 年版，第 1 页。

　　另外，在《茶经·七之事》中记载，壶居士《食忌》："苦茶久食，羽化。与韭同食，令人体重。"① 从茶事化境看，这种境界形态可以让人的身体得到提升，久食茶可羽化飞升。所以，茶意象投放在茶意境的过程，茶水之间的热力交融，把现实生活轨迹、茶事活动空间、茶事生活时间一一重组。茶意境通过茶事活动的整合重构，"化"在融化和谐的再次组合过程中得以凸显与实现。不过，生命的升降沉浮，文化之间的互通畅达，生命力量的启化新生，需要冲破现实生活圈层，使之比配顺畅。正如，中国美学常言，无言大美，感化生成，即突破现实与限制，可赋予人不断重建文化意境的创造能力，由此茶意境的人生化境得以展现。

　　人生化境是茶意象的"化"意境的中级境界形态。人生化境是茶者在茶事化境基础上，在物质世界、现实世界转向内在心灵世界的人文性思考，指茶者借助品茶煎茶、赏茶煮茶等现实生活、实践活动中反观自照、复其己性、回到自己纯洁的良知上，依此获得人文性的文化生命体验。大儒张栻（敬夫）咏茶诗曰：

> 小园茶树数千章，走寄萌芽初得尝。
> 虽无山顶烟岚润，亦有灵源一派香。

　　这是朱子和张敬夫、林泽木等友人在席间茗饮唱和时，张栻（敬夫）赋得的《夜得岳后庵僧家园新芽》一首。诗中可知，此次茶宴，设在一处茶园里。园中千株万株茶树抽发新芽，一派生机。茶宴中所品之物，皆为园中自产。所品之茶，虽无天地岚气育润，也无顶翠寒山岚温熏，但却自有茶灵香韵，灵源自植。值得注意的是，这首茶诗中，朱熹未曾论说理学思想，只是道出饮茶体验及人生境界。可以说，张栻对茶的理解，是一种感觉经验，它是引发张栻个人生命体验之喜悦的感觉经验，这也就是化意境中人生化境的境界形态的具体产物。可见，此种体验，是物与我、现象与心灵的相互感应作用，是一个事件的发生与一种关系的发现，甚至是一种参与世界、宇宙的方式与创造活动，故而由此生发出茶意境中的又一境界形态。

　　宇宙化境是茶意象的"化"意境的高级境界形态。宇宙化境是在物质世界、人文世界基础上做出的思考与认识，指茶者在品茶煎茶、反观自照等现实生活、精神活动中获得的"万物化一"的宇宙文化生命意识体验。宇宙化境的茶意境所言明，主要体

---

① 陆羽撰，陆廷灿续辑，曹海英译注：《茶经·续茶经》，哈尔滨：北方文艺出版社2013年版，第22页。

现在无形与有形中混合、现实与理想中交融、自然与生活的统一，这是从生理向精神转换再到宇宙意识的超拔过程，也是人生化境层层上达的实现必要通道。然而，茶意境的意象表达并未止步于人生化境，而是需要继续向上升转，达到宇宙之生命化境，使宇宙与人生打成一片，化为一体。唐代诗人元稹的《一字至七字诗·茶》，其中也包含诗人对茶意境的宇宙化境解读。

茶

香叶，嫩芽，

慕诗客，爱僧家。

碾雕白玉，罗织红纱。

铫煎黄蕊色，碗转曲尘花。

夜后邀陪明月，晨前命对朝霞。

洗尽古今人不倦，将至醉后岂堪夸。

元稹通过对茶事与人生的互通，以艺术化、开放化的心灵整合方式，认识这个生生不已、变化不已的生命过程，考察生命体验所发生的文化共振与自然和谐作用，使宇宙与人生打成一片。值得注意的是，宇宙化境与人生化境的关系问题。若止于人生而不升至宇宙，万物交汇而不返，融通无极而不归，便失去了固有秩序而未能得到重新筑基的归回机会，朝生夕死，万物寂灭。若只关注在"宇宙"而不放眼于"人生"，则天地不交，阴阳不感，圣人之心不应，万物绝隔而不通，不交不通，不感不应，天地万物失去生生之意，一片死寂。可见，人生化境是以人为核心的思想，是以人为主牵动万物并与之相和调的运动过程，而宇宙化境则去除人的主体性，不再是以人观宇宙，而是以宇宙观宇宙。故而，人生化境虽见得宇宙，但仍有所待滞，无法全体消化宇宙，宇宙化境虽不以人为核心，却包含人这一主体，以无待打通有待，立足整体消化宇宙万物。

简而言之，"人生化境"是个体内部的和谐，也是个体与外部之间的和谐。但每个个体亦并非有限、自足、封闭，只有由生命意识的文化通孔实现相互通贯，才能保证体与体之间大明之通化的实现可能。只有"人生之化"不断生长，才能实现"宇宙之化"真正地形成。也只有确保"人生之化"的建立，"宇宙之化"才能融入"人生之化"。故而，茶意境之化具有涵容物质、提升精神、安顿生命、运转万物的诠释能力。

从一片茶叶到人生觉醒、心灵境界的释放再到宇宙意识的开显与扩充,茶意境背后的"化"意境,使茶者身心俱化、融于自然,实现了生理、现实之我与意识、情感之我的一体,这也为人们提供了进入茶意境的途径与方法。茶意境所体现的"化"文化是从内心涌向根源性的生命力量。可见,茶意境呈现的文化之"化",在茶事生活、人生理想、宇宙生命的扩张过程中,一面突破世界,一面守护世界。茶人借助茶的文化意象作用在现实的生活世界醒来,从茶意境中体会心灵的高远与深邃,使整个人生投入在宇宙的大化流行当中。首先,在茶事生活中照耀自己的心灵,以求发现人生真理。其次,需要宁静的内心来追求理想与现实生活的融合,并从日常生活中超拔出来。最后,再进一层,建立人生信仰,开启宇宙人生,无限推开,宇宙与人生打成一片。

三、"化"意境的身心互化

如果说茶意象的化境界以三重境界形态呈现,那么,茶意境的三重化境则是以"茶境化人"为现实表现,以身生活与心生活的"身心互化"为现实表现的具体内容。关于茶意境之"化"意境的三重境界形态落入现实生活中的显现问题。钱穆先生解的好:"人的生活,可分为'身生活'和'心生活'。"[①] 即是物质生活与精神生活。两种生活是关联互通的,身生活可以通达到心生活,心生活也可感通到身生活。从茶意境而观之,钱穆先生"身心互化"的思想在茶意境所交代的生活体验中,也能寻找到一定的共鸣之处,即在"化"中实现茶事、人生、宇宙的境界展开,身与心在无限推开中互系相通,又在互系相通中化为一体。

身生活是现实的。粗浅讲,百姓以食为先,吃饭喝水是身生活最基本的需要。三餐饱腹,喝水解渴,这种生活是简单日常的,不可缺少的。茶人品味蜜香茶甘,正如陆羽《茶经·七之事》中提到《广陵耆老传》:"晋元帝时,有老姬每旦独提一器茗,往市鬻之。"[②] 这可以获得口腹上的味蕾爽朗,短暂放下现实重担,来调适现实世界带给人的紧张感。又如陆羽《茶经·七之事》中提到《后魏录》:"琅琊王肃,仕南朝,好茗饮、莼羹。及还北地,又好羊肉、酪浆。人或问之:'茗何如酪?'肃曰:'茗不堪与酪为奴。'"[③]

---

① 钱穆:《中华文化十二讲》,北京:九州出版社 2012 年版,第 41 页。

② 陆羽撰,陆廷灿续辑,曹海英译注:《茶经·续茶经》,哈尔滨:北方文艺出版社 2013 年版,第 23 页。

③ 同上书,第 24 页。

　　另外，从医疗饮食方面看，茶既是生津解渴的饮料，也是极具药理功能的保健饮品。陆羽《茶经·七之事》中提到华佗《食论》："苦荼久食益意思。"① 长期喝苦茶，有助于增强思维能力。陆羽《茶经·七之事》中提到陶弘景在《杂录》中认为，饮用苦茶能让人轻身换骨，丹丘子、黄山君都曾饮用。另外，陆羽《茶经·七之事》中也提到《本草·木部》中说：茗，即是苦荼。味道苦中有甘，略有寒性，没有毒性。主治瘘疮，利尿，去痰，解渴，清热，让人减少睡眠。又引用《孺子方》中说：苦荼和葱的须根煮水饮用，可以治疗小孩无故的惊厥。

　　据现代科技对茶的分析，茶叶蕴含丰富的维生素与矿物质微量元素，并具有独特成分，如茶多酚、茶多糖等。因此，茶叶作为饮料，具有清心明目、美容减肥、抗衰老、防癌、防辐射、降血压、降血脂及降血糖等多重独特功效。茶不仅是生理病理的解毒品，也是使身体的自觉解放的调和剂，在身生活中发挥重要作用。归至生活处，茶人品一杯茶，其味无穷。但这种味，还只是身生活的意义，须把尝到的味反映到"心"，此味才始有真正的意义。

　　心生活是理想的。一茶千味，以身品茶，茶入身；以心品茶，茶入心，认识到水火调和，两相消解，化成一体的道理。我和你一样的吃，但反映到心上，却发生了两样意义。以心观茶水之化、人茶之化，在"心"下成了一心灵问题。据此问题调适上遂，并在心生活上做工，将"化"无限推开，人融于茶，茶化作我，并把穷年累月所经历和领会一体化成，渐"化"成了各自一个"茶人"。陆羽讲："茶之为用，味至寒，为饮。最宜精行俭德之人。若热渴、凝闷、脑疼、目涩、四肢烦、百节不舒，聊四五啜，与醍醐、甘露抗衡也。"陆羽以茶性喻德性，深谙心生活之理。他指出，茶由于其性至寒，作为饮料，最为适宜那些品行端正、具有节俭品行的人。朱熹以茶之自然属性解释文化属性，将身与心连在一起。紧接着，陆羽强调假如有发热、口渴、凝滞等症状，只要喝上四五口，就好像饮用醍醐、甘露那样沁人心脾，很有奇效。但是，假如采摘不及时，制作不精细，或者夹杂着野草败叶，那么饮用以后就会使人生病。可见，从身生活与心生活的角度看陆羽的认识，这是说不仅身与心存在关联，身生活也与自然界息息相关，进而影响心生活的完满程度。

　　不仅身生活对心生活起到建构作用，心生活也对身生活的生活质量有提高作用。心生活是为内在精神世界的建构负责，当一个人的心生活开始活动的时候就会对外界

---

　　① 陆羽撰，陆廷灿续辑，曹海英译注：《茶经·续茶经》，哈尔滨：北方文艺出版社 2013 年版，第 22 页。

生活进行分析、认识、评价、理解，进而对外界生活进行改造。心生活与身生活的改造与提升，不是直接作用在物质上，而是借由精神的力量使物质的生活富有文化属性，即使吃一杯茶，也不再仅是口腹上的快感，还有精神层面的满足与欣然。值得注意的是，心生活的建构也可以作用在物质上，让物质生活得到提高。当茶者的心生活达到一定程度，茶者以心化身，将身的一切以化的视角而运用，不仅可以做到保身、养身、化身，还可以借助这种化的力量在世间更好地工作与游历。化的心生活不是指摆脱现实世界，而是更好地融入这个物质世界，更好地创造财富、实现工作价值，让自己与这个世界会更好的接触，与自己更好的交谈。故而，心生活促进身生活，在创造财富的角度看，不是让人利欲熏心，而是让人有了更好的物质条件的同时，还能促进内在世界的生长。故而，赚钱的目的，不仅仅是赚钱，还有更高的追求与理想，即安排好自己的一生。

"心生活"通过"化"的净化，正是心灵成长、自我伸张和理性意识之崛起。茶人的心，逐渐发展成"生的本体"[1]"在人生中变出了一个有意义的、精神的、'心灵'的世界"。[2]心生活并非一步到位，而是随着主体在世间的游历、自我的觉察、身份的转换、与事事物物的接触，在人我群己之间，看到天地众生，看到一体而化、身心之化。换言之，排除以我观之的视角，折转身份，切换视角，以化而观之，可以让自我变得更开放、更圆融、更安在。故而，茶意境以"化"试图打开生命之文化格局，置俗世于度外，使具体的身生活推向无限的心生活，身与心互化一体，这既是茶意境"化"的心体呈露，也是茶之"化"得到的生活诠释。

茶意象将身生活从现实生活的暂时性中超拔出来，转而进入心生活的永恒性当中；但人不能一直身处理想生活中，所以，从心生活出发又回到身生活处，将理想的心生活借助无限性的存在渗透到身生活，转而进入现实世界。茶意象之化通过茶事生活将人生与宇宙连接一体，身生活与心生活浑然一物、互化一体。换句话说，身生活即是心生活，心生活即是身生活。

身生活与心生活相通互融而化为一体，这不仅是茶意境三重化境（茶事、人生、宇宙）的统摄圆融，也是茶意象中"化"文化所描绘的"身心互化"之文化图景。简言之，茶意境之"化"弥合了对抗冲突与差分异别，调节生活的运转与节奏，使身生活与心生活两相契合，随遇而安，这既凸显了自然生命的张弛有度之法，也体现了

---

① 钱穆：《中华文化十二讲》，北京：九州出版社 2012 年版，第 44 页。
② 同上。

文化生命的规矩有方之则。总之，茶意境的三重化境以"茶境化人"为现实表现，以身生活与心生活的"身心互化"为现实表现的具体内容，进而彰显"化"意境的人生境界。

四、"化"意境的有无之化

中国人擅长将生活进行意象化，纵使为喝茶插花、焚香弹琴等常事，也是十分注重讲究的，且也体现着极深的茶文化的意象境界。明书画家徐渭（1521—1593）被世人称为"茶痴"，他明确提出茶之四境说，即物境、艺境、人境、心境。徐渭所言茶之四境是说，由梅林竹海、幽静清雅的物场所转向弄箫抚琴、雅致脱俗的艺氛围；再由"我有嘉宾，鼓瑟吹笙"的人关系转向一心悟道、人茶合一的心境界，并认为四境俱存，方为化境。

从茶意象的文化意境看，现代学者借助经过现代科技的帮助，采用内容分析法或者卡方检验和频次统计结果来显示茶意象的文化意境①，利于将唐宋诗词中的茶意象高效地收集整合。故而，在此基础上，为使茶意象、茶意境与心灵境界的话题更加深入，采用王国维先生的"有无之境"阐释"化"意境的人生境界，即"有无之化"："有我之境，以我观物，物皆著我之色彩。无我之境，以物观物，不知何者为我，何者为物。"② 按照王国维先生的想法解读徐渭的四境说，这可以说是"隔"入"不隔"、"写境"进"造境"、"有我之境"转向"无我之境"的境界体，这更是"有我"与"无我"的境界融合，宇宙与人生打成一片。那么，"有我之境"与"无我之境"是什么意思？"'泪眼看花花不语，乱红飞过秋千去'，有我之境也。"③ "有我之境"强调是"我"在观物，主客体存在未分离的状态。即徐渭所言的物境、艺境、人境。有我之境，是指以吾人之身份体验解释世界，即我为何人，世界则为何物，我看世界为鸥鹭飞落，则秋水与长天一色；我看世界为姹紫嫣红，则万紫千红总是春。物物皆有我之意味、色彩，是我在万物上的映射与流转，即以吾人之一心摄取万物。然有无之境，将我之个人放大到世界全体之上，是自我在世界的扩充，但在一体而化的境界要旨上、身心互化的表现形式上，有我之境与"真感情""真景物"④ 尚隔了一

---

① 王汉杰等：《唐宋诗词中"茶意象"的心理内涵》，《心理技术与应用》2018 年第 6 期，第 732 - 745 页。

② 王国维著，周锡山校：《人间词话汇编汇校汇评》，北京：三联书店 2013 年版，第 19 页。

③ 同上。

④ 同上书，第 42 页。

层，实为尚在人间。尽管不能体验超越自我的"完全之真"，但也是融情于景。故而，"有我之境"虽"入于人者至深，行于世与尤广"，与万物在我心上交融，但却不能在世界万物中"出入自如"。

那么，"无我之境"是什么意思？"'采菊东篱下，悠然见南山'，无我之境也。"①"无我之境"强调无"我"或无与"我"相关之种种关系。"无我之境"是把外面"自然"和人的内心进行意象化、混元化整合与诠释，进而让我与物两相消解、化为一体。物不在，人也不在，这便是化境界的形态最高表现。换句话说，"无我之境"是把我自己投放在世界之中，世界也在我之中，即把自己生活投进在意象的文化意境中，将个人体验融于文化大海，使个人之人生成为一共同之人生，个人之体验融于宇宙大全之体验，即徐渭所言的心境。此心境界，不是以心观物，是不可言说之道，在事物之中的一种借化与表现。此表现可登高望远亦如履平地，临渊观海如探小池，不以道观，不以人观，而是以真心、真情回到最开始的境地，即见山是山，是悠然于天地的人境、物境皆自化自转，进言之，"登山则情满于山，观海则意溢于海"，消除主客之别，亦营造主客体之分，让主与客彼此消解，彼此互为前提，能进能出，与物皆詹。

卢仝所作《七碗茶诗》，有"柴门反关无俗客"至"乘此清风欲归去"句，即消渴喉润、破闷发汗、骨清通仙、登蓬莱仙境、至羽化飞升，也可说是"无我之境"与"有我之境"交融联动的境界体现。不过，皎然更将"有无之间"的"化"境界及体验发挥得更加淋漓尽致。故而，茶者醉心茶事，通过一饮、再饮、三饮之后精神心理上的不同感受，有感水火生意、茶浆生机，确信饮茶涤昏清神可得道升天；于茶汤翻滚处，又言"此物清高世莫知"，用不可言说的方式来表达"化"的生活体验，并将"化"生活体验安放在"有无之间"的人生境界中，悠然自在，自得其乐。

"有无之境"的"化"意境在意象诠释角度上讲，是茶者以有我之境上升到无我之境，再由无我之境落实在有我之境上，但这时茶者并不是退回到有我之境，而是在无我之境的基础上做出进一步提升，是超越无我之境的有无之化境。有无之化的境界，并不是在无我之境的基础上进行超越，而是在无我之境的基础上返回到有无之境上，让人在现实世界，以我观之的同时，也能以无我之境的心态冷眼旁观。有无之化的境界是让人可以在现实生活的实际中更好与自己相处，与他人相处，落实回人伦日用之间，而不是素隐行怪、离群索居的避世隐居。总之，有无之化是在有我之境的基

---

① 王国维著，周锡山校：《人间词话汇编汇校汇评》，北京：三联书店 2013 年版，第 42 页。

础上，突破无我之境的同时，返回到有我之境的一种境界状态，这种状态是以超越之心入世的，是落实在人伦上反对偏激独断的。有无之化的境界是在人的心灵体验实现两相契合，让得到此种体验的人们从世俗生活的烦扰中超脱而出，渐与外物接触中达成和解，是"有我之境"与"无我之境"两相契合的再次印证，获得属于自己的生活方式。

中国人对"茶文化"的领会与感悟，是一种超越式的意象性的生命体验。意象之美的哲学本体论基础在于，"天地万物是一大相互依存、相互构成的网络整体"，而"意象美启示我们在日常生活中既面对现实，又能超越现实"①。茶意境所流露出来的生命体验与人生境界，正是说明人们立足于现实，又不执着于物质；追求理想，又不沉醉于幻想，既不脱离现实，又不缺少理想。茶意境的生命体验促使茶人身与心的生活得以感通、交融，个体生命进入活泼泼的鸢飞鱼跃的理想境域，内外联动，灵根自植，以出世之心做入世之事，从尘世间拔节而出，深入更为高远的"化"之人生境界。

茶乡有人，天下无人。"化"不仅是现象界中茶与水、茶与人的融摄，也是个人文化生命与宇宙文化生命的敞开、平铺，更是人性内在根源性的文化升起。茶人把生命投进在茶意境之中，一路无前，往而知返。一方面，茶意境背后的"化"文化，由深沉转上扬，解放而保守，这既是对生命历程的一种追溯，寄情妙道，天机游心，也是"宇宙原不限隔人，人自限隔宇宙"的描绘，更是中国文化在茶上的折射与透脱。另一方面，在"有无之化"的人生境界引导下，还可以让人们借助茶事生活实现双向循环，从个人的心灵再发现，使宇宙生命得以生发，涤荡尘心，心随境转，境随心转，心境皆转，心境皆自转、自化，实现不自觉的自觉，自如其如地生长。

结　语

意象、意境问题研究，已不止于文学界的意象理论，更有多元化、多视角思考的发展趋势。在意象哲学、中国哲学解释学、现象学的视域思考下，中国茶道哲学、中国茶文化的研究在诸多思想中既有所伸张，再次生长与生成。

从境界论看，"茶"意象所呈现的"化"意境，是以茶事化境、人生化境、宇宙化境所构成的三重境界形态。与此同时，"化"意境的境界旨要是以"万物化一"，是茶者以茶为媒，识得吾人与万物一体而化的境界体验。因此，茶意境以"茶境化

---

① 张世英：《意象之美的哲学本体论基础》，《中国文艺评论》2017 年第 9 期，第 8 页。

人"为现实表现，以身生活与心生活的"身心互化"为其具体内容，彰显"有无之化"的人生境界。

中国茶文化的意象诠释研究，不仅扩宽了意象诠释的研究路径，也深化了中国茶文化、中国茶道的哲学意涵，高扬中国传统文化的生活体验与人生境界。另外，面对当代生活节奏的持续加快，益于现代人调节身心、净化思想，调适紧张生活。而茶意境之"化"的真心劝告，也为寻找美好生活提供了一种中国茶道哲学的解决方案。

古代文学研究

清贵州遵义籍文人黎兆勋年谱[*]

清贵州遵义籍文人黎兆勋年谱[*]

向有强[**]

【内容提要】 黎兆勋以诗词擅名贵州，是晚清遵义"沙滩文化"的代表人物。年轻时因不乐习科举制文，十举乡试而不售，四处奔波。四十六岁时，为生计所迫，又不甘埋没而援例报捐，代理石阡府教授。不久离职，客寓贵阳周旋运作，得以补授开泰县训导，并以学官奉檄委办南路团练，参与平定黔东南动乱。五十四岁时，因军功擢升鹤峰州州判，赴任湖北，为巡抚胡林翼留居省垣摄藩照磨兼盐库大使，帮助朝廷筹集军饷，镇压太平天国运动。他为官不肯趋伺长官，十年不得迁调，六十岁时，方补调随州州判。旋即丁父忧，病逝于家，享年六十一岁。

【关键词】 沙滩文人　黎兆勋　莫友芝　郑珍　年谱

黎兆勋（1804—1864）是清代遵义"沙滩文化"的代表人物，时人将其与郑珍、莫友芝并称"黔南三杰"[①]，晚清名臣潘祖荫则目三人为"黔之通人"[②]。他以诗词擅名黔疆，有诗集《侍雪堂诗钞》和词集《葑烟亭词》单独行世，又有《石镜斋诗略》

---

　* **【基金项目】** 2023 年度贵阳市科技局、贵阳学院科技专项资金项目（项目编号：GYU－KY－〔2023〕）

　** **【作者简介】** 向有强，男，1983 年生，湖南邵阳人，文学博士，贵阳学院文化传媒学院副教授，贵阳学院泰国研究中心研究员，研究方向：中国古代文学、地方文献整理、区域国别学。

　① 黎兆祺诸子：《先府君家传》，黎兆祺《息影山房诗钞》，光绪九年日本使署刻本。

　② 黎庶昌：《从兄伯庸先生墓表》，载黎兆勋著，向有强校注《〈侍雪堂诗钞〉编年校注》，长春：吉林大学出版社 2022 年版，第 5 页。

《词林心醉》等著作，《石镜斋诗略》刊录于《黎氏家集续编》①，《词林心醉》未见刊行。黎兆勋诗在沙滩黎氏家族中成就最高，其词在黔"开先倚声者"②，有很高的艺术成就和文学史地位。其生平见《侍雪堂诗钞》所载黎庶焘《从兄伯庸府君行状》（后文简称《行状》）和黎庶昌《从兄伯庸先生墓表》（后文简称《墓表》），二文受限于碑志文体，于其行事有所删略，更有相互矛盾之处；黎庶昌《遵义沙滩黎氏家谱·十世长房之长》、陈田《黔诗纪略后编·黎州判兆勋传证》祖述《行状》述事更为简略。兹据钩稽所得及其诗词作品中表露出来的行踪，对其行年考述如下。

嘉庆九年甲子（1804） 一岁

九月二十一日生于遵义沙滩禹门。字伯庸，又作柏容、伯容③，号树轩，一号檬村，晚号涧门居士。祖父黎安理，举人，官山东长山县知县；父黎恂，进士，官至云南巧家厅同知。母周氏。

黎庶昌《遵义沙滩黎氏家谱》（后简称《黎氏家谱》）："从兄兆勋，字伯庸，晚号涧门居士。嘉庆九年甲子九月二十一日酉时生。伯父雪楼公冢子。"④

《行状》："兄讳兆勋，字伯庸，号树轩，一号檬村，晚又称涧门居士，遵义黎氏。祖讳安理，以举人官山东长山县知县。考讳恂，字雪楼，以进士官云南巧家厅同知。妣周宜人。"⑤

《墓表》："兄讳兆勋，字伯庸，晚号涧门居士。"⑥

陈田《黎州判兆勋传证》："兆勋字伯庸，一字檬村，晚称涧门居士，遵义人，同知恂子。"⑦

按：黎安理（1751—1819），字履泰，号静圃，晚年自号非非子。乾隆四十

① 刘作会主编：《黎氏家集续编》，贵阳：贵州人民出版社2005年版。

② 莫友芝：《〈莳烟亭词草〉序》，载张剑、陶文鹏、梁光华编辑校点《莫友芝诗文集》（修订版），北京：人民文学出版社2013年版，第582页。

③ 郑珍、莫友芝诗文集中有伯庸、柏容、伯容之称，黎兆勋《莳烟亭词》（道光二卷本，遵义市图书馆藏）署题黎伯容，凌惕安《影山词跋》中亦称黎伯容。

④ 黎铎、龙先绪点校：《黎庶昌全集》（第2册），上海：上海古籍出版社2015年版，第1103页。

⑤ 黎庶焘：《从兄伯庸府君行状》，载黎兆勋著，向有强校注《〈侍雪堂诗钞〉编年校注》，长春：吉林大学出版社2022年版，第1页。

⑥ 黎庶昌：《从兄伯庸先生墓表》，载黎兆勋著，向有强校注《〈侍雪堂诗钞〉编年校注》，长春：吉林大学出版社2022年版，第4页。

⑦ 陈田：《黎州判兆勋传证》，载莫庭芝、黎汝谦采诗，陈田传证，张明、王尧礼点校《黔诗纪略后编》，贵阳：贵州人民出版社2020年版，第559页。按：檬村为黎兆勋号，陈田误记。

四年（1779）举人，历官永从县（今从江）训导、长山（今邹平）知县，政声甚佳，因足疾致仕。著《锄经堂诗文集》《梦余笔谈》等传世。以孝义名世，入《清史稿·孝义二》，生平见黎庶昌《遵义沙滩黎氏家谱》中所载郑珍《外祖黎府君家传》、张裕钊《赠奉政大夫山东长山县知县黎府君墓表》、薛福成《书黎静圃先生年谱后》及《遵义府志》本传。

黎恂（1785—1863），字雪楼，一字迪九，晚号拙叟。嘉庆十九年（1814）进士，知桐乡县五年，颇有政声。嘉庆二十五年（1819）丁父忧，家居守孝不出十四年，研读课子，培养其子黎兆勋、外甥郑珍和年家子莫友芝，又同绥阳儒士杨实田一起培养了黎兆熙、黎兆祺、黎兆铨、黎庶泰、黎庶蕃、黎庶昌等一批名士。道光十五年（1835）起复，拣发云南，先后在平夷、新平、元江州、大姚等地任职，道光三十年（1850），提升东川府巧家厅同知。咸丰元年（1851），称病归，居家十余年，以同治二年（1863）八月病终禹门。一生研治宋学和史学，工诗古文，著有《蛉石斋诗钞》《读史纪要》《千家诗注》《四书纂义》《北上纪程》《运铜纪程》等。生平见郑珍《诰授奉政大夫云南东川府巧家厅同知舅氏雪楼黎先生行状》、黎庶昌《诰授奉政大夫黎府君墓表》等文。

世系清晰可考。

《黎氏家谱》叙其入黔世系：始迁祖黎朝邦，本贯四川广安，明万历十年（1582）与长子怀仁率一小支族人卜居贵州龙里卫（今龙里县），居十九年更徙卜遵义沙滩，从此占籍承种，繁衍生息。二世至十一世，历历在书：二世怀仁，三世民忻，四世燿，五世天明，六世国柄，七世正训，八世安理，九世恂，兆勋为十世长房嫡长子。黎氏以诗书传家，耕读为业，至八世安理渐张大门第，远播声名，终成黔中名门。

同胞兄弟五人，兆勋为长，次兆熙、兆祺、兆铨、兆普；姊妹三人。

郑珍《诰授奉政大夫云南东川府巧家厅同知舅氏雪楼黎先生行状》："配周宜人……子男五：兆勋，黎平府学训导，升湖北鹤峰州州判；兆熙，国子监生，早死；兆祺，府学附生；兆铨、兆普。女子子三：长即珍室；次适举人杨华本，安化县学训导；次适太学生朱正儒，早死。"[①]

黎庶昌《诰授奉政大夫黎府君墓表》："子男五：兆勋，湖北随州州判；兆

---

① 郑珍著，黄万机、黄江玲校点：《巢经巢诗文集》，上海：上海古籍出版社 2016 年版，第 505 页。

熙，国子监生；兆祺，军功保举知州，赏戴花翎；兆铨，云南姚州知州；兆普。"①

按：据黎庶昌《黎氏家谱》等相关材料考知：兆熙（1810—1852），字仲咸，号寿农，喜为诗，著有《野茶冈人学吟》1卷，诗风近王士禛。子汝勤。兆祺（1820—1885），字叔吉，号介亭，幼随父宦滇南，好宋儒程朱氏之学，从长兄黎兆勋及表兄郑珍受诗法。咸同乱世中在家主办团练，守堡寨十余年，节度里中大小百余寨，以军功保举知州，加知府衔赏戴花翎。同治六年（1867）秋，偕从弟庶昌至江南委办金陵保甲局，差明年赴都谒选，困而归，游走四方，迄无所就。有《息影山房诗钞》传世，生平载集后《先府君家传》。子四人：长汝弼，出嗣兆勋，次汝怀、汝谦、汝贞。兆铨（1826—1895），字季和，号衡斋，咸同时协兄兆祺办团练，因军功赏知县，同治八年（1869）署理寻州（今寻甸县）知州五年，又历任安宁、昆明、镇雄等州县各一年。以才干见称，关心民间疾苦，曾两次主持谳局，平反冤狱数十起。后因错失被吏部议处，罢官而归。子四人：汝琦、汝恒、汝灝、汝铭。有《衡斋诗钞》传世。兆普（1828—1873），字少存，淡泊功名，善治田，精医术，后去云南寻甸州探视兄兆铨，病逝于州署。著有《刍荛本草》2卷、《脉法正宗》1卷、《瘟疫辨症》2卷。子四人：汝诚、汝裕、汝英、汝华。

叔父黎恺。恺子四人：庶焘、庶蕃、庶昌、庶諴，为兆勋从弟。

曾国藩《遵义黎君墓志铭》："君讳恺，字雨耕，晚自号石头山人……考安理……子四人：庶焘，咸丰辛亥科举人；庶蕃，壬子科举人，候选知州；庶昌，以诸生献策阙廷，天子褒嘉，特授知县，候补直隶州知州；庶諴。"②

按：黎恺（1788—1842），字雨耕，一字子元，道光五年（1825）举人，先后署大定府教授、印江县教谕，道光十五年（1840）为开州训导，卒于官。著有《石头山人遗稿》等传世。郑珍《黎训导恺小传》称其"为诗清微雅洁，品骨俱胜"③。庶焘（1827—1865），字鲁新，别号筱庭，咸丰元年（1851）举人，从莫友芝、郑珍受诗法，性褊，疾病缠身，以吟咏自娱，先后为湘川、育才、培英书

① 黎庶昌：《遵义沙滩黎氏家谱》，载黎铎、龙先绪点校《黎庶昌全集》（第2册），上海：上海古籍出版社2015年版，第1093页。
② 唐浩明编：《曾国藩诗文集》，长沙：岳麓书社，2015年版，第363－364页。
③ 黎庶昌：《遵义沙滩黎氏家谱》，载黎铎、龙先绪点校《黎庶昌全集》（第2册），上海：上海古籍出版社2015年版，第1097页。

院讲习，培育了宦懋庸等一批英才。黎庶昌说："黎氏家学之兴，前有伯庸，后有鲁新。"① 著有《依砚斋诗钞》《慕耕草堂诗钞》《琴洲词》等，生平见黎庶昌《先兄鲁新墓志铭》。庶蕃（1829—1886），字晋甫，别号椒园，少刻苦攻读，从郑珍学诗，咸丰二年（1852）举人，次年与兄庶焘北上公车，遇乱，道阻还家。后与从兄兆祺等办团练，共筑禹门山寨，抵抗民乱。因功保知州，改官两淮盐大使。一生游历较广，善诗词，诗风略近苏、白，胸意开阔，豪气纵横，其词开豁跳荡，著有《娱志堂诗钞》《椒园诗钞》《雪鸥词》《雪鸿词》，生平见黎庶昌《仲兄椒园墓志铭》。庶昌（1837—1898），字莼斋，自署黔男子，早期从郑珍学习，同治元年（1862）应诏上《上穆宗毅皇帝书》一举成名，朝廷降旨以知县补用，入曾国藩幕六年，为"曾门四弟子"之一。后曾数任知县，光绪二年（1876）起出使欧洲，历任驻英吉利等使馆参赞。光绪七年（1881）擢升道员，任驻日本国大臣，三年后回国丁母忧，服阕后再度派驻日本，至光绪十六年（1890）任满归国。次年，任川东道员兼重庆海关监督。后因中日战事一病不起，逝于家中。一生著述达20多种，主要有《拙尊园丛稿》《丁亥入都记程》《西洋杂志》《续古文辞类纂》等。庶诚（1841—1905），字和民，号夏轩，自号夷劳亭长，博览群书，淡泊名利，为人有隐士风范，著有《夏轩诗稿》，诗风自由潇洒。

妻阮氏。妾陈氏、梁氏。嗣子汝弼。孙棣、杙；杙出嗣汝贞。

《行状》："配阮孺人，妾陈氏、梁氏。无子，以叔弟兆祺子汝弼为嗣；孙一，棣。"②

《墓表》："配阮氏，妾陈氏、梁氏。无子；以叔弟兆祺子汝弼嗣，孙二。"③

《黎氏家谱》："从侄汝弼，字功甫，道光二十二年（1845）壬寅七月初二日巳时生，兆祺子，出嗣兆勋，光绪己卯科（1879）举人……（子）棣，同治甲子年正月十四日生。"又："从侄汝贞，字子幹，兆祺子……以汝弼子杙承继。"④

---

① 黎庶昌：《遵义沙滩黎氏家谱》，载黎铎、龙先绪点校《黎庶昌全集》（第2册），上海：上海古籍出版社2015年版，第1116页。

② 黎兆勋著，向有强校注：《〈侍雪堂诗钞〉编年校注》，长春：吉林大学出版社2022年版，第1页。

③ 同上书，第4-5页。

④ 黎铎、龙先绪点校：《黎庶昌全集》（第2册），上海：上海古籍出版社2015年版，第1134页。

嘉庆十七年壬申（1812）　九岁

能诗，已展露文学才华。

《行状》："兄为雪楼府君冢子，生有殊禀，九岁即能口占五七字诗戏赠同辈。"①

《墓表》："九岁即能为五七言诗，持赠同辈，长老惊叹。"②

嘉庆十八年癸酉（1813）　十岁

是年，随宦祖父黎安理至山东长山，此后再侍父亲黎恂官浙江桐乡。表弟郑珍亦同行长山。

《行状》："稍长，先后随宦山东、浙江。"③

黎庶昌《黎氏家谱》载郑珍《外祖黎府君家传》："（黎安理）癸酉选授山东长山令，丙子告归。"④

郑珍《诰授奉政大夫云南东川府巧家厅同知舅氏雪楼黎先生行状》："（黎恂嘉庆）甲戌，成进士。引见以知县用，签发浙江，授桐乡县知县……任桐乡五年。"⑤

郑珍《敕授修职佐郎开州训导子元仲舅黎公行状》："嘉庆癸酉秋……时外祖静圃公宰长山，余与伯容内兄随父往。"⑥

按："癸酉"即嘉庆十八年（1813），"丙子"为嘉庆二十一年（1816）。黎恂《运铜纪程》道光二十一年二月："余昔年侍长山公于於陵，值嘉庆十八年曹、滑教匪滋事。"⑦可知黎安理官山东时，黎恂挟子兆勋随侍。次年甲戌（嘉庆十九年，1814），黎恂中进士，授桐乡知县，五年后丁忧离任，为嘉庆二十五年（1819），是年黎兆勋 16 岁。又黎兆勋《童心二首示族子（其一）》诗后自注云："予年八岁，随侍先王父于长山。""八岁"为误记误注，当为"十岁"。

---

① 黎兆勋著，向有强校注：《〈侍雪堂诗钞〉编年校注》，长春：吉林大学出版社 2022 年版，第 1 页。

② 同上书，第 4 页。

③ 同上书，第 1 页。

④ 黎铎、龙先绪点校：《黎庶昌全集》（第 2 册），上海：上海古籍出版社 2015 年版，第 1075 页。

⑤ 郑珍著，黄万机、黄江玲校点：《巢经巢诗文集》，上海：上海古籍出版社 2016 年版，第 502 页。

⑥ 同上书，第 507 页。

⑦ 黎恂著，王瑰校注：《〈运铜纪程〉校注》，成都：西南交通大学出版社 2017 年版，第 156 - 157 页。

道光三年癸未（1823）　二十岁

居家，以父黎恂为师，专心学习诗古文，对科举时文未甚属意。与表弟郑珍（1806—1864）同学，郑珍父郑文清娶黎安理第三女。

《行状》："雪楼府君之自桐乡归也，以诗古文倡诱后进，于科举之学未甚属意，故兄年逾弱冠，犹未令习制举业……与外兄郑子尹珍共砚席者七八年。"①

《墓表》："既冠，俊迈有奇气，不肯役志帖括，世父亦雅不欲强之。兄进则奉槃御食，左右就养；退则与外兄郑子尹珍同事研席，锐志求通于古，而趣向各殊。子尹稽经诹史志为通儒；兄则崭力于诗，上起风骚，讫于嘉道，无不讽味，以为诗者，性情之极则也。治之六七年，而业日以精。"②

道光七年丁亥（1827）　二十四岁

以古学第一，补县学生员（秀才）。文才为贵州学政许乃普称赏。

《墓表》："年二十四，补县学生员。"③

《行状》："二十三出应童子试，不售，归乃取坊塾时艺揣摩之，以为不足学，弃去。比逾岁，再试，遂以古学第一补诸生。学使钱唐许尚书乃普负知人鉴，得兄卷，惊异之，未深信；于覆试日面以温飞卿诗句命题，令独赋，兄顷刻成五言八韵四首，尚书披吟移晷，谓曰：'子他日必以诗鸣，第品骨近寒，恐禄位不及才名耳。'自是益肆力于古，与外兄郑子尹珍共砚席者七八年。"④

按：古学，指科举功令文字如策论、律赋、经义、八股文、试帖诗以外的经史学问。许乃普（1787—1866），字季鸿，一字经崖，别字滇生，别署观弈道人，浙江钱塘人。嘉庆二十五年（1820）进士，道光五年（1825）督贵州学政，累官至吏部尚书。

道光八年戊子（1828）　二十五岁

居家读书。

---

① 黎兆勋著，向有强校注：《〈侍雪堂诗钞〉编年校注》，长春：吉林大学出版社 2022 年版，第 1 页。
② 同上书，第 4 页。
③ 同上书，第 4 页。
④ 同上书，第 1 页。

表弟郑珍辞别湖南学政程恩泽（1785—1837），由长沙返回遵义，拜遵义府学教授莫与俦（1763—1841）为师，并与其子莫友芝（1811—1871）订交，参郑珍《巢经巢诗钞·前集》卷一《留别程春海先生》诸诗。

道光十一年辛卯（1831） 二十八岁

与自云南赶回贵阳的郑珍同应乡试，皆未中。是年莫友芝亦应乡试，得中。

按：黎兆勋《侍雪堂诗钞》卷一有《贵阳秋感》二首，郑珍《巢经巢诗钞·前集》卷二《贵阳秋感二首》，二诗作于同时。

道光十七年丁酉（1837） 三十四岁

黎兆勋与郑珍又一次参加乡试，郑珍中式，兆勋名落孙山。报罢后，黎兆勋匹马趋庭，自贵阳往西南漫行，经安平（今平坝）、关岭、寻甸至昆明。于是登五华、泛滇池，尽揽金马、碧鸡之胜，然后侍父之新平、大姚等地，多有诗词创作。

黎兆勋《八声甘州》（碧寥寥）词序云："秋闱报罢，送表兄张子聘旋里，余束装将往云南。"①

按：《莳烟亭词》卷一《霜叶飞·白水河观瀑》《霜叶飞·白水河观瀑》及《侍雪堂诗钞诗》卷一《安平旅夜》《易隆驿》等诗均作于此次路途；《水调歌头·五华山武侯祠下作》《满江红·滇池秋泛》《望海潮·大观楼望海》诸词及《五华山晓望》《始泛滇池》诸诗作于昆明。

道光十八年戊戌（1838） 三十五岁

侍父游宦滇南。

郑珍、莫友芝联袂上京参加礼部试，均未第，遂束装返乡。遵义知府平翰聘郑珍主持修纂《遵义府志》事，设志局于府署内来青阁，珍引莫友芝为佐。

莫祥芝《清授文林郎先兄邵亭先生行述》："（道光）戊戌，平公翰守遵义，延聘与郑学博同纂郡志，迄辛丑，书成。"②

莫友芝《答万锦之书》："昔者戊戌春官，尝与巢经（郑珍）逆旅对床，闲

---

① 黎兆勋：《莳烟亭词》卷一，光绪十五年（1889）日本使署刊刻黎氏家集本第 5 册。
② 张剑、陶文鹏、梁光华编辑校点：《莫友芝诗文集》（修订版），北京：人民文学出版社 2013 年版，第 1116 页。

门赏析，未及币月，外议沸起，'厌物'之号遍于京师，识与不识，指目而唾。"①

按：平翰道光十六年（1836）十一月任遵义知府，莫友芝《影山草堂学吟稿》中道光十七年二人已多次交游唱和。莫友芝此信作于道光二十三年（1843），言郑、莫《遵义府志》修毕后，外议沸腾，莫与侗弟子万锦之来信欲友芝"和同俯仰，以求取容"，为友芝所拒。友芝信中言及是年会试时即与郑珍对郡志有较多考虑，故知《遵义府志》编纂当启动于道光十七年。

道光十九年己亥（1839） 三十六岁

春，自滇回遵，与遵义知府平翰为布衣交。

《行状》："岁己亥，山阴平樾峰太守翰来守吾郡，聘子尹及独山莫子偲孝廉同修郡志。平公故爱才下士，笃嗜风雅，偶闻两君道兄才，即以所作'感怀'八律邮简索和。兄一夕次韵寄答，平公得诗，诧为'奇伟'，即延至署订交。兄以一诸生，布衣芒屩往来二千石之庭，升堂抗礼，忘其势分之相悬也。然文章诗酒外，绝不及公私一语，平公尤重之。"②

黎兆勋《东坞感怀》诗后自注："己亥仲春，郡伯平公牓余东坞曰'藏诗坞'，迄今八年，墨气犹新。公名翰，字樾峰，山阴人，工二王书法。"③

按：平翰，字岳生，号樾峰（一作越峰），道光中任遵义知府，振兴文教，礼贤下士，把当地名士莫友芝、郑珍、萧光远、黎兆勋、李桂林等延为座上客。道光十九年（1839）温水穆继贤作乱，督兵前往征剿平定，被议降通判，调署松桃直隶厅，后徙仁怀厅及其他数地知县（州）、知府。著有《黔輶吟》《寄心盦诗话》等。

春夏之际，遵义送别方仲坚。

按：黎兆勋、郑珍、莫友芝等送别遵义府宾方仲坚，黎作《琵琶仙·送方仲坚还白下》词，郑作《送方仲坚归金陵》诗，莫作《送方仲坚归江南》诗。清李放纂录《清书史》卷十四引《枕经堂题跋》："方凝，字仲坚，歙诸生，精于

---

① 张剑、陶文鹏、梁光华编辑校点：《莫友芝诗文集》（修订版），北京：人民文学出版社 2013 年版，第 620 页。

② 黎兆勋著，向有强校注：《〈侍雪堂诗钞〉编年校注》，长春：吉林大学出版社 2022 年版，第 1页。

③ 同上书，第 64 页。

书翰。"①

九月，招郑珍、莫友芝过禹门，遂再赴昆明。

按：莫友芝《禹门山摩崖题词》云："道光己亥季秋二十五，黎兆勋招同郑珍泛舟过禹门山。"② 郑珍《明日同柏容邵亭泛舟过禹门山还饮姑园》诗纪此事。又莫友芝《影山草堂学吟稿》卷下道光十九年（1839）有《为柏容题〈滇南策马图〉即送其之云南省觐》，诗云："吾不知云南道里去此几千里，但见黎生走之若庭户。凉秋九月严早霜，短衣匹马踏蛮荒。"③ 则黎兆勋是年九月又去了云南。详黎恂是年春夏调权云州，竟以冕宁回汉械斗事被撤任，是秋回省。故臆黎兆勋此行，或因父亲黎恂之事。

道光二十年庚子（1840）　　三十七岁

春自滇返遵，家居，暮春时或至四川灌县祭扫。

秋八月七日北上，至泸州，盖欲助父黎恂运京铜北上，九月底回遵。

黎恂《运铜纪程》："道光二十年庚子二月，派委本年正运一起京铜。"又道光二十二年正月十二日："偕黄子载太守往送岳方伯（指岳镇南，新任云南布政使），已行矣。闻直隶安州崔东轩刺史（崔耀廷）入都，偕往候之。东轩前任曲靖之南宁，余任平彝，两相契。庚子在滇城，过从数月，尤契合。铜差之行，东轩实怂恿焉。"④

按：运京铜，黎恂七月中旬自昆明出发，八月十六日抵泸州，黎兆熙早已在此督船户造舟；黎兆勋于八月七日自遵义北上，沿桐梓进入重庆府辖境，下綦江至重庆，再西进经江津，九月二日至泸州，二十五日，"兆勋雇舟由渝州归去"⑤，兆淳（即兆铨）晚一日至渝，黎恂让追及兆勋，与同归。黎恂运京铜北上，唯仲子黎兆熙一路相随。又黎兆勋《自泸州东归》诗云"闭门一月病难出，更有人事催归舟"，盖家中有事需处理。莫友芝《影山草堂学吟稿》卷下道光二十年秋有《黎柏容自泸州来道英贼据宁波甚张》诗。

---

① 李放纂录：《清书史》，《辽海丛书》（第五集），民国辽海书社铅印本。
② 张剑、陶文鹏、梁光华编辑校点：《莫友芝诗文集》（修订版），北京：人民文学出版社 2013 年版，第 759 页。
③ 同上书，第 64 页。
④ 黎恂著，王瑰校注：《〈运铜纪程〉校注》，成都：西南交通大学出版社 2017 年版，第 2、395 页。
⑤ 同上书，第 48 页。

郑珍母黎氏（兆勋姑母）是年三月辞世；五月，叔父黎恺之开州学官。郑珍是年掌教湘川书院，但全力纂修《遵义府志》。

> 郑珍《祭开州训导子元仲舅文》（道光二十三年）："庚子三月，吾母辞世。五月，舅之开州学官……营葬甫毕，终岁为《郡志》，笔无停手。"①

道光二十一年辛丑（1841） 三十八岁

黎兆勋居家遵义课读。

夏，郑珍、莫友芝《遵义府志》稿成，是冬刻成。七月，莫友芝父莫与俦卒，年七十九。

道光二十二年壬寅（1842） 三十九岁

居家主理家政，督诸弟力学，与郑珍、莫友芝等相交莫逆。

> 《墓表》："道光壬寅、癸卯间，世父出宰滇南，会独山莫子偲友芝奉其尊犹人先生之枢，东葬吾里青田山，去黎氏旧庐六里而近，三家者互为婚姻，又同志友善。兄于是方领家政，外悥宾客，内督诸昆季，积苦力行，井井有条理。日夕发书与子尹、子偲相迕覆，以诗古文辞交摩互厉，风气大开。久之，群从子弟服习训化，彬彬皆向文学矣。"②

> 按：是年十二月，莫友芝葬父于遵义县东青田山，并建青田山庐，与诸弟守墓。青田山庐距郑珍望山堂三里，距沙滩黎兆勋所居姑园（有藏诗坞）六里。从此三家往来频繁。

四月，黎恂运京铜回滇途中，便道由麻阳、铜仁、石阡、湄潭归家省视。幕宾姚世俊随同北上运铜，客死京城，其亲人遂来家坐骗。五月初一，黎恂命黎兆勋赴县具控；十九日，兆勋赴案，"与姚生之弟姚五对质，官判结案"③；六月初六，黎恂"携（黎）兆祺自家启行"④往云南，七月初十抵昆明会城，九月还知大姚县。

---

① 郑珍著，黄万机、黄江玲校点：《巢经巢诗文集》，上海：上海古籍出版社 2016 年版，第 516 – 517 页。

② 黎兆勋著，向有强校注：《〈侍雪堂诗钞〉编年校注》，长春：吉林大学出版社 2022 年版，第 4 页。

③ 黎恂著，王瑰校注：《〈运铜纪程〉校注》，成都：西南交通大学出版社 2017 年版，第 491 – 492 页。

④ 同上书，第 493 页。

按《运铜纪程》：黎恂在云南为官时，曾私聘姚世俊为幕僚；道光二十年黎恂北上运京铜，七月二十六日"命姚生护送眷累分途由平彝大路回籍"①，但九月二十六日，姚生忽自家至渝，主动要求北上，遂一路同行。至道光二十一年十月染病，医治无效，于十一月十九日病殁京城。黎恂为借贷措备棺殓之资、运枢之费，然姚家反以为怨，借端赖骗。

八月，恭贺郑珍望山堂成，席上联句。

按：郑珍《巢经巢诗钞·外集》有《壬寅八月朔望山堂成偕仲弟子行季弟二苕奉大人雅泉先生招同庹仲奎王敦父黎柏容丁吉斋莫邵亭黎仲咸莫子厚黎季和落之席上联句》诗。

十二月十八日，叔父黎恺卒于开州训导任上，诸子幼不识事，兆勋奔开州，次年正月，率诸从弟扶枢归遵义禹门。

黎恂《运铜纪程》道光二十二年六月十二日："子元弟作广文于开州，纡道往视之……申刻，抵开州学署，计与子元别已七年。侄辈渐能成立，见之色喜。惟子元形容苍老，不类昔年矣。"②

郑珍《敕授修职佐郎开州训导子元仲舅黎公行状》："壬寅十二月辛卯，以疾卒官，距生于乾隆戊申八月庚子，享年五十又五。"③

郑珍《祭开州训导子元仲舅文》（道光二十三年）："去年春撤志局……旋以校版增叶，入夏始竣。而大舅毕铜运来归，与居月余。六月六日，大舅道开州还滇，我以久旷掌院，于人事须粗应酬，属告仲舅，迟半月必来相见。旋又稽留，经秋入冬，计腊月必果去。又以助葬莫公，中寒而阻……岂知今年正月，不生归而死归……及（道光二十二年腊月）十八日先死一二时，始发一老不堪走之使，行三日乃抵家。及兆勋兄奔开州，而敛已四日矣……诸子幼不识事，一妾弱不更事。"④

曾国藩《遵义黎君墓志铭》："（道光）二十二年十二月辛卯以疾卒官，春秋五十有五。"⑤

按：黎恂道光十五年官云南平彝（又作平夷）时，黎恺、郑珍等曾随侍，郑

① 黎恂著，王瑰校注：《〈运铜纪程〉校注》，成都：西南交通大学出版社 2017 年版，第 8 页。
② 同上书，第 493 页。
③ 郑珍著，黄万机、黄江玲校点：《巢经巢诗文集》，上海古籍出版社 2016 年版，第 507 页。
④ 同上书，第 517－518 页。
⑤ 唐浩明编：《曾国藩诗文集》，长沙：岳麓书社 2015 年版，第 364 页。

珍《巢经巢诗钞·前集》卷三有诗《送黎子元舅自平夷归里》（道光十六年，1836），距今七年。

道光二十三年癸卯（1843）　四十岁

居遵义禹门主理家政，督诸弟力学，与郑珍、莫友芝诸昆弟遍游沙滩禹门。

是年，莫友芝兄弟、黎庶焘兄弟均在禹门居守父丧。冬，郑珍释服，赴贵阳办理进京会考手续，然后北上应试。

道光二十四年甲辰（1844）　四十一岁

在遵主理家政，督诸弟力学，与诸昆弟及郑珍、莫友芝、丁元勋、赵旭、张子聘、王槐琛等交游论诗，饱览青田、尧湾、檬村的山水风光，多有唱和。

  莫祥芝《清授文林郎先兄邵亭先生行述》：“甲辰除丧，以余事为诗篇，与郑（珍）学博及遵义黎伯容别驾兆勋相倡和，一时知名之士闻风向往，黔中言风雅，自此称盛。”①

  按：莫友芝《邵亭诗钞》卷四《柏容子尹检〈甲辰消寒唱和〉诸篇命丁吉斋会录为册叠卷中寙字韵书其后》（道光二十七年）言黎兆勋云：“檬村豪才等捷敏，名誉与之同得早。兴酣广坐慑千夫，逸气纵横恣轻扫。”②此诗亦见当时黔北“沙滩文人”交游唱和之盛况。而“寙”字韵诗，黎兆勋、郑珍、莫友芝、邹汉勋、莫庭芝等集中有多首，以莫友芝集中最多，均作于是年前后。

郑珍会试再次不中，萌仕进困顿不与强求之心。莫友芝释服，主讲启秀书院。

  黎兆勋《柬子尹望山堂兼示诸弟》其二诗云：“原野多悲风，岩霜伏辰星。凉生八九月，菊秀兰亦馨。念我诸弟昆，聚散如风萍。请复展良会，有酒同醉醒。世人美角弓，急难歌脊令。谚言偶一中，即复生畦町。君看百足虫，终胜双蜻蜓。蜻蜓岂无侣，身世徒飘零。诚我二三子，休别渭与泾。笃爱不在多，筋豆存前型。百年会有几，我歌君且听。”③

---

①　张剑、陶文鹏、梁光华编辑校点：《莫友芝诗文集》（修订版），北京：人民文学出版社 2013 年版，第 1116 页。

②　同上书，第 216 页。

③　黎兆勋著，向有强校注：《〈侍雪堂诗钞〉编年校注》，长春：吉林大学出版社 2022 年版，第 46 页。

按：诗盖有感而发，咏兄弟友爱团结，急难相顾，告诫勿生嫌隙。《侍雪堂诗钞》中《冬夜薛烟亭上》《寒夜有怀柬丁吉斋秀才》《五月八日溪泛偕郑子尹丁吉斋莫芷升舍弟少存至禹门山次子尹韵》《柬自聘表兄》《赵子晓峰不见数年近以校书之役下榻县署相晤于莫五斋中明日书此柬之》等作于是时。郑珍《巢经巢诗钞·前集》卷七、莫友芝《影山草堂学吟稿》卷下及《郘亭诗钞》卷一，均有诸人是年交游唱和诗作多首；尤其郑珍、莫友芝、黎兆勋唱和多首"寃"韵诗。又黎兆勋与郑珍、莫友芝是年前后多讨论诗词。黎有《书郘亭诗后》，莫有《和柏容见题旧草诗韵》《书子尹诗卷后》《次韵答柏容时挟〈词草〉相视》，郑有《书柏容存稿》等。

道光二十五年乙巳（1845）　四十二岁

正月四日，黎兆勋纳妾。

莫友芝《郘亭诗钞》卷二《正月四日东行抵姑园宿用子尹韵答柏容》诗后自注云："是日适柏容纳姬。"[1]

正月，郑珍赴任古州厅学训导，黎兆勋有《送子尹古州训导》，莫友芝有《送子尹权古州厅训导》《十一日姑园夜坐用前韵再送郑大》《送郑子尹署古州厅训导序》相赠，郑珍作《往摄古州训导别柏容郘亭三首》。郑珍在古州任上，三人仍多有诗歌酬唱。

冬，往云南大姚省觐，父黎恂时任大姚县令。

莫友芝《郘亭诗钞》卷二《送柏容之大姚省觐》（道光二十五年）："鸟道千盘雪，怜君独远行，北风吹马尾，直到武侯城。岁晚趋庭意，天涯倚幌情。还将索居处，念取白鸥盟。"[2]

黎兆勋《马龙旅社逢张仆为留一日》（道光二十五年）："三年十度宿兹楼，八载重逢汝白头。乍见惊心疑入梦，相迎怪我远来游。铅坑铜窟重重话，雪笠霜鞭款款留。夜半城头吹觱篥，壮怀销尽五更愁。"[3]

按：据二诗所写季节，知黎兆勋是年冬南下云南大姚；"三年十度宿兹楼"

---

[1]　张剑、陶文鹏、梁光华编辑校点：《莫友芝诗文集》（修订版），北京：人民文学出版社2013年版，第153页。

[2]　同上书，第170页。

[3]　黎兆勋著，向有强校注：《〈侍雪堂诗钞〉编年校注》，长春：吉林大学出版社2022年版，第56页。

云云，更见黎兆勋自道光二十三年（1843）以来每年往返滇黔。

冬，莫友芝启程去麻哈（今贵州麻江）探望岳父夏辅堂，在麻哈高枧堡过年①。
冬，郑珍辞古州厅学训导任，回遵义。

道光二十六年丙午（1846）　　四十三岁

侍父游宦大姚；开春回黔，途经贵阳与邹汉勋（字叔绩）交游唱和。

　　莫友芝《答邹叔勋书》（丙午九月）："黎柏容归自贵阳，持示大著《转注考》《屈子生卒年月考》；舍弟归，又得《宝庆志图说》，并往来词翰。"②

　　按：黎兆勋《侍雪堂诗钞》卷二《官斋梅花盛开花下饮酒作长句示杨子春妹夫》作于大姚；同书同卷《新化邹叔绩招游雪崖洞席上赋赠》作于回黔途经贵阳，时尚在春寒。莫友芝是年正月告别岳父返遵义，其《影山草堂学吟稿》卷下有《影山草堂春晚和柏容》诗系于是年，知黎兆勋春晚已在遵义。邹汉勋（1805—1854），字叔绩，号绩父，湖南新化人（今属隆回县），道光二十五年（1845）协助邓显鹤编纂《宝庆府志》和《新化府志》，旋随宝庆知府黄宅中调任贵阳知府，在黔先后纂修《贵阳府志》《大定府志》《兴义府志》《安顺府志》，遂有"西南方志大家"之称。道光末归新化，咸丰元年（1851）举乡试，次年会试不第，三年（1853）入湘军作战，因军功升知县，擢升直隶同知，翌年庐州城破遇难。邹汉勋置身军政而志在学术，著述宏富，是清代经学、史学、音韵学名家，更是中国近代舆地学奠基人，《清史稿·儒林》有传。

五月，莫友芝为作《〈莳烟亭词〉序》，道光本《莳烟亭词》应刊于次年。③

　　莫友芝《〈莳烟亭词〉序》文末题署："道光二十六年丙午中夏，独山莫友芝。"④

　　按：莫友芝《邵亭诗钞》卷二有《次韵答柏容时挟〈词草〉相视》诗，又《影山词》卷二有词《蝶恋花·答柏容即书其〈无咎庵词草〉后》，皆系于道光二十五年（1845），故知道光二十五年（1845）黎兆勋便有刊刻词集的打算，并

---

①　张剑、陶文鹏、梁光华编辑校点：《莫友芝诗文集》（修订版），北京：人民文学出版社2013年版，第1156页。
②　同上书，第621页。
③　参见向有强《黎兆勋词集版本源流考》，《贵州师范学院学报》2023年第8期。
④　张剑、陶文鹏、梁光华编辑校点：《莫友芝诗文集》（修订版），北京：人民文学出版社2013年版，第582页。

请莫友芝为其词集作序；而词集初名"无咎庵词草"，后改名"荺烟亭词"。

冬，黎兆勋居家遵义。岁晏，莫友芝赴贵阳办理会试手续，与邹汉勋交游唱和，兆勋有诗柬邹汉勋。随后，莫友芝北上应试，樊城道中逢友生胡长新，相携赴京应试，长新次年得中。

按：参莫友芝《邵亭诗钞》卷三《岁晏行赠邹叔勋秀才于贵阳城》。黎兆勋《柬邹叔绩怀邵亭再叠前韵》（道光二十六年）诗云："昨者邵亭别我去，访君南掠延江船。"① 知诗作于岁末。莫友芝《邵亭诗钞》卷四有《樊城喜胡长新至》。

是年，郑珍自尧湾迁入望山堂。

郑珍《迁居纪事》："道光二十六年□月九日昧爽，奉先府君之魂帛、先孺人之神主、从曾、曾、高三世之主，自尧湾寓宅迁于望山堂。"②

郑珍《望山堂记》："望山堂，子午山旧名也。"③

道光二十七年丁未（1847）　四十四岁

居家遵义。与莫友芝、郑珍多有交游唱和，与邹叔勋贵遵两地诗歌往来。

莫友芝《影山草堂学吟稿·邵亭外集》有《邹叔勋用曾涤生韵以庚韵同纽字易江韵七字见寄和答》诗题下自注云："余与叔勋两会于贵阳行都司旧署，拟各纪以诗。叔勋必欲先得吾诗就属和，而余行，稿未定，亦欲先得叔勋诗，方重整寄往。寻叔勋为致涤生、将侯两柬，遂以此诗为导，故有首六句。叔勋纂毕《贵阳志》，亟欲归去，方苦点勘未竟，而黎柏容又相率为送行诗，期其属和，故有末四句。"④

按：郑珍《巢经巢诗钞》中是年及下一年诗已亡佚，黎兆勋《侍雪堂诗钞》是年诗亦不存。莫友芝《影山草堂学吟稿·邵亭外集》《邵亭诗钞》卷四中多有与黎兆勋、郑珍遵义唱和之作，故知是年黎、郑、莫三人在遵义。

是年春，莫友芝会试下第，于琉璃厂书肆与时任翰林院侍讲学士曾国藩订交；夏

① 黎兆勋著，向有强校注：《〈侍雪堂诗钞〉编年校注》，长春：吉林大学出版社2022年版，第61页。
② 郑珍著，黄万机、黄江玲校点：《巢经巢诗文集》，上海：上海古籍出版社2016年版，第536页。
③ 同上书，第430页。
④ 张剑、陶文鹏、梁光华编辑校点：《莫友芝诗文集》（修订版），北京：人民文学出版社2013年版，第116页。

初，归至遵义影山草堂。郑珍继续掌教遵义湘川书院，冬，过水西（今黔西），与张琚（字子佩）相聚月余。

郑珍《张子佩琚诗稿序》："丁未冬过水西，乃逾月相聚。"①

道光二十八年戊申（1848）　四十五岁

居家遵义。与莫友芝、郑珍多有交游唱和。

按：黎兆勋《侍雪堂诗钞》卷二《效次山体题子尹团湖即用次山〈招孟武昌〉诗韵》及莫友芝《邵亭诗钞·子尹于望山堂下为桃湖同柏容效次山〈招孟武昌〉体并用韵落之》二诗作于是年，为三人交游唱和之佐证。团湖，又称桃湖，郑珍子午山一景。

莫友芝是年于沙滩、青田山及乐安江一带，拣取三十几个景点各赋五绝纪之，诗见《影山草堂学吟稿·邵亭外集·乐〔安〕溪三十二咏之八》及《邵亭诗钞·乐安溪……二十六题》。

道光二十九年己酉（1849）　四十六岁

秋，第十次参加乡试，落第；始援永昌军例报捐教职，署石阡府教授。到任，与石阡训导丁光钊（字敬堂）等交游。

《行状》："己酉秋，权石阡教授。"②

《墓表》："十试于乡，不得志于有司，始援永昌军例报捐教职。己酉，署石阡府教授。"③

按：郑珍《巢经巢诗钞·前集》卷八《柏容将以乡试了往权石阡教授余明日归志别二首》、莫友芝《邵亭诗钞》卷五《送柏容权石阡教授》均为送别黎兆勋赴任石阡之作。黎兆勋赴任途中，有《己酉八月奉檄权石阡教授篆道过飞云岩游观半日留题而去》诗。石阡任上，黎兆勋有《丁敬堂学博招同夏生王生游北塔》诗，莫友芝是年有《寄石阡训导丁敬堂同年》。

郑珍居遵义，时往来贵阳；莫友芝主讲湘川书院。郑、莫二人时与邹汉勋诗歌

---

① 郑珍著，黄万机、黄江玲校点：《巢经巢诗文集》，上海：上海古籍出版社 2016 年版，第 407 页。
② 黎兆勋著，向有强校注：《〈侍雪堂诗钞〉编年校注》，长春：吉林大学出版社 2022 年版，第 1 页。
③ 同上书，第 4 页。

唱和。

按：郑珍是年有《八月贵阳寄新化邹叔绩兴义四首》，莫友芝《邵亭诗钞》卷五有《寄叔勋二首》，时邹汉勋"应兴义守之聘"，作《水乌世系通考》。郑珍作《子午山杂咏十八首并序》，咏望山堂、巢经巢、乌柏轩、紫竹林、米楼、团湖、梅屺、松崖等景。

是年，唐炯（字鄂生，唐树义子）乡试中举，莫友芝六弟莫庭芝拔贡生。黎平胡长新来遵，与郑珍、莫友芝交游。黔西诗人张琚（字子佩）来遵团馆，与郑珍交游深厚，旋归。

郑珍《张子佩琚诗稿序》："丁未冬过水西，乃逾月相聚……越二年，子佩来馆吾县，意尤郁郁不乐。"①

按：胡长新（1819—1885），字子何（一作子和），黎平人，幼受业于莫友芝、郑珍，道光二十七年（1847）进士，以知县分发江苏，不就，改任贵阳、铜仁等府教授，学使以学异推荐他，擢升翰林院典簿，又不受。遂辞职还乡，主讲于黎平书院，终老不倦。著有《籀经堂诗钞》《籀经堂文钞》等，曾与黎兆勋一起编辑《上里诗系》。张琚馆遵不久，莫友芝《邵亭诗钞》卷五有《送张子佩归黔西》诗。莫庭芝（1817—1890），字芷升，一作茝升，道光三十年赴京应礼部试下第，遂绝意仕进，专心研究学问。历任永宁州学正、安顺府学训导、思南府学教授、贵州学古书院山长，一生执教四十年。著有《青田山庐诗钞》《青田山庐词钞》。他和黎汝谦编纂《黔诗纪略后编》，与莫友芝等编纂的《黔诗纪略》有"双璧"之誉。

道光三十年庚戌（1850）　　四十七岁

在石阡府教授任上。

是年春，郑珍往受威宁学正，三日还遵。秋末，再往权镇远府训导，黎兆勋有诗赠之。

郑珍《张子佩琚诗稿序》："明年（道光三十年）春，余往权教威宁……继后权镇远教。"②

按：郑珍是年有《至大定受威宁学正事三日实任者至将还赠同年杜杏园学

---

① 郑珍著，黄万机、黄江玲校点：《巢经巢诗文集》，上海：上海古籍出版社 2016 年版，第 407 页。
② 同上。

博》诗，莫友芝《郘亭诗钞》卷五《寄子尹镇远》诗题下注云："春末，子尹权威宁学正，三日而卸，秋末，复奉委署镇远府训导。"① 黎兆勋在石阡，作《子尹奉檄署镇远府训导喜赋二律赠行》。

是春，胡子何还黎平，郑、莫有诗相送。莫友芝为湘川书院山长，秋冬之际，营建新居于遵义城西南碧云山麓下，仍用"影山草堂"之名②。

按：莫友芝《郘亭诗钞》卷五有《人日送子何出城遂同宿桃源山下晋虚谷家》，郑珍《巢经巢诗集·前集》卷九有《十六日送子何归觐》。

咸丰元年辛亥（1851）　四十八岁

秋，离石阡任来贵阳选官，未果。拜谒唐树义，有词咏其"梦砚斋"，郑、莫二人亦有诗咏。

按：黎兆勋有诗《次韵芷升六弟九日过访之作余时寓大慈院》（咸丰元年），知其时在贵阳谋官运作。是年，又有《摸鱼子》词二首（《葑烟亭词》卷三），咏唐树义"梦砚斋"；是年冬，郑珍《巢经巢诗钞·前集》卷九有《梦砚斋歌为唐子方方伯赋并序》，莫友芝《郘亭诗钞》卷六有《梦砚斋歌为唐子方方伯作并序》（咸丰元年），皆咏唐树义书斋"梦砚斋"。唐树义（1793—1854），字子方，贵州遵义人，嘉庆二十一年（1815）中举，道光六年（1826）因协办审案有功，破格补任咸丰县知县，从此走上仕途。道光二十六年（1846）累官至署陕西布政使，二十七年（1847）调湖北布政使，赈灾有功，人比之"富青天"（富弼），后因与巡抚龚裕意见不合，称病辞官回乡，于贵阳筑"待归草堂"（人称"唐家花园"），闲居养老。咸丰三年（1853）诏令在籍办团练。张亮基奏调湖北，署按察使。奉命剿灭捻军，扼守随州、应山一带。太平军攻克安庆，威胁湖北，唐树义奉命驻守广济。既而黄州、汉阳相继陷落，树义征缴德安，进军滠口。咸丰四年（1854），湖广总督吴文镕在黄州大败，唐树义撤回省城，被褫职留任。率舟师抵御金口，船破，死之，谥威恪。《清史稿》有传，著《梦砚斋遗稿》《梦砚斋词》等传世。

是年正月，郑珍从镇远回遵义。莫友芝主讲湘川书院，七月初五，东汉经学大师

① 张剑、陶文鹏、梁光华编辑校点：《莫友芝诗文集》（修订版），北京：人民文学出版社2013年版，第251页。

② 同上书，第1157页。

郑玄诞辰，莫友芝、郑珍、杨开秀、萧光远等共祭祀于湘川讲舍。从弟黎庶焘
（1827—1865）乡试中举。

　　按：莫友芝《郘亭诗钞》卷六有《郑君生辰敬赋二十四韵并序》诗纪七月
五日事，郑珍和诗见《巢经巢诗钞·后集》卷一《七月初五家康成公生日莫郘亭
释奠于湘川书院余适携子赴行省以昨日宿院遂与执馔焉郘亭有诗示诸生因次其
韵》。（《巢经巢诗钞》系于咸丰二年，误）

咸丰二年壬子（1852）　　四十九岁

**春二月，客寓贵阳，拜谒唐树义，与莫友芝、莫庭芝等饮唐树义"待归草堂"，
并商略《黔诗纪略》编纂事宜。**

　　莫友芝《郘亭遗文》卷六《待归草堂后记》："咸丰壬子春，友芝走都匀省
墓，得道谒先生于兹堂。于是先生引疾已三年优游矣！其冬计偕将行，先生又此
命饮，因观王子寿比部所为记，属有所思。"①

　　《黔诗纪略》卷二十一《杨文骢》下莫友芝按语云："友芝岁壬子之都匀省
墓，道贵阳，伯庸挟《山水移集》偕诣子方方伯，饮待归草堂，遂有纪录黔诗
之议。"

　　《郘亭书画经眼录·唐杜工部赠太白绝句直幅》云："咸丰壬子中春十一日壬
辰，黎兆勋柏容、利瓦伊寅桂舲、舍弟庭芝，同观于梦砚斋，莫友芝书。"②

　　按：是时唐树义官场失意，引疾退居贵阳；兆勋来贵阳谋求差事，时莫友
芝、黎兆勋等同访唐树义，席上言及编纂《黔诗纪略》事；盖郑珍时正全力编纂
《播雅》，故未相邀。黎兆勋有《待归草堂晚饮呈唐子方方伯》诗纪之。

**秋九月，客寓贵阳，与莫庭芝、傅汝怀饮。有感于粤西太平军起义事，作《重
城》《闸渠》等诗，忧虑贵阳防御。**

　　黎兆勋《葑烟亭词》卷三《祝英台近》词序："九月二十一日，东老庵同人
小集，适傅确园先生携酒过访，席上赋呈。先生名汝怀，瓮安明经，工诗，其尊
人为傅竹庄先生。"③

---

①　张剑、陶文鹏、梁光华编辑校点：《莫友芝诗文集》（修订版），北京：人民文学出版社 2013 年
版，第 651 页。
②　同上书，第 1157 页。
③　黎兆勋：《葑烟亭词》，光绪十五年（1889）日本使署刊刻黎氏家集本第 5 册。

按：莫庭芝《青田山庐诗钞》卷上《九月廿一日伯庸招集同人于东老庵适傅确园汝怀先生至即席赋此》诗与黎词所纪为同一事。又郑珍道光三十年赴任威宁学正途中经黔西时，曾拜谒傅确园，有《赠瓮安傅确园明经时为黔西主讲》诗纪之，盖此时傅汝怀亦至贵阳谋官。黎兆勋是年尚有《九日傅山人携酒过访》诗。

冬，仍在贵阳，送从弟黎庶焘、庶蕃北上赴礼部试，有诗《送从弟庶焘庶蕃计偕北上》。

按：是年秋，大弟黎兆熙（1810—1852）病逝，从弟黎庶蕃（1829—1886）乡试中举，十一月，与兄庶焘联袂北上应试，郑珍《巢经巢诗钞·后集》有《送表弟黎筱庭椒园赴礼部试》诗，后因太平军攻占武昌、岳阳，道梗返遵。

是年，郑珍常在贵阳。秋，郑珍送子知同参加乡试，拜谒唐树义；为莫友芝作《〈郘亭诗钞〉序》。郑珍《巢经巢诗钞》望山堂家刻本刊行。

赵懿《巢经巢诗钞后集跋》（高本）："自壬子以后，山居日少，时赴行省，主唐子方方伯家。"[1]

郑珍《〈播雅〉自序》（癸丑三月）："去秋在行省见前辈唐子方方伯。"[2]

是年，莫友芝主讲湘川书院。春，回都匀奔岳母丧，并省祖墓；夏返遵义。秋，拟进京赴礼部试，兼侯大挑。冬，北上入京应试，黎兆勋有《送郘亭莫五入都》诗。腊月中旬，行至湖南澧州顺林驿，闻太平军已攻克武昌、岳阳，北上道阻，乃自贵阳返遵义，郑珍时客贵阳，《巢经巢诗钞·后集》卷一有《石头山歌送郘亭还郡》相送。

咸丰三年癸丑（1853）　五十岁

客寓贵阳。秋，得官开泰县训导，十月赴任。

《行状》："己酉秋，权石阡教授……又二年，补开泰训导，课士一如石阡。"[3]

---

① 郑珍著，黄万机、黄江玲校点：《巢经巢诗文集》，上海：上海古籍出版社 2016 年版，第 568 页。

② 同上书，第 394 页。

③ 黎兆勋著，向有强校注：《〈侍雪堂诗钞〉编年校注》，长春：吉林大学出版社 2022 年版，第 1 页。

《墓表》：“己酉，署石阡府教授。又二年，补黎平府开泰县训导。”[①]

按：据上引，似乎黎兆勋从事开泰在咸丰元年，莫友芝《郘亭诗钞》卷六《送柏容之开泰训导》亦系于咸丰元年，均误。假若咸丰元年黎兆勋已从事开泰，则咸丰二年二月断无在唐树义“待归草堂”相饮之理。又细味黎兆勋咸丰二年冬所作《送从弟计偕北上》诗，其四云：“纷吾重修能，采芳佩兰杜。麋鞈歌尧天，置缶空击鼓。追思畴昔怀，百怪栖肺腑。既钻屈瀫瓠，屡折明夷股。今年贵阳游，此计更无补。”“纷吾”以下六句写自己怀才不遇，内心五味杂陈，后四句以大瓠被钻比喻出仕，以明夷卦夷股爻辞喻求仕屡挫不顺，而今年的贵阳之行更是于事无补，徒增郁闷。又《送郘亭莫五入都》（咸丰二年冬）云：“缅怀畴昔游，自命必词伯。愁歌宝剑篇，气轹金闺籍。胡为联古欢，廿载滞山宅？我穷闲学仙，君发亦近白。”此诗追怀昔日才志，想起当下处境，滞留山宅，苦挨岁月，闲来学仙，可见此时尚在山野。盖对贵阳谋差这段经历，兆勋的两位从弟庶焘、庶昌在《行状》《墓表》中均不提及，一是其时二弟尚小，不明其中原委，二亦似有意隐讳。今据所作诗歌考校，这是一段颇为艰辛的历程，黎兆勋在他的诗中多有书写和倾诉。又稽考《山程》《十月十五贵定旅舍寄家人书题后》《都江放船下古州》诸诗所留线索，知黎兆勋咸丰三年（1853）秋安置完家事，便由遵义出发，南下经贵定后东南折向都江（今三都），再放船下古州（今榕江）至黎平。

郑珍是年春作《送唐子方方伯奉命安抚湖北兼寄王子寿主事》，送唐树义署湖北按察使；檄权仁怀厅学务，不就。

赵懿《巢经巢诗钞后集跋》（高本）：“自壬子以后，山居日少，时赴行省，主唐子方方伯家。（咸丰三年）檄权仁怀厅学务不就，以编纂《播雅》故也。”[②]

莫友芝为湘川书院讲席，作《癸巳三月遵义三异记》，记录是年三月遵义发生的天灾、考试之乱和征粮之乱，这些事件直接导致咸丰四年杨龙喜遵义起事。三月下旬，往独山奔长兄丧；夏末，返遵义，仍主湘川书院讲席。[③] **是年莫友芝亦常往来贵阳。**

---

① 黎兆勋著，向有强校注：《〈侍雪堂诗钞〉编年校注》，长春：吉林大学出版社 2022 年版，第 4 页。

② 郑珍著，黄万机、黄江玲校点：《巢经巢诗文集》，上海古籍出版社 2016 年版，第 568 页。

③ 张剑、陶文鹏、梁光华编辑校点：《莫友芝诗文集》（修订版），北京：人民文学出版社 2013 年版，第 1158 页。

咸丰四年甲寅（1854）　五十一岁

在黎平府开泰县训导任上，蒐辑《黎平诗系》及采集清代黔诗，又奉府檄委办南路团练。

《行状》："暇复重编董忠烈公三误《莲花山墓纪略》，又蒐辑明末贞臣逸士零章断句为《黎平诗系》，又欲辑本朝贵州人诗，拳拳于乡先掌故。未几古州苗变，洊扰黎平，兄奉檄防堵，出入蛮乡瘴岭间，濒危者屡矣。"①

郑珍《与胡长新书》（咸丰四年甲寅）："黎平一带，终非安国……柏容闻受檄防御黔粤界。珍诚怯弱，不敢言兵，又未知现今两界是何景象。柏兄生平喜事，好奇计，知必如所愿。"②

按：是年三月，独山杨元保率领布依族民众起义，拉开了贵州咸同起义的序幕。莫庭芝《青田山庐诗钞》卷上《寄伯庸》（咸丰甲寅四年）诗云："昨日书来感离索，剧道年年宦情恶……春事匆匆客中了，更写相思寄远道。远道漫漫豺虎多，何时出险逾牂牁。牂牁江头又烽火，涕泪南麓双滂沱。君乎作计直早决，莫向人前肆谈说。"③又兆勋有《奉府檄委办南路团练途中感事》，以此推知黎兆勋受檄委办南路团练当在秋冬之季。

是年，黔北战乱。莫友芝主讲湘川书院，有《遵乱纪事》等诗，黎恂挈家至石阡避乱，黎兆勋有《闻遵义贼氛太剧排闷》等诗。郑珍是年多在贵阳，冬，补荔波县训导。

赵懿《巢经巢诗钞后集跋》（高本）："甲寅，杨龙喜寇遵义，适选荔波教谕，十一月遂挈眷之官。自平越（今福泉）与家人别，令先往都匀，只身赴省垣领凭。"④

按：是年八月，桐梓县斋教领袖杨凤与遵义人舒光富在桐梓九坝场发动农民起义；自九月始起义军围攻遵义长达四月之久，建立了以赛波府（九坝场）为中心，包括兴州（桐梓）、新开（仁怀）和遵义城周围的根据地。

是年，湖北巡抚唐树义与太平军作战殉职，黎兆勋、郑珍等皆有悼挽诗。傅汝怀

---

① 黎兆勋著，向有强校注：《〈侍雪堂诗钞〉编年校注》，长春：吉林大学出版社2022年版，第1-2页。
② 郑珍著，黄万机、黄江玲校点：《巢经巢诗文集》，上海：上海古籍出版社2016年版，第525页。
③ 莫庭芝：《青田山庐诗词》，光绪十五年（1889）日本使署刊刻黎氏家集本第10册。
④ 郑珍著，黄万机、黄江玲校点：《巢经巢诗文集》，上海：上海古籍出版社2016年版，第568页。

谢世，黎兆勋作《挽傅确园先生》。

咸丰五年乙卯（1855）　五十二岁

在黎平府开泰县训导任上，蒐辑《黎平诗系》及采集清代黔诗，有诗《手缉黎平明季诗系二卷呈赵雨三校正索赋二律》；又奉府檄委办南路团练，有《高微山寨旅夜》等诗纪戎旅。

郑珍补荔波县训导；荔波乱，官军不能制，遂辞职回贵阳，十月抵筑，栖于待归草堂，作《抵贵阳喜晤莫郘亭莛升唐鄂生因怀黎伯容》诗，有“谁欤致声与黎檬，盍早归乎共林卧”[①] 之句。

> 赵懿《巢经巢诗钞后集跋》（高本）：“乙卯正月至都匀，先后痘殇长孙儿女。侨寄月余，始往荔波。五月而水苗乱作，县令蒋嘉谷病，不能办贼，外祖（郑珍）募练设关防御，乞援于南丹土知州莫树棠……乃弃官挈家走南丹，经罗斛旋省。”[②]

莫友芝在遵义整理战乱所存文稿。秋，赴贵阳，欲返独山探亲，因战乱道不通，无奈回返贵阳，与唐炯、郑珍、莫庭芝等时常相聚；冬末，返回遵义。[③]

咸丰六年丙辰（1856）　五十三岁

在黎平府开泰县训导任上，奉府檄委办南路团练。从事开泰县已届三年，多有谋划而不见信用，颇感怀才不遇。

> 黎兆勋《三月十六日柬胡子何学博》：“五岳寻仙辞不借，三年服药待当归。”[④]
>
> 黎兆勋《七夕感念往事》：“七夕银河星月寒，三年秋梦影珊珊。”[⑤]
>
> 按：上引黎兆勋两首作于是年，皆有“三年”云云，为其咸丰三年秋赴任开

---

① 郑珍著，黄万机、黄江玲校点：《巢经巢诗文集》，上海：上海古籍出版社 2016 年版，第 211－212 页。

② 同上书，第 568 页。

③ 张剑、陶文鹏、梁光华编辑校点：《莫友芝诗文集》（修订版），北京：人民文学出版社 2013 年版，第 1159 页。

④ 黎兆勋著，向有强校注：《〈侍雪堂诗钞〉编年校注》，长春：吉林大学出版社 2022 年版，第 102 页。

⑤ 同上书，第 106 页。

泰至今届满三年之诗证。又《侍雪堂诗钞》卷三《由宰蒿泛带练勇逐贼至平定堡晓行大雾中因忆鲍明远"腾沙郁黄雾，翻浪扬白鸥"之句遂用其字为韵》组诗及《病起率书》《羁客吟》《肩舆行罗里山中闻松声而作》《夜梦东溪晓起杂感二首寄舍弟少存》《归兴四首》诸诗，奔向仕途又背向官场，作出不如归去的姿态，皆有怀才不遇之嗟。

冬，因患病由省垣回家，有《十一月十八日因患病由省垣回家值手植江梅花盛开病稍减偕诸弟往观二首》等诗。

是年，莫友芝受遵义县令颜昆阳礼聘为启秀书院主讲。郑珍曾短暂入贵阳知府刘书年幕府，后回遵义。

> 赵懿《巢经巢诗钞后集跋》（高本）："（咸丰）丙辰，贵阳太守刘书年招致幕中，欲更卜居东山之丘，不果，遂还山。"①

咸丰七年丁巳（1857）　五十四岁

在黎平府开泰县训导任上，奉府檄委办南路团练。夏，卧病黎平。

按：黎兆勋在黎平开泰县任上，曾有两次大病：一次是咸丰六年十一月患疮毒，后回遵义调养。《侍雪堂诗钞》（光绪黎氏家集本）有《十一月十八日因患病由省垣回家值手植江梅花盛开病稍减偕诸弟往观二首》，此诗同治敦复堂刻本标题为《十一月十八日因患疮毒由省垣回家值手植江梅花盛开毒病稍减偕诸弟往观二首》②，故知其时所患之病为疮毒。第二次是咸丰七年夏，黎兆勋《暑夜卧病柬徐镜秋学博》诗（咸丰八年）："去年书夏五，卧病黎平城。"这一次为"河鱼之疾"，即腹疾，曾因病至贵阳拜谒贵西道承龄，其《上承尊生观察》诗有云："末秩奉征调，远戍九虎山。兵微贼氛炽，粮尽元戎还。驰驱返故廨，十日九得餐。因缘河鱼疾，来趋贵阳垣。"③ 此病盖因行军气候、饮食等原因造成。

秋，擢湖北鹤峰州州判，腊月赴任武昌。

按：黎庶焘《行状》说"后以防苗功，擢湖北鹤峰州州判。兄念两亲年高，不欲远离，而雪楼府君归老林下，杖履方健，促令出山。丙辰秋赴鄂，至则益阳

---

①　郑珍著，黄万机、黄江玲校点：《巢经巢诗文集》，上海：上海古籍出版社2016年版，第568页。

②　黎兆勋：《侍雪堂诗钞》，同治四年（1865）敦复堂刻本，中国国家图书馆藏。

③　黎兆勋著，向有强校注：《〈侍雪堂诗钞〉编年校注》，长春：吉林大学出版社2022年版，第115页。

胡文忠公方开府是邦，以兄才士，又黎平故吏也，留居省垣摄藩照磨"①。"丙辰"为咸丰六年；黎庶昌《墓表》不言赴鄂时间。今详莫友芝《邵亭遗诗》卷四《送黎柏容之鹤峰州判》及郑珍《巢经巢诗钞·后集》卷三《送柏容之鹤峰州州判任二首》均系于咸丰七年冬，郑珍送别时在遵义，莫友芝则在贵阳，莫诗言及赴鄂始末："妖烽沸西南，三年莽犹炽。顸顸恣狼餐，奕奕矜孔翠。黎生困儒官，阴符豁胸次。一朝跨鞍马，便有幽并气。镡岭何纠盘，盗弄方得志。迅雷飞一旅，往往剪其翅。惜哉所筹策，十不用一二。遽催巴东行，哀猿引愁思。判司笑高迁，未抵螃蟹贵。昨来辞监巡，苍然列长议。四座苦欲留，咄咄怪当事。""当事"句下自注云："君以黎平一带防剿事宜呈巡道，刘仙石太守、尊生承龄观察皆拟不放君行，当事者漫不省也。"② 此诗"妖烽"二句言咸丰四年独山杨元保起义至今已三年尚未戡定，而黎兆勋之防剿筹策彰显了他的治才，但又得不到信用，还被上报朝廷迁调湖北，刘书年、承龄等官员不想让他赴任，但当事者执意放行，遂有湖北之任。黎兆勋赴任前，曾至贵阳拜谒贵西道承龄，有《上承尊生观察》诗："因缘河鱼疾，来趋贵阳垣。蒙公重拂拭，接待礼数宽。自分从军子，顾步诚蹒跚。徒观孙楚揖，未识田子魂。遂求隶公部，草檄供文翰。进可谢行列，退可崇儒冠。不图所谋异，有似风沙抟。复作镡城役，瘴疠蒸肺肝。戍卒死原野，人命同草菅。我行亦病痁，去意空盘桓……捧檄有程期，敢歌行路难……依依旧吟侣，促促征夫鞍。行将别公去，扁舟凌楚滩。"③ 可知黎兆勋本想进贵西道承龄帐下为文职，而所谋未遂；湖北催促赴任，走得又匆忙。检《侍雪堂诗钞》卷三《三度关旅夜》《七星关晓发》《晓雪山行》《腊月十八夜舟行大江风剧不能泊岸》诸诗，可知黎兆勋于是年腊月赴任湖北，其从弟黎庶蕃《椒园诗钞》卷一《晚步鹦鹉洲遂登晴川阁追忆伯庸从兄二首》其二诗句"薄宦淹留近八年"下亦有自注，云："兄以咸丰七年至鄂。"④ 综上可知，黎兆勋赴任湖北当在咸丰七年冬。

是年夏，莫友芝应聘贵阳知府刘书年家塾讲席，与刘书年、贵州按察使裕瑚鲁承

---

① 黎兆勋著，向有强校注：《〈侍雪堂诗钞〉编年校注》，长春：吉林大学出版社2022年版，第2页。

② 张剑、陶文鹏、梁光华编辑校点：《莫友芝诗文集》（修订版），北京：人民文学出版社2013年版，第338页。

③ 黎兆勋著，向有强校注：《〈侍雪堂诗钞〉编年校注》，长春：吉林大学出版社2022年版，第115页。

④ 黎庶蕃：《椒园诗钞》，光绪十五年（1889）日本使署刊刻黎氏家集本第7册。

龄（号尊生）及六弟莫庭芝时常相聚唱和；中秋曾回遵义，并取冬装。①

　　郑珍是年长居遵义。

　　　　赵懿《巢经巢诗钞后集跋》（高本）："丁巳，遣舅氏伯更（郑知同）先生往就幕，而己独居山中，成《轮舆私笺》《说文逸字》《汗简笺正》等书。"②

咸丰八年戊午（1858）　　五十五岁

是年在湖北，檄署藩照磨兼盐库大使。

　　　　《行状》："至则益阳胡文忠公方开府是邦，以兄才士，又黎平故吏也，留居省垣摄藩照磨。"③

　　　　《墓表》："至楚，檄署藩照磨兼盐库大使。"④

　　　　按：是年黎兆勋作有《正月十九日出游登眺》《陆镇寓窗望江中落月》《蒲圻舟中念少存弟》《金塘客寓》《武昌秋夜》《闻曾涤生侍郎兵过武昌剿办湘西贼匪》等诗。

夏，胞弟黎兆铨（字季和）、黎兆普（字少存）至鄂。

　　　　按：郑珍是年孟夏九日有《积雨中送季和往通城兼寄柏容》。黎兆勋是年九月有《到安陆寓僧舍不得舍弟（同治本"舍弟"作诠、普两弟）消息》，兆铨、兆普随兄在鄂有时。

莫友芝在刘书年家塾，数往返贵阳、遵义；秋欲计偕赴京，推荐郑珍继主贵阳知府刘书年家塾讲席；冬十二月，偕子绳孙赴京。⑤

　　　　郑珍《贺新郎》并序："咸丰戊午秋尽，余出山馆贵阳，与邵亭弟东西头住，聚及半月。邵亭将还影山草堂，遂北赴礼部明年试。斯行也，复及选格。念往计来，歌此送之。冬十一月朔二日。"⑥

----

　　① 《英友芝事迹简编》，载张剑、陶文鹏、梁光华编辑校点《莫友芝诗文集》（修订版），北京：人民文学出版社 2013 年版，第 1160 页。

　　② 郑珍著，黄万机、黄江玲校点：《巢经巢诗文集》，上海：上海古籍出版社 2016 年版，第 568 页。

　　③ 黎兆勋著，向有强校注：《〈侍雪堂诗钞〉编年校注》，长春：吉林大学出版社 2022 年版，第 2 页。

　　④ 同上书，第 4 页。

　　⑤ 张剑、陶文鹏、梁光华编辑校点：《莫友芝诗文集》（修订版），北京：人民文学出版社 2013 年版，第 1160 页。

　　⑥ 郑珍著，黄万机、黄江玲校点：《巢经巢诗文集》，上海：上海古籍出版社 2016 年版，第 328 页。

郑珍长居遵义，十月初赶至贵阳话别莫友芝，有《贵阳送郘亭赴京就知县选兼试春官》，除日回遵义。

赵懿《巢经巢诗钞后集跋》（高本）："（咸丰）戊午，在山中。"①

郑珍《二月二十日以病新愈命同儿赴贵阳书寄刘仙石观察》（咸丰九年）："忆我除日归，绝粒已半月。"②

咸丰九年己未（1859）　五十六岁

檄署藩照磨兼盐库大使，常至安陆府治地钟祥及汉阳府新堤（今属洪湖市）"司馈饷捐输事"。

龚昌运《〈侍雪堂诗钞〉序》："咸丰四年秋，流寇逼郢郡，合境团练为防御计。钟祥，太守治所也，黎君以藩署参军奉檄来司馈饷捐输事，余始获与订交。"③

按：黎兆勋檄署藩照磨兼盐库大使虽隶属湖北布政使司，但可能直接受命于湖北巡抚胡林翼，为其筹集军饷钱粮之事效犬马之劳，是年作《自安陆府舟行赴黄州谒胡中丞》可证，胡林翼曾官黎平知府，为黎兆勋在开泰县任上的上级。

夏秋之际，胞弟黎兆祺自成都来鄂，黎兆勋以诗集《侍雪堂诗钞》出示，令兆祺删定。约翌年春，兆祺离鄂回黔。

黎兆祺《〈侍雪堂诗钞〉后序》："兄官楚北，祺随往省，时与王君子寿、龚君子贞、徐君子楞畅论篇章。出平生诗词示祺，因令删定，遂敢略剪繁芜，得诗四百余首。顷即匆匆旋里，不相见者三年。"④

按：是时兆铨、兆普在鄂为伴，兆勋有《雪夜书事》《正月念九日舍弟兆铨步登阳春台山顶观汉上风雪回述其景》《三月三日偕舍弟游元佑观诸寺感事》诸诗。至是兆祺来鄂，有《舍弟介亭自成都来楚，适予由武昌赴新堤，相遇于乌陵江上》《介亭口述望山先生将有入蜀之行》《客舍无事示祺铨两弟》及《送舍弟介亭归里》四首。望山先生，指郑珍，因其望山堂而称之。

---

① 郑珍著，黄万机、黄江玲校点：《巢经巢诗文集》，上海：上海古籍出版社2016年版，第568页。
② 同上书，第250页。
③ 黎兆勋著，向有强校注：《〈侍雪堂诗钞〉编年校注》，长春：吉林大学出版社2022年版，第6页。
④ 同上书，第237页。

是年春，郑珍病，二月病愈后辞刘书年书馆；季弟郑珏亡；十月，往依四川南溪县令表弟唐炯，腊尽回遵。

> 赵懿《巢经巢诗钞后集跋》（高本）："（咸丰）己未，湄潭贼起，乃欲游蜀依唐公鄂生。出仁怀至南溪，值乱，又闻湄贼犯遵义，急驱归。而家人已徙真安，绕南川入蜀，抵南溪矣。"①
>
> 郑珍《张子佩琚诗稿序》："至己未腊尽，余自蜀还及仁怀。"②

春，莫友芝入闱应试，仍未售；夏四月，援例引见，奉旨以知县用；在京等候补缺期间，与祁寯藻、王少鹤、许乃普、张之洞、王闿运等名流交接；因生计艰难，往依赵州陈钟凡度岁③。

咸丰十年庚申（1860）　五十七岁

橄署藩照磨兼盐库大使，常至安陆府治地钟祥及汉阳府新堤（今属洪湖市）"司馈饷捐输事"。春夏之际，从弟黎庶昌自遵义来武昌，足资北附顺天乡试。

> 郑珍《巢经巢文集》卷二《送黎莼斋表弟之武昌序》（庚申）："表弟黎莼斋行谨而能文，自弱冠补廪膳生，久屈于不试。将适武昌省其从兄，拟足资遂北附顺天乡试。"④

九月下旬，老友莫友芝自京师抵武昌，与黎兆勋相晤，留十余日，为黎兆勋《石镜斋集》作序。黎兆勋有《喜郘亭五兄自都下至武昌》。

> 莫友芝《〈石镜斋诗略〉序》："咸丰庚申秋杪，余自京师还，道鄂，尊酒话旧，流连浃辰，皆颓然老境，无复昔年豪纵。丞待付梓其诗，而《侍雪》旧编半不存箧中，因先以《石镜斋集》而为之引其端。十月五日书于石镜斋。"⑤
>
> 按：咸丰十年（1860）八月，英法联军攻入北京，洗劫和焚烧了圆明园，莫友芝避乱出都，自河南独树驿下湖北，经襄阳、潜江至武昌，与黎兆勋有此一聚。黎兆勋是年常怀归隐之念，多怀才不遇之感，有《感春十五首》《涧兰》

① 郑珍著，黄万机、黄江玲校点：《巢经巢诗文集》，上海：上海古籍出版社 2016 年版，第 568 页。
② 同上书，第 408 页。
③ 张剑、陶文鹏、梁光华编辑校点：《莫友芝诗文集》（修订版），人民文学出版社 2013 年版，第 1161 页。
④ 郑珍著，黄万机、黄江玲校点：《巢经巢诗文集》，上海：上海古籍出版社 2016 年版，第 404 页。
⑤ 张剑、陶文鹏、梁光华编辑校点：《莫友芝诗文集》（修订版），北京：人民文学出版社 2013 年版，第 581 页。

《溪竹》等诗。

是春三月，莫友芝试恩科未中，而截取知县日期难定，生活无着，遂决意出京；八月英法联军攻入北京，遂避乱出都之武昌见老友黎兆勋，有《潜江阻风寄柏容》《抵鄂城寻柏容饮次京师及故乡警报沓至》等诗，留武昌夹辰，十月八日，沿江东下之怀宁探望九弟莫祥芝。① 黎兆勋有《送郘亭之怀宁县署》。郑珍是年避乱桐梓，居数月，与赵旭为邻，多有唱和，作《避乱纪事》等诗；后返遵义。

> 赵懿《巢经巢诗钞后集跋》（高本）："（咸丰）庚申，探得之，召归，遇于桐梓，遂侨居魁崖侧数月，仍返遵义。"②

咸丰十一年辛酉（1861）　五十八岁

檄署藩照磨兼盐库大使。时在鄂所交游者，有龚昌运、王柏心、徐华亭、李鸿裔、但培良等。八月，湖北巡抚胡林翼病逝，黎兆勋极为沉痛地写下《部曲》诗以表哀悼，叹报恩无时，命运不济。

是春，莫友芝先后拜访曾国藩于祁门、拜访胡林翼于太湖，因道路不畅留胡幕襄赞笔墨，并与但培良、彭玉麟、李续宜、翁同书等交游。三月，受胡林翼委托往武昌为其校所著《读史兵略》，五月校毕，期间与黎兆勋、廖文善、刘熙载、但培良、李鸿裔、阎敬铭等交游。六月，以《读史兵略》交付胡林翼，遂告别往双流大营谒曾国藩，从此依曾氏十年之久③。

是年，郑珍在遵义，主讲湘川、启秀两书院。

> 赵懿《巢经巢诗钞后集跋》（高本）："（咸丰）辛酉、壬戌，主讲湘川、启秀书院。时朝廷诏以江苏知县补用，道梗不得出。"④

同治元年壬戌（1862）　五十九岁

檄署藩照磨兼盐库大使，是年多在武昌。

正月，遵义禹门寺寨遭战乱，里宅悉毁，郑珍望山堂亦遭焚烧。黎兆勋有《元年

---

① 张剑、陶文鹏、梁光华编辑校点：《莫友芝诗文集》（修订版），北京：人民文学出版社2013年版，第1161－1162页。

② 郑珍著，黄万机、黄江玲校点：《巢经巢诗文集》，上海：上海古籍出版社2016年版，第568页。

③ 张剑、陶文鹏、梁光华编辑校点：《莫友芝诗文集》（修订版），北京：人民文学出版社2013年版，第1162－1163页。

④ 郑珍著，黄万机、黄江玲校点：《巢经巢诗文集》，上海：上海古籍出版社2016年版，第568页。

正月山贼窜扰乡里山中书来诸弟促归意切明日出游书愤寄王敦亭大令》《检书》诸诗，有"故巢三万轴，回首已成烟"之句；郑珍有《闻初十日贼据禹门寺纵烧诸村》《闻望山堂以十七日为贼所毁书示儿》《埋书》诸诗。

冬，黎兆祺子汝勤来武昌省视，有《汝勤侄自乡里来武昌遣其仆夫先归书寄汝弼侄》《雪夜忆梅示汝勤》。

> 按：黎兆勋当时亦颇欲结交部分要员，这些要员多为胡林翼所荐，有时署湖北布政使阎敬铭、湖北盐法武昌道盛康、鹤峰知州梁元珠及后来湖北布政使唐训方、按察使厉云官等，这些地方要员多为胡林翼、曾国藩所荐，但仍感前程暗淡，心灰意冷，在仕与隐的挣扎中困顿忧愁又孤立无助。

是年，莫友芝在曾国藩安庆幕中；郑珍在遵义，主讲湘川、启秀两书院，在川为官的表弟唐炯及好友黄彭年寄来川资，邀他再去蜀中，以完浣花之约，瞻拜诗圣杜甫遗址，于是郑珍携家由遵义城返回禹门山，打算祭拜先祖后便启程入川，因道路阻塞，只得留在山寨。

同治二年癸亥（1863）　　六十岁

檄署藩照磨兼盐库大使。秋，出调随州州判。

> 按：《行状》云"癸亥，调补随州州判"，是；《墓表》云"同治元年，调补随州州判"，误。检黎兆勋《喜从弟莼斋自都门来武昌》诗，有"我官武昌不得尔消息"[1] 句，据查：同治元年秋，黎庶昌（字莼斋）参加应天府乡试不第；七月二十八日，慈禧太后下诏求言，黎庶昌以诸生献万言策，奏陈国家应当变革者十五条，切中时弊，得到朝廷重视，以知县发往曾国藩大营查看委用；是年十二月二十一日，曾国藩接到上谕，在《黎庶昌请留江苏候补片》中说："前因贵州贡生黎庶昌呈递条陈，言尚可采，当降旨赏给知县，交曾国藩差遣委用。该员以边省诸生，抒悃上言，颇有见地，其才似堪造就，诚恐年少恃才，言行或未能符合，着俟该员到营后，由该大臣留心察看，是否有裨实用，不致徒托空言，附便据实具奏。"[2] 同治二年初春，黎庶昌由北京启程，经由武昌，三月到达曾国藩安庆大营。故知黎兆勋《喜从弟莼斋自都门来武昌》及其《送从弟莼斋从军曾节相

---

[1]　黎兆勋著，向有强校注：《〈侍雪堂诗钞〉编年校注》，长春：吉林大学出版社 2022 年版，第 221 页。

[2]　曾国藩：《曾国藩全集》（修订版），长沙：岳麓书社 2011 年版，第 225－226 页。

大营》均作于同治二年春，且由《出汉阳门渡江感怀》诸诗可证同治二年秋以前黎兆勋均在武昌。故黎兆勋出判随州，必在同治二年秋。

是年，郑珍留居禹门山寨，莫友芝仍在曾国藩安庆大营。

同治三年甲子（1864）　六十一岁

在随州州判任上。春，接到父亲黎恂去世的讣告，即奔丧返里，一路水陆并行数千里，旅途劳顿，饮食失节，到家后又哀伤过度，丧事完毕后感染时疫，于是年八月二十日病逝。

《行状》："遭雪楼府君忧，奔丧旋里。兄痛一官羁滞，未得躬亲敛窆，哀毁之余偶染时疾，十日竟卒，同治甲子八月二十日也，享年六十有一。"①

《墓表》："（同治三年）八月二十日亦卒，春秋六十加一。"②

按：同治二年八月二十九日黎恂病卒于禹门，时黎兆勋正调任随州，因黔北战乱未定等原因，黎兆勋接到讣告时已在同治三年春，黎兆勋因不能膝前尽孝送终颇为悲痛，丧事后一病不起。

九月，郑珍病卒。

赵懿《巢经巢诗钞后集跋》（高本）："（咸丰）癸亥，移归禹门山寨，至甲子九月而疾终。"③

是年，莫友芝在安庆幕中，之后清军攻克金陵（南京），遂随曾国藩入金陵幕中。此后，莫氏一直依曾氏从事古籍整理工作，往来苏州、扬州、常州等地，同治十年（1871）九月病发兴化舟中，卒。④

---

① 黎兆勋著，向有强校注：《〈侍雪堂诗钞〉编年校注》，吉林大学出版社 2022 年版，第 2 页。
② 同上书，第 4 页。
③ 郑珍著，黄万机、黄江玲校点：《巢经巢诗文集》，上海：上海古籍出版社 2016 年版，第 568 页。
④ 张剑、陶文鹏、梁光华编辑校点：《莫友芝诗文集》（修订版），北京：人民文学出版社 2013 年版，第 1164－1176 页。

古代艺术研究

从《昭君怨》看汉代琴乐与琴歌的演艺特点[*]

张　伟^{**}

【内容提要】汉代音乐俗盛雅衰，但雅乐衰而未亡。汉末蔡邕编撰的《琴操》中收录了二十一首"河间杂歌"，其中影响最大的为《昭君怨》。《昭君怨》的解题与史实有不少出入，琴家为吸引听众而在解题中采取了虚实结合的方式。《昭君怨》歌词具有雅化倾向，当有文人参与创作。琴乐为雅乐之流，汉代琴歌具有雅乐性质，同时也受到了俗乐的影响。《昭君怨》对后世文学史和音乐史都产生了深远影响。琴乐的表演形式处于动态的变化、生成过程中，打上了时代审美风气的烙印。《昭君怨》作为汉代流传的琴曲，与散乐、百戏等俗乐不同，反映了琴乐演艺以雅为主的基本特征。《昭君怨》为我们解剖汉代琴乐的演艺史与接受史提供了很好的契机，值得我们重视。

【关键词】《昭君怨》　《琴操》　河间杂歌　琴乐　琴歌

汉人称琴为雅琴，琴乐是儒生文士最喜爱的音乐。琴歌是汉代音乐文学的结晶。钱志熙在《汉魏乐府艺术研究》中指出："狭义的乐府诗就是指汉代的俗乐歌辞，因为乐府所掌均为俗乐。其余入乐歌辞如郊庙歌辞、琴曲歌辞均带有雅乐性质，所以严

---

   * 【基金项目】湖南省哲学社会科学基金项目"两汉魏晋南北朝乐府诗研究史论"（1920－2021）（21YBA293）

   ** 【作者简介】张伟，女，1983年生，湖南益阳人，文学博士，湖南省社会科学院文学研究所副研究员，研究方向：乐府学、古代诗文评。

格地说不能算乐府诗。未入乐的杂歌谣辞，更不能算乐府诗。但是，由于汉代俗盛雅衰之现象，所以汉的一切音乐未有不受俗乐影响者，汉的一切歌诗也未有不受俗乐歌辞影响者。"① 钱志熙认为琴曲歌辞偏于雅乐，但汉代一切歌诗未有不受俗乐歌辞的影响，但并未分析琴曲歌辞如何受到俗乐的影响。本文试以东汉末年蔡邕编纂的《琴操》中流传最广的《昭君怨》（又名《怨旷思惟歌》）为例，从解题、歌辞、琴乐三方面来分析汉代琴乐和琴曲歌辞在雅俗方面的特征，附带论及"河间乐"与河间献王搜求雅乐、河间国的俗乐氛围、《琴操》的编纂等问题，以分析汉代琴乐和琴曲歌辞的接受史。

一、解题的俗化

《怨旷思惟歌》收入《琴操下·河间杂歌》，郭茂倩《乐府诗集》卷五十九《琴曲歌辞》名《昭君怨》。《琴操》是我国现存最早的琴曲解题专著。

琴乐是一种注重感官体验的娱乐形式。早期琴曲的娱乐性表现在三个方面：故事（即解题）、歌曲伴唱和琴乐演奏。上古至汉代的琴歌是人物故事型琴歌。《琴操》解题是琴家对琴歌本事的讲述。歌者通过对历史故事进行加工处理，使之具有更强的吸引力。森川加代子指出："汉代琴歌创作中的民间性，还表现在许多琴歌都具有生动的故事性。有些比较复杂的情节，还先通过口头解说，让听者大致明白所要表达的内容后，再慢慢地弹唱。如桓谭《琴道》记载雍门周为孟尝君弹琴，杨雄（笔者注：'杨'当为'扬'）《琴清英》所述孙息为晋王鼓琴（《全汉文》），都采用了这种讲唱故事的方式。这一点与后世曲艺、说唱很相似。那么为什么汉代琴歌具有故事性的特点呢？我想也许是这种通俗易懂的讲故事形式更能吸引汉代老百姓，所以才会如此。"②

那么《昭君怨》的解题是如何讲述昭君出塞故事的呢？《琴操》自宋以后亡佚，清末辑佚的版本在唐、宋时期《昭君怨》解题的基础上增添了许多细节，因其版本存在争议，故不列入讨论范围。唐以前的《昭君怨》解题，笔者经眼的有三种版本。唐代《文选》李善注版、吴兢《乐府古题要解》版和宋代郭茂倩《乐府解题》版。

李善引《琴操》曰："王襄女，汉元帝时献入后宫，以妻单于。昭君心念乡土，乃作怨旷之歌。"③ 唐吴兢撰《乐府古题要解》卷上《王昭君》引《琴操》曰：

① 钱志熙：《汉魏乐府艺术研究》，北京：学苑出版社 2011 年版，第 69 页。
② ［日］森川加代子：《论汉代的琴歌》，《音乐艺术：上海音乐学院学报》1995 年第 1 期，第 75 页。
③ 萧统编，李善注：《文选》卷十八，上海：上海古籍出版社 2014 年版，第 846 页。

《琴操》载：昭君，齐国王穰女。端正闲丽，未尝窥看门户。穰以其有异于人，求之者皆不与。年十七，献之元帝。元帝以地远不之幸，以备后宫。积五六年。帝每游后宫，昭君常恐不出。后单于遣使朝贺，帝宴之，尽召后宫，昭君乃盛饰而至。帝问："欲以一女赐单于，谁能行者?"昭君乃越席请往。时单于使在旁，帝惊恨不及。昭君至匈奴，单于大悦，以为汉与我厚，纵酒作乐。遣使者报汉，送白璧一双、骏马十匹、胡地珠宝之类。昭君恨帝始不见遇，乃作怨思之歌。单于死，子世达立。昭君谓之曰："为胡者妻母，为秦者更娶。"世达曰："欲作胡礼。"昭君乃吞药而死。①

宋代郭茂倩《乐府诗集·琴曲歌辞·昭君怨》解题曰：

王嫱，字昭君。《琴操》载："昭君，齐国王穰女。端正闲丽，未尝窥门户。穰以其有异于人，求之皆不与。年十七，献之元帝。元帝以地远不之幸，以备后宫。积五、六年。帝每游后宫，常怨不出。后单于遣使朝贡，帝宴之，尽召后宫。昭君善饰而至，帝问欲以一女赐单于，能者往。昭君乃越席请行。时单于使在旁，惊恨不及。昭君至匈奴，单于大悦。以为汉与我厚，纵酒作乐，遣使报汉，白璧一只，骊马十匹，胡地珍宝之物。昭君恨帝始不见遇，乃作怨思之歌。单于死，子世达立，昭君谓之曰：'为胡者妻母，为秦者更娶。'世达曰：'欲作胡礼。'昭君乃吞药而死。"②

李善注所引的内容只是唐代流传的《昭君怨》解题的一部分，仅描述了昭君出塞和昭君"心念乡土，乃作怨旷之歌"的基本事实，并未完整引用。吴兢《乐府古题要解》所引《琴操》解题与宋代郭茂倩所引的解题仅有个别用字不同，可知从唐代至宋代，《昭君怨》的解题的文本形式没有大的改动。将《昭君怨》解题与史籍记载对比，我们发现解题与史实有不小的出入。

昭君并非齐国人，而为南郡秭归人（今湖北兴山县人）。《琴操》解题云"单于遣使朝贡"应为呼韩邪单于亲自来朝。解题言元帝"尽召后宫"不符合常理。元帝不可能令所有后宫女子出席宴会。《后汉书》载："昭君入宫数岁，不得见御，积悲怨，

---

① 吴兢：《乐府古题要解》卷上，丁福保辑：《历代诗话续编》上，北京：中华书局 2014 年版，第41 页。

② 郭茂倩撰，聂世美、仓央卿校点：《乐府诗集》，上海：上海古籍出版社 2016 年版，第 741 页。

乃请掖庭令求行。"① 昭君地位卑微，若不是事先向掖庭令主动请行，不可能出现在宴会上。解题言世达继位，继位后愿从胡俗妻其母，昭君吞药而自杀与史实不符。呼韩邪单于死后，昭君与其子复株累若鞮单于生下二个女儿。王昭君之子世达（即伊屠智牙师）因对其兄复株累若鞮单于之子继位造成威胁，故被杀害。以上分析表明，《昭君怨》解题的作者绝不可能是王昭君本人。

在现代学者眼中，《琴操》是一部乐府批评史的重要著作，但在古代的琴家眼里，《琴操》是应用于表演的琴乐著作。为了吸引观众，琴家在解题中有意在史实的基础上虚构情节，增添一些细节，使人物更加丰满，故事更具欣赏性。王运熙先生说："吴兢《乐府古题要解》独云：'《琴操》纪事，好与本传相违，今两存者，以广异闻也。'盖贬其采怪异之说也。"②

《昭君怨》的解题作为口头文学的产物，体现了"好与本传相违"的特点。譬如临行大会："昭君乃越席请行。时单于使在旁，惊恨不及。"③ 若按照史实写来，昭君先向掖庭令请行，再慢慢地写到她与元帝的初次见面，冲突就没有那么明显，元帝就不会产生无法阻止事情发生的悔恨之情。与汉元帝的懊悔、心痛相对照，呼韩邪单于"大悦"，回赠大礼，解题详述呼韩邪单于的礼单，将单于得到王昭君的喜悦之感写得具体可感。结尾部分世达被立为单于，愿依胡俗娶生母为妻，昭君吞药自杀均为虚构。昭君死于其子之"逼迫"，令人震惊，观众对昭君也多一分怜悯。历史事实与《昭君怨》解题的关系类似于《三国志》与《三国志平话》和《三国演义》的关系。故事的主体源于真实的历史，但故事的细节和情节都经过了艺术的加工。这些虚构的细节和情节增加了昭君故事的悲剧感："如果一个人杀害了他的敌人，他的行为和意图都不会引起我们的怜悯，除非造成很大的痛苦。如果他们彼此是非亲非仇的关系，也不会产生怜悯的效果。当痛苦事件所牵涉的双方彼此关系很亲近，比如，兄弟杀兄弟，父亲杀儿子，母亲杀儿子，或儿子杀母亲，他们预谋做这样的事，或实际上做了这类的事，这些情形才是我们应该瞄准的目标。"④

琴歌解题是琴乐受俗乐文化影响的表征。不过解题从口头文学过渡到文本后，成为艺术性很强的叙述文学作品。正如廖群所说："演绎先秦人物故事的琴曲表演乃是汉代文学创作的重要组成部分，虽然作为现场表演属于口头传播，但其中有些作歌、

① 范晔：《后汉书》卷八十九，北京：中华书局 2007 年版，第 872 页。
② 王运熙：《乐府诗述论》，上海：上海古籍出版社 1996 年版，第 318 页。
③ 郭茂倩撰，聂世美、仓央卿校点：《乐府诗集》，上海：上海古籍出版社 2016 年版，第 741 页。
④ ［古希腊］亚里士多德著，郝久新译：《诗学》，北京：中国社会科学出版社 2009 年版，第 38 页。

歌曲特别是本事交代待已被记录成文，成为富有小说色彩的叙事文学作品。"① 有些琴曲歌辞的解题的艺术性甚至高于诗。朱光潜说："诗词的散文序有时胜于诗本身，例如《水仙操》的序和正文……序文多么美妙！歌词所以伴乐，原不必以诗而妙，它的意义已不尽可解，但就可解者说，却比序差得远了。"② 《水仙操》的序文就是《琴操》的解题，可见虽然解题是口头文学的产物，其艺术性也是不可轻视的。

从《琴操》解题来看，琴乐的表演往往歌者与弹曲者为同一人的情况较多。如《龟山操》解题："于是援琴而歌云。"③ 琴师表演之时，先交代故事，然后演唱歌诗，有时边演唱边弹奏。浙江海宁东汉画像石墓出土的抚琴俑、贵州交乐汉墓抚琴俑、四川绵阳的汉代操琴俑、四川资阳的汉代弹琴歌唱俑均表情丰富，嘴型微张，可见弹琴的同时还随着说或唱的表演。徐州汉画像石中有一幅抚琴歌舞图，图中有琴乐演奏者，有舞蹈者，有欣赏者。这说明汉代的琴乐表演形式有自弹自唱，也有配舞表演。琴家在演唱之后，有时还会再交代故事的结局。如《贞女引》解题："援琴而弦歌以女贞之辞云云。遂自经而死。"④ 《越裳操》解题云："乃援琴而鼓之。其章曰云云。遂受之献于文王之庙。"⑤

从汉代琴歌的型制来看，马王堆出土的西汉早期的琴为七弦琴，但琴面无徽位标志，演奏时以散音为主，适合歌曲伴唱。这一时期的琴歌的主要特点是琴家口头演绎人物故事、歌曲伴唱，琴乐只起到辅助的作用。到东汉时，琴身长度增长，琴乐本身的表现力增强，出现了纯器乐演奏，称之为"但曲"。"但曲"为纯粹的琴乐演奏，琴家仅通过抚琴、歌唱足以表达情感，吸引观众。东汉末年蔡邕创作了"蔡氏五曲"——《游春》《渌水》《幽居》《坐愁》《秋思》，皆为宫调，纯器乐演奏，无故事性解题。后世拟作者，如萧齐之江奂，萧梁之吴均、江洪，唐代之王维、李白、令狐楚、李贺、顾况、鲍溶等人因题命辞，与本意不相关，亦无题解。可见东汉之后，琴乐表演中故事讲述逐渐退出了主流，代之以纯器乐演奏。

二、琴曲歌辞的雅化

琴在上古时期仅为普通的乐器，至汉代则成为文人雅士最喜爱的雅乐。带有雅乐

---

① 廖群：《代拟琴歌与先秦人物故事的汉代演绎》，《文学遗产》2018 年第 4 期，第 47 页。
② 朱光潜：《诗论》，北京：中华书局 2012 年版，第 102 页。
③ 逯钦立辑校：《先秦汉魏晋南北朝诗》，北京：中华书局 1983 年版，第 301 页。
④ 同上书，第 306 页。
⑤ 同上书，第 301 页。

的性质，《琴操》中有不少四言诗和骚体诗。笔者从前主张《昭君怨》当为琴家拟作①，近来仔细分析，觉得这个观点有必要修正。黄节在其《汉魏乐府风笺》中说："郭茂倩《乐府诗集》分乐府歌辞凡十二部。夫郊庙，颂也。燕射、鼓吹、横吹、舞曲，雅也。琴曲，亦雅之流也。清商，风也；而为吴声、西曲、江南诸弄，与近曲、新辞，皆无与于汉魏。若杂歌谣辞，明其为非曲也，不得列于乐府之风。故兹编于相和歌辞外，独取杂曲歌辞，以附于古采风之义。"② 郭茂倩在《乐府诗集》中将琴曲歌辞与相和歌辞分别列入不同的卷，亦有雅俗之辨的用意。琴曲歌辞为合于琴曲的歌，有五曲、九引、十二操等，为雅之流。相和歌辞本汉世街陌讴谣，初为徒歌，后渐被于管弦，为俗乐歌辞。《琴曲歌辞·昭君怨》与《相和歌辞》之《王明君》《王昭君》《昭君叹》之间存在明显的亲缘关系。前者有雅乐性质，后者以旧曲易新辞，不脱俗乐习气。

《昭君怨》虽为琴曲，但晋代嵇康认为它是俗乐。嵇康《琴赋》云："下逮《谣俗》，蔡氏五曲。王昭楚妃，千里别鹤。"③ "王昭"即吟咏昭君出塞的琴曲，即《昭君怨》。嵇康的说法当从琴曲的角度来说的，从歌辞的角度来看，《昭君怨》具有明显的雅化倾向，当有文人参与创作为主。接下来将以《昭君怨》为例分析汉代琴曲歌辞的表达艺术。

《昭君怨》其辞曰：

> 秋木萋萋，其叶萎黄。有鸟处山，集于苞桑。养育毛羽，形容生光。既得升云，上游曲房。离宫绝旷，身体摧藏。志念抑沉，不得颉颃。虽得委食，心有徊徨。我独伊何，改往变常。翩翩之燕，远集西羌。高山峨峨，河水泱泱。父兮母兮，道里悠长。呜呼哀哉，忧心恻伤。④

从用韵的方式来看，《昭君怨》的韵脚为"黄""桑""光""房""藏"（旷）"颃""徨""常""羌""泱""长""伤"。元音分为小开口度元音、中开口度元音和大开口度元音。这首诗押的是大开口度元音。大开口度元音适于表现强烈的、带有爆发性的情感。诗歌题名为《昭君怨》，是入乐的歌诗。以大开口度元音的韵腹作为韵

① 张伟：《汉代和亲诗考论》，《湖南大学学报》2019年第6期，第100页。
② 王运熙：《乐府诗述论》，上海：上海古籍出版社1996年版，第312页。
③ 萧统编，李善注：《文选》卷十八，上海：上海古籍出版社2014年版，第846页。
④ 郭茂倩编，聂世美、仓央卿校点：《乐府诗集》，上海：上海古籍出版社2016年版，第741页。

脚字，也许是出于演唱的需要。演唱者需要拉长了声音来唱，借此表达昭君连绵不绝的怨旷之情。用韵形式是传统诗歌典型的句尾韵（偶押中尾韵如"旷""藏"），一韵到底，与《诗经》时代逐句押韵的用韵方式相同，主要依据人们的口语、口音押韵。

从体式来看，这首诗以四言结体。此后咏昭君诗的拟琴曲歌辞都是五言、七言诗。《诗经》以后，除了嵇康、陶渊明等少数作家外，四言诗以后鲜有佳作。《昭君怨》虽为四言，但并不板滞，以虚词"既得""虽得"转换层意，过渡自然。可见作者对于以四言抒情有相当成熟的技巧。《琴操》中的歌诗大多为四言诗、楚骚体，偶有杂言体，这种情形与诗歌发展的历史大致相当。五言诗起源于民间，文人向民歌学习写作五言诗是在东汉以后的事。汉代视乐府五言诗为俗体，并不积极参与创作。《昭君怨》以四言结体，正是西汉文人崇雅观念的产物。

从艺术技巧来看，这首诗兼有叙事和抒情遣兴的功能。从音乐的角度来看，《昭君怨》"其造新之曲，多哀怨之声"[1]，从歌辞的内容来看，《昭君怨》的感情基调以"怨"为主，严肃而沉痛，但诗歌并非一味写怨、悲，而是先以秋悲开头，再写女子深闺之乐，进而抒发其入宫之悲、出塞之悲，在情感上造成了低徊往复，缠绵不尽的效果。以楚辞为代表的南方文学为中国文学奠定了叶落悲秋的表达模式。因叶落而悲秋，有时是眼前所见之景、有时是心中所想之意象，前者为"即目"，后者为"造境"。《昭君怨》中有秋季与春季两个季节。历史上昭君出塞是在初春，"翩翩之燕，远集西羌"符合初春时节的景象，接近历史的真实。因此《昭君怨》以"秋木萋萋，其叶萋黄"开头不是写实，而是借秋景烘托人物悲怨的心情，通过造境来表现人物的悲凉心境，这种起兴手法源于《诗经》，带有浑厚古朴的特点。琴曲歌辞《思亲操》有类似的自然风物的摹写："陟彼历山兮崔嵬，有鸟翔兮高飞。瞻彼鸠兮徘徊，河水洋洋兮清泠，深谷鸟鸣兮嘤嘤。设置张罝兮思我父母力耕。日与月兮往如驰。父母远兮吾将安归。"[2] 诗人在看到山、水、鸟飞、鸟鸣之后受到感发，触发了思乡之情。《思亲操》与《昭君怨》的写法都源于《诗经》六艺中的比兴手法。

"秋木萋萋，其叶萋黄"中"萋萋"为草盛貌。照常理，萋萋之木叶当吐绿，然时逢秋季，故木虽萋萋，叶已萋黄，暗喻昭君少年时代的快乐不能长久。诗歌以鸟处深山写昭君的少女时代："有鸟处山，集于苞桑。养育毛羽，形容生光。""处山"又作"爰止"。逯钦立注曰："书钞此下有徘徊枝条，意志自得二句。"[3] "形容生光"

① 郭茂倩编，聂世美、仓央卿校点：《乐府诗集》，上海：上海古籍出版社 2016 年版，第 393 页。
② 逯钦立辑校：《先秦汉魏晋南北朝诗》，北京：中华书局 1983 年版，第 309 页。
③ 同上书，第 315 页。

"意志自得"饱含幸福之意。这一层写昭君少女时代的快乐，但也隐含着忧患。诗曰"有鸟处山，集于苞桑"，或隐喻昭君出身于平民之家，没有靠山。从后文来看，昭君入宫之后、出塞之后皆心有怨恚，与其少年时"处山""系于苞桑"（没有皇室或贵族的身份）也是分不开的。

"既得升云，上游曲房。离宫绝旷，身体摧藏。志念抑沉，不得颉颃。虽得委食，心有徊徨"是一层转折。昭君从山野、"苞桑"到"曲房"（一作"帷房"），地位虽然较之前尊贵，但并未受到元帝的重视，终日形单影只，反倒从容光焕发的少女沦为志念抑沉的怨妇，独处深闺，衣食无忧而心有不甘。《红楼梦》中的元春仿佛替昭君说出了"离宫绝旷"的痛苦。省亲之时何等富贵荣耀，元春却隔帘含泪对其父贾政所说："田舍之家，虽齑盐布帛，终能叙天伦之乐。今虽富贵已极，骨肉各方，然终无意趣！"① 元春是得宠的妃子，昭君是幽居深宫无出头之日的宫女，她的痛苦相比元春更甚。"心有彷徨"，正是昭君不甘心命运安排的表现。

"我独伊何，改往变常。翩翩之燕，远集西羌。高山峨峨，河水泱泱。父兮母兮，道里悠长。呜呼哀哉，忧心恻伤。"又是一转。昭君于元帝时以良家子选入掖庭。掖庭为未得皇帝临幸的宫女居所。呼韩邪单于请婚之时，王昭君入宫已五、六年。歌诗通过比兴手法和抒情的方式揭示了昭君出塞时的内心波澜。"我独伊何，改往变常"表明出塞是昭君的主动选择。她决定与其忍受君王的冷遇，无尽头的等待，不如远离故土、远嫁异国之君。作者以第一人称"我"来写昭君，她虽然选择了出塞，却对不公平的命运提出了质疑，何以凡人皆得安稳，她却不得不离开故土，远嫁他乡。"翩翩之燕，远集西羌。高山峨峨，河水汤汤"是以自然景物来表现人物的情感。燕子为候鸟，诗歌描写初春时节燕子飞回北方的情景，与昭君和单于北归庭的时间一致。燕子可南可北，昭君却一去不还。送亲的队伍一路渐行渐远，家乡路远山遥。昭君内心的悲痛又添了一层。念及从此分两地，再也无法与父母相见，诗歌结尾部分才将昭君满腔的痛苦倾泄而出："父兮母兮，道里悠长。呜呼哀哉，忧心恻伤。"这些语言直抒胸臆，充满了浓厚的人情味，读来令人酸鼻，想来琴师表演之时必定惊心动魄，余音绕梁。"高山峨峨，河水泱泱"使用了叠音和对仗的手法，在音声上体现出流离婉转之美，但全诗仅有一联如此，散句多于骈句，可见诗人并不刻意追求工整，与后世讲究音韵排偶的做法不同。

从章法结构来看，这首诗可以分为三层，层与层之间以意脉贯通，起伏呼应。葛

---

① 曹雪芹著，脂砚斋批，周汝昌校定批点：《石头记》，南京：译林出版社 2011 年版，第 226 页。

晓音指出："为了解决四言不适宜构建长篇的问题。从魏末到两晋，四言从分层分解逐渐发展到分章，并且形成固定的体制。……多章连缀的结构成为表现庞杂内容的最适用的载体。"① 从叙事的手法来看，《昭君怨》借用了汉乐府的叙事艺术，通过多章连缀的方式，选取若干典型瞬间来展现人物命运的转折。从语言形式上来看，结尾处有音乐标志——"乱"。"即使像王嫱琴歌《昭君怨》中全用四言句式，我们仍然能够在歌诗的结尾处看到乐歌旋律中的变化，依据音乐的经验也可以认做乐歌中'乱'。"②

从诗歌的来源来看，《昭君怨》虽然是民间传唱的诗歌，但它的歌辞与《诗经》有着极深的渊源。王娜指出："《怨旷思惟歌》'集于苞桑'摘自《唐风·鸨羽》，'父兮母兮'摘自《邶风·日月》，'呜呼哀哉'摘自《大雅·召旻》……'志念抑沉，不得颉颃'取自《邶风·燕燕》'燕燕于飞，颉之颃之'，'高山峨峨，河水泱泱'取自《小雅·瞻彼洛矣》'瞻彼洛矣，维水泱泱'。"③ 从《琴操》收录的整体情况来看，《琴操》中除五歌诗之外，十二操、九引、二十一杂歌均不同程度地引用《诗经》，"反映出琴曲歌辞既有民歌成分，又有文人自觉创作成分，在长期传唱过程中形成了层累型文本形态"④。

从诗歌的社会功能上来看，《昭君怨》发挥了"诗可以怨"的功能，以怨而不怒的方式发泄昭君对于命运的不公的悲慨，为后世文人提供了借此抒发不遇之感的素材，奠定了后世咏昭君诗的悲怨基调。总的来看，《昭君怨》的歌辞具有明显的雅化倾向，当为文人创作。

三、琴乐的雅化及文学史、音乐史意义

上文从歌辞的角度分析了汉代琴曲歌辞的雅化倾向，以下从音乐传承的角度来分析汉代琴乐的雅化特征。

王运熙先生指出："由于俗乐在上层社会的流行，配合俗乐的'街陌谣讴'，就被乐府所采撷传习，被文人、乐工所修改润色，获得了写录、流传的机会。"⑤ 这是俗乐流传的情况，琴曲的流传路径与此不同。"此书（笔者注：《琴操》）所收琴曲，除

---

① 葛晓音：《先秦汉魏六朝诗歌体式研究》，北京：北京大学出版社 2012 年版，第 199 页。
② 周仕慧：《琴曲歌辞研究》，北京：北京大学出版社 2009 年版，第 125 页。
③ 王娜：《〈琴操〉引〈诗〉引〈歌〉考论》，《诗经研究丛刊》第二十九辑，第 231 - 234 页。
④ 同上书，第 233 页。
⑤ 王运熙：《乐府诗述论》，上海：上海古籍出版社 1996 年版，第 241 页。

《琴引》《霍将军歌》《怨旷思维歌》（笔者注："维"当为"惟"）等为秦汉时作外，其余大抵为先秦旧曲。所引歌辞，多四言或杂言，与《诗》《骚》体制略同。"①《琴引》为秦代歌诗，《霍将军歌》和《怨旷思惟歌》为汉代歌诗。《怨旷思惟歌》（即《昭君怨》）是"造新之曲"。它是先由汉元帝下令制作，由宫廷乐工在昭君出塞之时演奏的音乐，后经被罢遣的琴工流入民间，晋时成为备受欢迎的俗乐，因此相对于一般的散乐和百戏，《昭君怨》偏于雅乐。

《琴操》中的音乐以先秦古曲为主，与"河间乐"有关。秦燔《乐经》，汉初雅乐衰微，但经河间献王刘德的整理，尚有一线保存。汉初雅乐衰落，汉武帝时，河间献王努力搜求雅乐，但其所献雅乐并未得到重用，但雅乐却得以在河间国流传，直到汉成帝时期，尚有人能说河间国乐义。东汉末年蔡邕《琴操》中收录的二十一首河间杂歌应该是"诗乐"在东汉时期的遗留。由于河间献王搜求的雅乐在河间国的代代流传，因此河间杂歌虽非正宗商周乐府，却带有雅乐的因素。据《古今乐录》，汉元帝授意为昭君出塞送行时由乐工演奏《明君》曲，那么《明君》曲的曲作者当为宫廷乐工。晋代石崇以汉代流传的《明君》曲配以自制新歌，教其妓绿珠，这种以旧曲配新歌的情况，类似《琴操》以先秦古曲配汉代新辞，因其表演形式为俗乐，被列入相和歌辞之列。但《琴操》的琴乐与晋代石崇的表演形式不同，因此虽由民间艺人演奏，风格仍偏于雅乐。

《昭君怨》除了琴乐有可能是河间献国的雅乐遗存外，表演者也很有可能来自河间国。汉代皇室贵族、豪富大吏畜养俳优之风甚盛，这些俳优大多来自河间国。逯钦立认为："除《鹿鸣》等五歌诗为《诗经》诗外……皆两汉琴家拟作……河间杂弄亦自汉河间国乐人所制。"②

就音乐史的影响而言，汉代流传的琴曲《昭君怨》是同类琴曲歌辞和相和歌辞的源头。至南朝刘宋元嘉年间，《王明君》曲、辞皆有流传。梁代天监中，得益于梁武帝萧衍对文学和音乐的重视，乐府令与诸乐工将《王明君》曲、辞踵事增华，形成了后代流传最为广泛的表演形式。至此，《王明君》又从民间回到了庙堂。《乐府诗集》解题曰："按琴曲有《昭君怨》，亦与此同。"③可知《昭君怨》大抵经历了类似的历程。唐代的昭君题材琴曲成为更为复杂、精美的表演样式。初唐钞本《碣石调·幽兰》中著录了54首在唐代流行的琴曲名目，其中以昭君出塞为主题的琴曲有《上舞》

---

① 王运熙：《乐府诗述论》，上海：上海古籍出版社1996年版，第317－318页。
② 逯钦立辑校：《先秦汉魏晋南北朝诗》，北京：中华书局1983年版，第299页。
③ 郭茂倩编，聂世美、仓央卿校点：《乐府诗集》，上海：上海古籍出版社2016年版，第393页。

《下上舞》《上间弦》《下间弦》《辞汉》《跨鞍》《望乡》《奔云》《如林》（当为"入林"）。《琴集》曰："胡笳《明君》四弄，有上舞、下舞、上间弦、下间弦。《明君》三百余弄，其善者四焉。又胡笳《明君别》五弄，辞汉、跨鞍、望乡、奔云、入林是也。"① 胡笳《明君》四弄或胡笳《明君别》五弄是三百余弄中的佼佼者。唐代古琴地位降低，胡乐地位上升。《昭君怨》最初由琴曲演奏，至唐代发展为胡笳《明君别》，与唐代崇尚西域乐器的时代风尚相关。这说明《昭君怨》在后世的广泛流传，跟它不断与其他形式俗乐的合流密不可分。

唐代琴曲仍讲述昭君出塞本事，但有五言四句、五言八句、五言十句、七言八句等多种形式。周仕慧推测它们属于同一琴调的大曲中不同的部分："琴曲《昭君怨》同样如此。或者说歌辞体式上的不同是由于它们分别入大曲中不同的乐段所致。可能有的相当于某一琴曲中的'少歌'部分，而有的相当于'倡'部分，它们属于等不同的歌节。以上这些都可以看作琴歌大曲在体式上的特点。"② 周仕慧的理论前提是后代所有拟作皆为同调之作，但从南朝至唐代对"蔡氏五曲"的拟作来看，不乏"因题命辞"③ 之作，形式有五言四句、七言四句、五言八句等，表明乐府诗拟作已经脱离音乐的限制，因此周仕慧的说法欠妥。

就文学史的影响而言，《昭君怨》为同类题材的奠基之作，其在后世的传承具有体系化、类型化的特点。《乐府诗集》载同题琴曲歌辞六首，《明妃怨》一首。相和歌辞《王明君》一首、《王昭君》二十九首、《昭君叹》二首。昭君的怨旷并非命运加在她个人身上的不幸，而是因其出身卑微而注定会遭受的厄运。后世拟《昭君怨》之作往往借昭君出塞表达不遇之感，抒发一己之失意、惆怅和愤懑。宋代王安石《明妃曲》二首则采取了不同的创作理路，其一云："君不见，咫尺长门闭阿娇，人生失意无南北。"④ 程千帆解说："家里的消息却是有的，教她别痴想了，汉朝的恩是很薄的；当年阿娇近在咫尺，也打下冷宫来着，你惦记汉朝，即便你在汉朝，也还不是失意？——该失意的，在南北都一样，别老惦记'塞南'罢。这是决绝辞，也可以说是恰如其分的安慰语，不过这只是'家人'说说罢了。"⑤ 王安石的翻案诗作引起了欧阳修、梅尧臣、曾巩、司马光等人争相唱和，掀起了宋代《明妃曲》的唱和高潮。昭

① 郭茂倩编，聂世美、仓央卿校点：《乐府诗集》，上海：上海古籍出版社 2016 年版，第 393 页。
② 周仕慧：《琴曲歌辞研究》，北京：北京大学出版社 2009 年版，第 123 页。
③ 郭茂倩撰，聂世美、仓央卿校点：《乐府诗集》，上海：上海古籍出版社 2016 年版，第 743 页。
④ 程千帆：《读宋诗随笔》，北京：中国青年出版社 2011 年版，第 65 页。
⑤ 同上书，第 65 页。

君成了民族的"哭墙"，她的不幸不仅回应了文人不遇的古老命题，也对不同历史时期、不同阶层的作者产生了强烈的吸引力，引起了他们的内心共鸣和创作冲动，形成了各个时代文学的重要母题。

小 结

《昭君怨》为汉人假借昭君的口吻代拟的琴歌，解题具有故事性，表明琴曲受到俗乐影响。《昭君怨》化用了《易经》《诗经》的语句，沿用了《诗经》的比兴手法，歌辞质朴古茂，兼具叙事和抒情的双重特性，具有鲜明的雅化特征。《琴操》中的先秦古曲当为汉武帝时河间献王所整理的雅乐的遗存。《昭君怨》为新制之曲，其曲作者或为汉元帝时的宫廷乐工。《昭君怨》经宫廷流入民间。相和歌《王明君》本为汉曲，至唐代发展为有三百多弄的大曲。《昭君怨》作为汉代流传的琴曲，与散乐、百戏等俗乐不同，反映了琴乐演艺以雅为主的基本特征。《昭君怨》为我们解剖汉代琴乐的演艺史与接受史提供了可贵的样本，值得重视。

少数民族文化及区域文化研究

山东地区散佚省志辑存状况、
历史文化价值与保护传承（上）*

颜世明　李传高**

【内容提要】元代以前撰就记述今山东全部地区或两个地级市以上地区的通志，未流传于今的至少有 11 种存 117 条辑文。辑文内容主要涉山东各地历史自然、人文地理情况，历史名人的轶事和神话传说。虽然辑文史料比较零碎且记录事物相对琐细，然其有"地近易核，时近迹真"的优长，可以客观、细致、全面反映山东地区历史之事实，可为探研古代山东城邑布局、结构，河道古今变化，诸地物产情况，以及窥探彼时社会风气等提供新材料，同时在缕析山东古方志发展演变和深入挖掘各地历史文化旅游优势资源方面具有独特历史价值。加强和推进山东古逸方志继承、保护、延承工作，需要持续开展方志普遍调查和搜集遗书佚文工作，抢救性保护珍贵典籍，健全古籍工作体制，以及强化古籍专业整理研究人才培养和队伍建设。

【关键词】散佚　省志　辑录　价值　保护传承

地方志书系记载某地自然地理、建制沿革、经济文化、风土民情等情况的地方百科全书，发源于先秦时期经典《周礼·职方》《尚书·禹贡》《山海经》等。今山东

---

　* 【基金项目】山东省社会科学规划项目"山东散佚方志收集、整理与研究"（23CTQJ06）
　** 【作者简介】颜世明，男，1985 年生，山东宁阳人，博士，山东理工大学马克思主义学院讲师，研究方向：古籍整理与研究；李传高，男，1973 年生，山东沂源人，山东理工大学马克思主义学院助教，研究方向：中华优秀传统文化与社会经济发展研究。

地区为齐鲁文化发源地，历史文化底蕴深厚，表征之一为方志修撰起步相对较早：在西晋时期就有地方官员、文人士人等注意搜集本地山脉、河流、民俗、人物、物产、名胜等方面情况，着手编修地方志书。之后地方学者继承前人优良的修志传统，继续接力式编辑山东之地史乘。

然而由于水淹、火灾、虫蛀鼠咬、战争等自然、人为方面原因，这些地志遭受到不同程度的损毁：有的仅存书名，有的被他书转载从而存有少量佚文。据张国淦编著《中国古方志考·山东省》（上海古籍出版社 2019 年版）和顾宏义编写《宋朝方志考·山东》（上海古籍出版社 2010 年版）及《金元方志考·山东》（上海古籍出版社 2012 年版）等方志目录类著作收录来看，西晋以降大约 11 种山东省志不存于世，成书时间皆在元代以前。值得庆幸的是，史册古注、方志、类书等征引了部分未流传于今的山东通志名称和内容，据此可管窥其内容之一斑。

本文即以业已散佚的山东通志为整理研究对象，对于其详细条件现作如此限定：所述地域为今山东全部地区或省内两个地级市以上地区，撰写时间在晋至宋代，体裁为方志。至于对此些佚书所作具体调查研究工作主要涉以下几项内容：（1）统计此前历史学者在收集整理亡失山东省志名称及佚文数量、类型、完就时间和叙述地域分布等方面基本情况；（2）在完善补充前人辑佚成果基础上，探颐其主体内容与在史学研究、实践应用方面价值；（3）总结宋代或此前山东古方志亡佚揭示的在继承、保存、延续中华民族传统文化特别是文献典籍方面的历史经验和启示。

一、研究综述及意义

（一）研究回顾

在晋代以后很长一段时间内，山东新方志书写和旧方志散失相始终，但很少人关注以前山东地方志在当代留存和损失状况。重视山东佚亡地方志内容价值并着意进行搜集，始于元末明初陶宗仪《说郛》卷 4《墨娥漫录》（1927 年涵芬楼影印本）枚举佚名《三齐略记》佚文。此后学者相继钩沉了不少佚遗方志名称、佚文，其中相对重要的论著有：清代章宗源《隋书经籍志考证》（清华大学出版社 2012 年版）、王谟《汉唐地理书钞》（中华书局 2006 年版），近代丁国钧《补晋书艺文志》（清华大学出版社 2012 年版）、文廷式《补晋书艺文志》（清华大学出版社 2012 年版）、秦荣光《补晋书艺文志》（清华大学出版社 2012 年版）、黄逢元《补晋书艺文志》（清华大学出版社 2012 年版）、吴士鉴《补晋书艺文志》（清华大学出版社 2012 年版），当代张国淦《中国古方志考》、刘纬毅《汉唐方志辑佚》（北京图书馆出版社 1997 年版），以及刘纬毅、王朝华、郑梅玲、赵树婷《宋辽金元方志辑佚》（上海古籍出版社 2011 年版）和骆伟、徐瑛《〈齐记〉〈齐地记〉〈三齐记〉〈三齐略记〉〈齐记补〉辑佚》（《中国地方志通讯》1984 年第 2 期），详细的辑录情况和具体文献出处可参下文。

以上辑佚者大概共收辑有 11 种现已亡损山东省志，具体来讲有：晋代荀绰《兖州记》、伏琛《齐地记》，十六国南燕晏谟《齐地记》，北魏或稍前佚名《三齐略记》，南朝萧齐崔慰祖《海岱志》，唐代或此前亡失姓名《青州先贤传》、解道康《齐地记》，宋代或此前张朏《齐记》，宋代张齐贤、丁谓《青淄齐郓濮等州山川道路形势图》及无名氏《京东路图经》，金代李余庆《齐记补》。其收录佚书佚文数量从 2 到 60 多条不等。

另有一些考据学家专门撰文研讨其作者、内容等，其中影响比较大的有：顾宏义在其代表作《宋朝方志考·山东》与《金元方志考·山东》两书中相继研讨了《京东路图经》《齐记》和《齐记补》作者生活的年代、书籍收录情况及编就时间等；崔敏、胡阿祥《晏谟及其〈齐记〉》（《南京晓庄学院学报》2015 年第 1 期）不仅探究了晏谟里籍和著述、史志卷数及著录状况，还在胪列辑文基础上大致复原了其面貌并分析了它的史料和应用价值；李贺《齐鲁古先贤传五种考述》（《中国传统文化研究》2021 年第 2 辑）着重探析了《青州先贤传》完就时间和两条佚文内容。

上述元末以来至今史学者的研究历程，经历了一个从注重搜集、校勘佚文到考辨辑文涵盖历史事实等的过程，其搜索到佚文数量愈来愈多，考析史实越加合理有据和细密，之后将会逐渐过渡到齐全、条理地整理研究山东地区散亡省志的研究，即本文将要开展的调研。

（二）理论与现实意义

通过全面系统细致梳理、探析现存文献资料中的山东古逸通志及佚文辑存状况、历史文化价值，可以保存、彰显、延承、发掘山东地方传统文化，特别是深入挖掘其中蕴含的哲学思想、人文价值理念，可以融汇古今山东本地文化以丰富发展新时代中国特色社会主义文化，增强中华民族文化体认和自信。具体来说有以下几点学术和实践应用价值：

（1）为历史研究提供新材料：山东亡损方志原本散录在史、集部诸类传世载籍中，未收集之前，难以为我们系统利用、全面分析；迨集录出来以后，聚合起来的辑文会形成一个有机统一体；之后运用材料分析法剖释辑文内容，比对其他书籍中相似文字，可能会获得新知识、形成新认识，尤其是书中某些史料牵涉山东地方史的若干重大问题，颇具独特性，对其进行专门研究，当可推进某些疑难问题的研究进程。

（2）窥探山东方志源流和发展进程：宋代以前地方志书形态有地记、图志等，系宋代或稍后成熟方志的雏形，基本上已经遗失，为系统利用文献资料探索方志形式的演变造成不便。由对山东散亡方志所作的辑校、考究可为窥探山东甚而全国方志起源、形成、流变提供例证。

（3）丰富新时代中国特色文化：辑录佚书的过程，即复原古书的过程，由"无"而生"有"，对于丰富中华民族的古文化典籍、开掘中华优秀传统文化失传已久的部分、发展新时代中国特色社会主义文化，具有重要示范意义。

二、辑存状况

依据前文对研究对象所作的时间和空间条件的限定，并综合之前学者相关的辑佚与研究成果，下面分列收辑到的 11 种西晋至元代现已不存于世的山东通志作者、著录及辑录情况、佚文主体内容等。

1. （西晋）荀绰《兖州记》　　卷亡　存文

荀绰（生卒年不详），字彦舒，豫州颍川郡颍阴县（今河南许昌）人，系曹魏、西晋著名政治家、文学家荀勖之孙。西晋怀帝永嘉（307—313）末年官司空府从事中郎，晋都洛阳为前赵军队攻占后，被迫降于前赵刘渊的部将同时也是以后后赵建立者石勒，任其参军①。《隋书·经籍志》云"《晋后略记》五卷（晋下邳太守荀绰撰）"，表明其在归顺前赵之前还曾任西晋徐州下邳郡（今江苏邳县）太守。另著有《百官表注》16 卷、《古今五言诗美文》5 卷等②。

《太平御览·经史图书纲目》录有荀绰《兖州记》（卷数不详）③，同书"正文"及《世说新语》刘峻注、《三国志》裴松之注、《初学记》《北堂书钞》《艺文类聚》等转引《兖州记》。西晋之时兖州统六国（陈留、濮阳、高平、任城、东平、济北）、二郡（济阴、泰山），州的治所在廪丘（今菏泽鄄城县东北），辖区大致相当于今河南开封及以东的山东菏泽、济宁、泰安等地，应该是《兖州记》记述区域。而其叙述截止时间，据下列几条佚文来看应当在西晋。

---

① 房玄龄等：《晋书》卷三十九《荀绰传》，北京：中华书局 1974 年版，第 1158 页。
② 魏征、令狐德棻：《隋书》卷三十三《经籍志二》、卷三十五《经籍志四》，北京：中华书局 2010 年版，第 960、968、1084 页。
③ 李昉等：《太平御览·经史图书纲目》，北京：中华书局 2013 年版，第 15 页。

王谟、文廷式、黄逢元、章宗源、张国淦先后胪列了遗书书名和部分佚文的出处①，今人刘纬毅则搜罗有 5 条佚文②，现在其辑录成果基础上施加注解，另分别以"［］""（）""〔〕"标示文中增补、删除的文字及异文（下同），如下：

（1）［阮］坦出绍伯父，亡，次兄当袭爵，父爱［阮］柯，言名传之，遂承封。时幼小，不能让，及长悔恨，遂幅巾而居，后虽出身，未尝释也。性纯笃闲雅，好礼无违，存心经诰，博学洽闻。选为濮阳王文学，迁领军长史，丧官。王衍时为领军，哭之甚恸。③

联系《三国志》裴松之注和《世说新语》刘峻注援引的杜笃《新书》④，可知上引《兖州记》讲述的是兖州籍人阮柯高尚的品格：西晋时期陈留郡尉氏县（今河南尉氏县）人氏阮炳（字叔文，官至河南尹）将儿子阮坦过继给其长兄阮武（字文业，官至清河太守），阮坦去世以后，阮柯的二哥应当承袭爵位，阮炳疼爱幼子阮柯，四处宣扬柯之美名，最终由年幼的阮柯代替次兄继承阮坦的爵位；阮柯成年以后十分后悔夺占了本应属于兄长的官爵，于是用帛巾裹头，以示无意于功名，即使在出仕以后也未尝解下，以后先后担任濮阳王司马允王府的文学和中领军王衍的长史。

（2）［诸葛］冲子诠，字德林，［诸葛冲二子］玫字仁林，并知名显达。诠，兖州刺史。玫，侍中、御史中丞。⑤

前录《兖州记》应该记述的是兖州刺史诸葛诠的家世：诸葛诠父亲诸葛冲，徐州琅琊郡阳都县（今山东沂南）人，字茂长，曾任西晋廷尉一职；诸葛诠担任过散骑常

① 王谟：《汉唐地理书钞·总目》，北京：中华书局 2006 年版，第 13 页；文廷式撰，朱新林整理：《补晋书艺文志》，北京：清华大学出版社 2012 年版，第 270 页；黄逢元撰，朱新林整理：《补晋书艺文志》卷二，北京：清华大学出版社 2012 年版，第 254 页；章宗源撰，项永琴、陈锦春、郑民令整理：《隋书经籍志考证》卷六，北京：清华大学出版社 2012 年版，第 114 页；张国淦：《中国古方志考·山东省》，北京：中华书局 2019 年版，第 133 页。
② 刘纬毅：《汉唐方志辑佚》，北京：北京图书馆出版社 1997 年版，第 89—90 页。
③ 陈寿撰，裴松之注：《三国志》卷十六《杜畿传》，北京：中华书局 2014 年版，第 508 页；虞世南：《北堂书钞》卷一百二十七《衣冠部上》，北京：中国书店出版社 1989 年版，第 494—495 页。
④ 陈寿撰，裴松之注：《三国志》卷十六《杜畿传》，北京：中华书局 2014 年版，第 508 页；刘义庆撰，徐震堮著：《世说新语校笺》卷中《赏誉第八》，北京：中华书局 2017 年版，第 232 页。
⑤ 陈寿撰，裴松之注：《三国志》卷二十八《钟会传》，北京：中华书局 2014 年版，第 791 页。

侍、兖州刺史；诸葛诠二弟诸葛玫历任侍中、御史中丞、骠骑从事中郎等①。

（3）袁准字孝尼，有俊才，（太）［泰］始中，拜为给事中。②

袁准乃曹魏时期郎中令袁涣第四子，豫州陈郡扶乐县（今河南太康县西北）人，《三国志》裴注引《袁氏世纪》："［袁］涣有四子，侃、寓、奥、准……准字孝尼，忠信公正，不耻下问，唯恐人之不胜己。以世事多险，故常恬退而不敢求进。著书十余万言，论治世之务，为《易》《周官》《诗》《传》，及论五经滞义，圣人之微言，以传于世。此准之自序也。"③ 文中列举袁准著述及大量文字与上引《世说新语》等说他才智卓越可相互证，另提及他的性情和为人处世原则可补《世说新语》等书的遗缺。

上录《兖州记》亦见载于荀绰所著全国性地理志《九州记》之中，故而清代学者沈家本疑《兖州记》与荀绰另一部区域地志《冀州记》同为《九州记》中之二种④。又据《三国志·袁涣传》可见袁准里籍并非兖州，然其名却列在《兖州记》中，表明或许他曾在兖州之地为官。

（4）［闾丘］冲字宾卿，高平人。家世二千石。冲清平有鉴识，博学有文义。累迁太傅长史，虽不能立功盖世，然闻义不惑，当世莅事，务于平允，操持文案，必引经诰，饰以文采，未尝有滞。性尤通达，不矜不假。好音乐，侍婢在侧，不释弦管。出入乘四望车，居之甚夷，不能亏损恭素之行，淡然肆其心志。论者不以为侈，不以为僭，至于白首，而清名令望不渝于始。为光禄勋，京邑未溃，乘车出，为贼所害，时人皆痛惜之。

于时高平人士偶盛，满奋、（郝）［郗］隆达在［闾丘］冲前，名位已显，

① 房玄龄等：《晋书》卷三十一《诸葛夫人传》、卷七十《应詹传》，北京：中华书局1974年版，第963、1857页。

② 刘义庆撰，徐震堮校笺：《世说新语校笺》卷上《文学第四》，北京：中华书局2017年版，第135页；欧阳询撰，汪绍楹校：《艺文类聚》卷四十八《职官部四·给事中》，上海：上海古籍出版社1982年版，第872页；徐坚：《初学记》卷十二《职官部下·给事中第三》，北京：中华书局1962年版，第285页；李昉等：《太平御览》卷二百二十一《职官部十九·给事中》，北京：中华书局2013年版，第1054页。

③ 陈寿撰，裴松之注：《三国志》卷十一《袁涣传》，北京：中华书局2014年版，第333、335、336页。

④ 张国淦：《中国古方志考·山东省》，北京：中华书局2019年版，第133页。

而刘宝、王夷甫犹以冲之虚贵足先二人。①

以上两条佚文内容皆与闾丘冲生平紧密相关，故而在此合并作一条。

闾丘冲（？—311）为兖州高平国（今山东济宁西南）人，先后任西晋太傅长史、散骑常侍、光禄勋。永宁元年（301）赵王司马伦强逼惠帝退位，自立为帝，长沙王司马乂、成都王司马颖等率兵勤王。稍后司马乂战败，惠帝遣派散骑常侍闾丘冲和荀绰的叔父荀组一同慰劳司马颖军队②。永嘉五年（311）六月前赵将领刘曜、王弥等攻破西晋王都洛阳，并在城内大肆烧杀抢掠，闾丘冲在出逃过程中为其戕害。闾丘冲遇难之时担任的官职，《兖州记》和《晋书·孝怀帝本纪》分别记作光禄勋、尚书③，因相关材料缺失难论孰正孰误。冲著有《闾丘冲集》2卷④。

2.（晋代）伏琛《齐地记》　　卷亡　存文

伏琛，隋代虞世南《北堂书钞》卷146《酒食部五·盐》写作"伏深"（详下引文），表字、里籍和个人事迹等均不详，其书之名在目录类典册中首见于《太平御览·经史图书纲目》⑤，正文文字最早为北魏郦道元《水经注》摘引，稍后的隋代杜公瞻《编珠》、虞世南《北堂书钞》，唐代《后汉书》李贤注、欧阳询《艺文类聚》、徐坚等《初学记》等则另称作《齐地记》，宋代乐史《太平寰宇记》和李昉等《太平御览》称引书名既有《齐名》又有《齐地记》。

王谟、丁国钧、文廷式、秦荣光、黄逢元、吴士鉴、章宗源、张国淦等先后指明是书已逸和遗文文献出处⑥，骆伟、徐瑛与刘纬毅相继搜集内容不相重复的佚文分别

①　刘义庆撰，徐震堮著：《世说新语校笺》卷中《品藻第九》，北京：中华书局2017年版，第277、278页。

②　房玄龄等：《晋书》卷三十九《荀勖》，北京：中华书局1974年版，第1159页。

③　房玄龄等：《晋书》卷五《孝怀帝本纪》，北京：中华书局1974年版，第123页。

④　魏征、令狐德棻：《隋书》卷三十五《经籍志四》，北京：中华书局2010年版，第1063页；刘昫等：《旧唐书》卷四十七《经籍志下》，北京：中华书局2021年版，第2061页；欧阳修、宋祁：《新唐书》卷六十《艺文志四》，北京：中华书局2021年版，第1584页；郑樵撰，王树民点校：《通志二十略·艺文略第七》，北京：中华书局2019年版，第1742页。

⑤　李昉等：《太平御览·经史图书纲目》，北京：中华书局2013年版，第15页。

⑥　王谟：《汉唐地理书钞·总目》，北京：中华书局2006年版，第13页；丁国钧撰，朱新林整理：《补晋书艺文志》卷二，北京：清华大学出版社2012年版，第65页；文廷式撰，朱新林整理：《补晋书艺文志》，北京：清华大学出版社2012年版，第274—275页；秦荣光撰，朱新林整理：《补晋书艺文志》卷二，清华大学出版社2012年版，第69页；黄逢元撰，朱新林整理：《补晋书艺文志》卷二，第255页；吴士鉴撰，朱新林整理：《补晋书艺文志》卷二，北京：清华大学出版社2012年版，第407页；章宗源撰，项永琴、陈锦春、郑民令整理：《隋书经籍志考证》卷六，北京：清华大学出版社2012年版，第138页；张国淦：《中国古方志考·山东省》，北京：中华书局2019年版，第134页。

有 25、23 条①。综观他们集录的文字，可见有以下几个缺憾：首先，存在误辑、漏辑、重复收录的现象；其次，不仅未完全保持典籍征引文字的原貌，还根据己意删增文字，辑文在文献学方面价值相对降低；又次，只是如流水般胪列佚文，没有按照某一标准譬如行政区划、河流对其进行编排和归类；最后，元代于钦《齐乘》引用《齐地记》与前此书籍转录文字基本相同，反映早在元代这部史志就已经不存世，现今罗列佚文出处文献，应当是完书时间在元代以前的典籍，然而骆伟、徐瑛枚举出处载籍大都是清代山东方志。

借鉴以上几位地方志研究者的学术成果和探研思路，我们以辑文内容所述城邑所在行政区作为划分门类的主要依据，现列举如下：

（1）青州

①齐国

（a）伏琛《齐地记》曰："临淄有梧台里。"②

（b）伏琛《齐地记》曰："［临淄］小城内有汉景王祠。"③

（c）伏琛《齐地记》曰："临淄小城北门东二百余步有晏婴冢。"又曰："齐桓公冢，齐城之南，东十五里，在牛山。桓公冢西南八里有仲父冢，葬于牛山之阿。"……又曰："牛山西南二里有孙（宾）［膑］墓，石碑犹存。"④

②济南郡

［漯水］历漯阴城南，伏琛谓之漯阳。⑤

③乐安国

（a）伏琛曰："千乘城在齐城西北百五十里，隔会水，即漯水之别名也。"

（b）河水又东经千乘城北，伏琛之所谓千乘城北城者也。⑥

（c）伏琛《齐记》曰："博昌城西北五十里有南、北二城，相去三十里，隔

① 骆伟、徐瑛：《〈齐记〉〈齐地记〉〈三齐记〉〈三齐略记〉〈齐记补〉辑佚》，《中国地方志通讯》1984 年第 2 期，第 24—25 页；刘纬毅：《汉唐方志辑佚》，北京：北京图书馆出版社 1997 年版，第 92—94 页。

② 李昉等：《太平御览》卷一五七《州郡部三·里》，北京：中华书局 2013 年版，第 765 页。

③ 范晔撰，李贤等注：《后汉书》卷九《耿弇列传》，北京：中华书局 2015 年版，第 711 页。

④ 李昉等：《太平御览》卷五六〇《礼仪部三九·冢墓四》，北京：中华书局 2013 年版，第 2530 页。

⑤ 郦道元著，陈桥驿校证：《水经注校证》卷五《河水》，北京：中华书局 2013 年版，第 138 页。

⑥ 同上书，第 139、141 页。

时、济二水。"①

（d）尧水又东北注巨洋，伏琛、晏谟并言尧尝顿驾于此，故受名焉，非也。②

（e）［阳水、浊水］二水浑流，世谓之为长沙水。亦或通名之为渑水，故晏谟、伏琛为《齐记》，并云东阳城既在渑水之阳，宜为渑阳城。③

（f）伏琛、晏谟并言：淄、渑之水合于皮丘坑西。④

（g）伏深《齐地记》云："齐有皮丘坑，民煮坑水为盐，石盐似之。"⑤

④北海郡

（a）伏琛、晏谟并以为平望亭在平寿县故城西北八十里古县，又或言秦始皇升以望海，因曰望海台。⑥

伏琛《齐地记》曰："平寿城西北八十里有平望亭，亦古县也。或云秦始皇为望海台。"⑦

（b）伏琛、晏谟言，胶水东北回达于胶东城北百里，流注于海。⑧

（c）胶水又北经胶阳县东，晏［谟］、伏［琛］并谓之东亭。⑨

⑤城阳郡

（a）晏谟、伏琛云：东武城西北二里潍水者，即扶淇之水也。⑩

（b）伏琛曰：［高密县奕山］山上鄣日，故名鄣日山也。⑪

---

① 郦道元著，陈桥驿校证：《水经注校证》卷八《济水》，北京：中华书局 2013 年版，第 202—203 页。

② 郦道元著，陈桥驿校证：《水经注校证》卷二十六《巨洋水》，北京：中华书局 2013 年版，第 595 页。

③ 郦道元著，陈桥驿校证：《水经注校证》卷二十六《淄水》，北京：中华书局 2013 年版，第 599—600 页。

④ 郦道元著，陈桥驿校证：《水经注校证》卷二十六《汶水》，北京：中华书局 2013 年版，第 603 页。

⑤ 虞世南：《北堂书钞》卷一百二十六《酒食部五》，北京：中国书店出版社 1989 年版，第 617 页。

⑥ 郦道元著，陈桥驿校证：《水经注校证》卷二十六《巨洋水》，北京：中华书局 2013 年版，第 595—596 页。

⑦ 徐坚等：《初学记》卷二十四《居处部·台六》，北京：中华书局 1962 年版，第 575 页；李昉等：《太平御览》卷一七八《居处部六·台下》、卷一九四《居处部二二·亭》，北京：中华书局 2013 年版，第 870、939 页。

⑧ 郦道元著，陈桥驿校证：《水经注校证》卷二十六《胶水》，北京：中华书局 2013 年版，第 609 页。

⑨ 同上书，第 608 页。

⑩ 郦道元著，陈桥驿校证：《水经注校证》卷二十六《潍水》，北京：中华书局 2013 年版，第 605 页。

⑪ 同上书，第 606 页。

（c）晏［谟］、伏［琛］所谓高密郡侧有黔陬县。①

（d）晏谟、伏琛并云：［黔陬］县有东、西二城，相去四十里，有胶水。②

（e）伏琛《齐地记》曰："平昌（郡）［县］有并山，峰高障日。"③

⑥长广郡

伏琛《齐记》曰："不其城南二十里有大劳山、小劳山，在海侧。"④

⑦东莱郡

（a）伏琛《齐地记》曰："曲（城）［成］东七十里有温水，水如汤沸，可疗百病，煮物无不熟也。"⑤

（b）［登州蓬莱］县东北海中有秦始皇石桥，伏琛《齐记》："始皇造桥，欲渡海观日出处，海神为之驱石竖柱。始皇感其惠，通敬于神，求与相见。神曰：'我丑，莫图我形，当与帝会。'始皇从石桥入海四十里，与神相见，帝左右有巧者，潜以足画神形。神怒，曰：'帝负约，可速去。'始皇转马，马之前脚犹立，后脚随崩，仅得登岸。今验成山东入海道可广二十步，时有竖石，往往相望，似桥柱状。海中又有石桥柱二所，乍出乍入。俗云汉武帝所作也。"

（c）［登州蓬莱县］望海台……伏琛《齐记》云："始皇欲渡海，立石标之为记。"⑥

（d）［登州黄县］蹲狗山……伏氏《记》云："山极灵，刘宠微时途由此石，犬吠之，后为太尉。"⑦

（e）伏琛《齐记》云："卢乡城东南有豁口，故曰大豁口。"⑧

（2）冀州

①平原国

---

① 郦道元著，陈桥驿校证：《水经注校证》卷二十六《胶水》，北京：中华书局 2013 年版，第 608 页。

② 同上。

③ 杜公瞻：《编珠》卷一《山川部》，清康熙三十七年（1698）刻本。

④ 李昉等：《太平御览》卷四二《地部七·劳山》，北京：中华书局 2013 年版，第 204 页。

⑤ 李昉等：《太平御览》卷七一《地部三六·温泉》，北京：中华书局 2013 年版，第 334 页。

⑥ 乐史撰，王文楚等点校：《太平寰宇记》卷二十《河南道二十·登州》，北京：中华书局 2007 年版，第 409—410、411 页。

⑦ 同上书，第 413 页。

⑧ 同上书，第 422 页。

伏琛、晏谟言平原邑。①

案：此语文后接连的"今分为郡"一句，为北魏郦道元生活时代行政区划情况，删减不录。

②清河国

伏琛《齐地记》曰："东武城东南有胜火木，方俗音曰'梃子'。其木经野火烧炭，不灭，故东方朔谓'为不灰之木'。"②

③渤海郡

（a）伏琛《齐地记》曰："勃海郡东有碣石，谓之勃碣也。"③

（b）[沧州] 盐山县，本春秋无棣邑也……伏琛《齐地记》："无棣，今渤海高城县也，属渤海郡。"④

（3）徐州

①东莞郡

（a）伏琛、晏谟并言：[汶] 水出 [朱虚] 县东南峿山，山在小泰山东者也。⑤

（b）伏琛、晏谟《齐记》并言：莒渠丘亭在安丘城东北十里。⑥

（c）伏琛《齐地记》曰："安丘城南三十里有雹都渊，其雹或出，亦不为灾异。"⑦

（d）伏琛《齐地记》曰："……朱虚城西有山岘，远而峻，今名半车岘。"⑧

（e）伏琛《齐地记》曰："……朱（城）[虚] 城东二十里有柴阜，其西南

---

① 郦道元著，陈桥驿校证：《水经注校证》卷五《河水》，北京：中华书局2013年版，第133页。

② 贾思勰原著，缪启愉校释，缪桂龙参校：《齐民要术校释》卷十《五谷、果蓏、菜茹非中国物产者》，北京：农业出版社1982年版，第696页；李昉等：《太平御览》卷九六〇《木部九·胜火》，北京：中华书局2013年版，第4263页。

③ 萧统编，李善注：《文选》卷十二《郭景纯〈江赋〉》，上海：上海古籍出版社1986年版，第566页。

④ 乐史撰，王文楚等点校：《太平寰宇记》卷六十五《河北道十四·沧州》，北京：中华书局2007年版，第1332页。

⑤ 郦道元著，陈桥驿校证：《水经注校证》卷二十六《汶水》，北京：中华书局2013年版，第604页。

⑥ 同上。

⑦ 徐坚等：《初学记》卷二《天部下·雹四》，北京：中华书局1962年版，第32页；李昉等：《太平御览》卷一四《天部一四·雹》，北京：中华书局2013年版，第71页。

⑧ 李昉等：《太平御览》卷五六《地部二一·岘》，北京：中华书局2013年版，第273页。

隅有魏独行君子管宁墓，石碑犹存。城东北三十里柴阜东头，有魏征士邴原墓，石碑犹存。"①

（f）［沂州沂水县］穆陵山……伏琛《齐记》曰："昔［召康公］赐履南至于穆陵者，泰山南，龟山北，穆陵山是也。"②

（g）［青州益都县］尧山……伏琛《齐记》又云："此山南有二水，名东西丹水也。"③

②琅琊国

伏琛《齐地记》曰："秦始皇二十八年至琅琊，大乐之，留三月，作琅琊台。台亦孤山也，然高显出于众山之上。"④

（4）兖州

泰山郡

（a）伏琛《齐地记》云："莱芜谷有铜冶岘，古铸铜之处也。"⑤

（b）［沂州新泰县］委粟山，伏琛《齐地记》曰："委粟山，孤立如聚粟也。"⑥

以上统共搜录有 39 条辑文，稽核北魏及以前中国华北地区行政沿革，可知辑文内容叙述地域行政区划与西晋之时行政建置可对应起来，故而《齐地记》陈述乃是西晋今山东及相邻地区行政建制，前此辑佚家将之列作晋代书籍，可信。

上引《齐地记》涉西晋时期齐国临淄（今山东淄博），济南郡漯阴（今山东济南北），乐安国千乘（今淄博高青县）、博昌（今山东滨州博兴县东南）、涅阳（今山东潍坊寿光附近）、北海郡平寿（今山东潍坊东南）、胶东（今山东青岛平度）、胶阳

---

① 李昉等：《太平御览》卷五六〇《礼仪部三九·冢墓四》，北京：中华书局 2013 年版，第 2530 页。

② 乐史撰，王文楚等点校：《太平寰宇记》卷二十三《河南道二十三·沂州》，北京：中华书局 2007 年版，第 480 页。

③ 乐史撰，王文楚等点校：《太平寰宇记》卷十八《河南道十八·青州》，北京：中华书局 2007 年版，第 353 页。

④ 欧阳询等编，汪绍楹校：《艺文类聚》卷六十二《居处部二·台》，上海：上海古籍出版社 2007 年版，第 1119—1120 页。

⑤ 虞世南：《北堂书钞》卷一百五十七《地部一》，第 680 页；李昉等：《太平御览》卷五六《第部二一·岘》，北京：中华书局 2013 年版，第 273 页。

⑥ 乐史撰，王文楚等点校：《太平寰宇记》卷二十三《河南道二十三·沂州》，北京：中华书局 2007 年版，第 487 页。

（今山东潍坊昌邑），城阳郡东武（今山东潍坊诸城）、高密（今山东诸城东北）、黔陬（今山东诸城东北）、平昌（今山东诸城西北），长广郡不其（今山东青岛东北），东莱郡曲成（今山东烟台招远西北）、卢乡（山东烟台掖县南），以上城邑隶属于青州；平原国平原（今山东德州平原），清河国东武（今山东德州武城东北），渤海郡高城（今河北沧州盐山东南），以上归属于冀州；东莞郡朱虚（今山东临朐东南）、安丘（今山东潍坊安丘西南），琅琊国（今山东临沂），以上属于徐州；兖州泰山郡莱芜（今山东济南莱芜东北）。区域范围涵盖今山东淄博、潍坊、济南及周边地区，与东周时期齐国强盛之时控制地区颇相吻合。至于其记事时间，则上起上古三皇五帝时代，下讫西晋。

除却上述四个州的郡县城邑之外，辑文还提到许多山脉、河流、泉水、名胜古迹、神话传说、本地特产等。佚文类别划分标准有很多种，上面采用其中的行政区划方式对辑文进行归类，可以直观一览辑文叙述主要地域。

3.（十六国南燕）晏谟《齐记》　　二卷　存文

晏谟，"谟"在唐代林宝《元和姓纂》、李昉《太平御览》及《新唐书·艺文志》《通志二十略·艺文略第四》中分别另记作形近字"汉""谋"和谐音字"模"（详下）[1]。出生和去世年份均不详，大概生活在东晋中后期，祖籍青州（今山东潍坊等地）。其生平事迹集中见载于北魏崔鸿《十六国春秋》、房玄龄等《晋书·慕容德载记》等书中：

> ［建平］三年三月，［慕容］德如齐城，登营丘，望见晏婴冢，顾左右曰："礼，大夫不逼城葬。平仲，古之一贤人达者，而生安近市，死葬近城，岂有意乎？"青州秀才晏谟对曰："孔子称臣先人平仲贤矣，岂不知高其梁，丰其礼？盖政在家门，故俭以矫世。存居湫隘，卒岂择地而葬乎！所以不远门者，犹冀悟平生意也。"德悦之。三月，以太牢祀汉城阳景王庙，遂北登社首山，东望鼎足，因目牛山，问谟以齐之山川、贤哲故事。谟历对详辩，画地成图。德深嘉之，拜尚书郎。[2]

---

① 林宝：《元和姓纂》卷九，嘉庆七年（1802）古歙洪氏校刊本；李昉等：《太平御览》卷四二《地部七·劳山》，北京：中华书局2013年版，第204页。

② 崔鸿：《十六国春秋·南燕录·慕容德》，《丛书集成初编》第3815册，北京：中华书局1985年版，第79页；房玄龄等：《晋书》卷一百二十七《慕容德载记》，北京：中华书局1974年版，第3169页。

据上文建平三年（402）晏谟与南燕建立者慕容德之间对话和游历活动可见，晏谟自称乃是春秋后期齐国名臣晏婴的后人，较为熟悉齐地山脉、河流和以晏婴为代表的齐地古代先哲的经历事迹，稍后担任南燕尚书郎一职。

晏谟还将其熟知齐国故地山岳、河流、历史人物等情况编撰成一部书籍，其书之名与卷数，《新唐书·艺文志》《通志二十略·艺文略第四》均作"晏模《齐地记》，二卷"①。《水经注》《初学记》《史记正义》《元和郡县图志》等另称作《齐记》，《太平御览》则将以上二名混合使用，《太平寰宇记》除引用这两个名称外还另外写作《三齐记》（详下引文），因而其书在唐宋史册中有《齐记》《齐地记》《三齐记》等几个名称。

王谟、丁国钧、文廷式、秦荣光、吴士鉴、章宗源、张国淦等辑佚学家先后指出其存佚状况和一些遗文的出处②，当代学者骆伟、徐瑛和刘纬毅及崔敏、胡阿祥陆续辑出66、22、35条③，其中崔敏、胡阿祥还提到划分辑文门类的几个门目，颇值得我们学习和借鉴。然从整体上来看，这几位学者列举辑文的不足与前举当代学者辑录伏琛《齐记》存在缺憾颇为相似。下面参据其辑佚成果和合理做法分列如下：

（1）山脉

①晏谟曰：［郭日山］山状郭日，是有此名。④

②晏谟《齐记》曰："太白〔泰山〕自言高，不如东海劳。昔郑康成领徒于此。"⑤

---

① 欧阳修、宋祁：《新唐书》卷五十八《艺文志二》，北京：中华书局2021年版，第1504页；郑樵撰，王树民点校：《通志二十略·艺文略第七》，第1578—1579页。

② 王谟：《汉唐地理书钞·总目》，北京：中华书局2006年版，第13页；丁国钧撰，朱新林整理：《补晋书艺文志》卷二，第66页；文廷式撰，朱新林整理：《补晋书艺文志》，第274页；秦荣光撰，朱新林整理：《补晋书艺文志》卷二，第69页；吴士鉴撰，朱新林整理：《补晋书艺文志》卷二，第407页；章宗源撰，项永琴、陈锦春、郑民令整理：《隋书经籍志考证》卷六，第138页；张国淦：《中国古方志考·山东省》，第134—135页。

③ 骆伟、刘纬毅：《汉唐方志辑佚》，北京图书馆出版社1997年版，第90—92页；崔敏、胡阿祥：《晏谟及其〈齐记〉》，《南京晓庄学院学报》2015年第1期，第32—33页。

④ 郦道元著，陈桥驿校证：《水经注校证》卷二十六《潍水》，北京：中华书局2013年版，第606页。

⑤ 李吉甫撰，贺次君点校：《元和郡县图志》卷十一《河南道七》，北京：中华书局1983年版，第308页；乐史撰，王文楚等点校：《太平寰宇记》卷二十《河南道二十·莱州》，北京：中华书局2007年版，第421页；李昉等：《太平御览》卷四二《地部七·劳山》，北京：中华书局2013年版，第204页。

③晏谟《齐记》云："剧城东南二十五里有方山，远望正方。"①

④［青州益都县］尧山。《三齐记》："尧巡狩所登，故以为名。"②

⑤［齐州历城县］庙山……按晏谟《三齐记》云："县东南山后人思舜之德，置庙于此。"③

⑥［齐州历城县］奎山……按《三齐记》云："县西南有奎山公神，似猪头戴珠。"④

⑦［齐州章丘县］龙盘山……晏谟《齐记》："殷末周初，有神龙潜于此山，遂以为名。"⑤

⑧［齐州章丘县］鸡山……按晏谟《齐记》云："卫国县西有鸡山，人云昔有神鸡，晨鸣于此，有人候之，获一石，洁白如玉，因以为名。"⑥

⑨［齐州章丘县］长白山……按晏谟《齐记》云："于陵西三里有陈仲子夫妻隐处。"⑦

⑩［莱州即墨县］不其山……《三齐记》云："郑玄教授于不其山，山下生草大如薤，叶长一尺余，坚刃异常，土人名日'康成书带'。"⑧

⑪［登州蓬莱县］九目山……按晏谟《齐记》云："山有窍，因名九目。"⑨

⑫［登州牟平县］岘山……按晏谟《齐记》云："卢山东北有东牟大岘山。"⑩

⑬［密州诸城县］常山。晏氏《齐记》云："祈雨常应，故日常山。"⑪

---

① 乐史撰，王文楚等点校：《太平寰宇记》卷十八《河南道十八·潍州》，北京：中华书局2007年版，第366页。

② 乐史撰，王文楚等点校：《太平寰宇记》卷十八《河南道十八·青州》，北京：中华书局2007年版，第353页。

③ 乐史撰，王文楚等点校：《太平寰宇记》卷十九《河南道十九·齐州》，北京：中华书局2007年版，第384页。

④ 同上。

⑤ 同上书，第390页。

⑥ 同上。

⑦ 乐史撰，王文楚等点校：《太平寰宇记》卷十九《河南道十九·齐州》，北京：中华书局2007年版，第389页。

⑧ 同上书，第420页。

⑨ 乐史撰，王文楚等点校：《太平寰宇记》卷二十《河南道二十·登州》，北京：中华书局2007年版，第408页。

⑩ 同上书，第414页。

⑪ 乐史撰，王文楚等点校：《太平寰宇记》卷二十四《河南道二十四·密州》，北京：中华书局2007年版，第497页。

⑭［密州诸城县］徐山。《三齐记》："始皇令术士徐福入海求不死药于蓬莱方丈山，而福将童男童女二千人于此山集会而去，因曰'徐山'。"①

（2）河流

①［青州临淄县］康浪水。《三齐记》云："宁戚《叩牛角歌》曰：'康浪水白石粲，中有鲤鱼长尺半。'"②

②［齐州历城县］历水……按晏谟《三齐记》云："历水出历祠下，泉源竞发，与泺水同入鹊山湖。"③

③［齐州历城县］孝感水……按《三齐记》云："其水平地涌出为小渠，与四望湖合流入州，历诸廨署西入泺水。"④

④［齐州章丘县］百脉水……按晏谟《齐记》云："源出亭山县东界，水源方百步，百水之脉俱合流，因以名。西北入县界，屈曲六十里入济。"⑤

（3）岛屿

［登州文登县］鸡鸣岛……晏谟《齐记》云："不夜城北有鸡鸣岛。"⑥

（4）城邑

①晏谟《齐记》曰："［临济县］有南北二城隔济水，南城即被阳县之故城也，北枕济水。"⑦

②晏谟曰：［利］县在齐城北五十里也。⑧

---

① 乐史撰，王文楚等点校：《太平寰宇记》卷二十四《河南道二十四·密州》，北京：中华书局2007年版，第494—495页。

② 乐史撰，王文楚等点校：《太平寰宇记》卷十八《河南道十八·青州》，北京：中华书局2007年版，第356页。

③ 乐史撰，王文楚等点校：《太平寰宇记》卷十九《河南道十九·齐州》，北京：中华书局2007年版，第384页。

④ 同上。

⑤ 同上书，第390页。

⑥ 乐史撰，王文楚等点校：《太平寰宇记》卷二十《河南道二十·登州》，北京：中华书局2007年版，第410页。

⑦ 郦道元著，陈桥驿校证：《水经注校证》卷八《济水》，北京：中华书局2013年版，第202页。

⑧ 同上书，第203页。

③晏谟曰：［剧县］西去齐城九十七里。①

④晏谟曰：［益县］南去齐城五十里。②

⑤《史记正义》：晏氏《齐记》云齐城三百里有夷安，即晏平仲之邑。③

⑥晏谟《齐地记》云："晋永嘉五年，东莱牟平曹嶷为刺史所筑，有大涧甚广，因之为固，谓之广固城。城侧有五龙口。"④

⑦［齐州历城县］鲍城……《三齐记》云："鲍叔牙所食邑也。"⑤

⑧［齐州历城县］台城……又《三齐记》云："高唐县西南四十里有台城，其间空废。"⑥

⑨［齐州历城县］营城……又《三齐记》云："历城县西南四十里有营城。"⑦

⑩［齐州历城县］平陵城……按《三齐记》："高唐县西南三十里有平陵城，殷帝乙所都也。"⑧

⑪［密州安丘县］慈阜。晏氏《齐记》云："营陵城西南四十里有慈阜，魏奉常王修葬于此，俗以叔治之孝，故此丘以慈表称。"⑨

（5）水利工程

晏谟《齐记》曰："石塞堰，武帝时造。"⑩

（6）名胜古迹

①二坟，晏谟曰：依《陵记》，非葬礼，如承世，故与其（今案，齐桓公）

---

① 郦道元著，陈桥驿校证：《水经注校证》卷二十六《巨洋水》，北京：中华书局 2013 年版，第 594 页。

② 同上。

③ 司马迁：《史记》卷六十二《管晏列传》，北京：中华书局 2013 年版，第 2134 页。

④ 乐史撰，王文楚等点校：《太平寰宇记》卷十八《河南道十八·青州》，北京：中华书局 2007 年版，第 354 页；李昉等：《太平御览》卷一六〇《州郡部六·青州》，北京：中华书局 2013 年版，第 777 页。

⑤ 乐史撰，王文楚等点校：《太平寰宇记》卷十九《河南道十九·齐州》，北京：中华书局 2007 年版，第 385 页。

⑥ 同上书，第 385—386 页。

⑦ 同上书，第 386 页。

⑧ 同上。

⑨ 乐史撰，王文楚等点校：《太平寰宇记》卷 24《河南道二十四·密州》，北京：中华书局 2007 年版，第 498 页。

⑩ 徐坚等：《初学记》卷八《州郡部·河南道第二》，北京：中华书局 1962 年版，第 170 页。

母同墓而异坟。①

②〔汶水〕又东北经管宁冢东，故晏谟言，柴阜西南有魏独行君子管宁墓，墓前有碑。②

除却上列的 33 条辑文之外，另有 12 条辑文包含在前录伏琛《齐记》之中，合计 45 条。因为五胡十六国时期地方行政区划中郡辖县方面历史材料不够齐全，难以按照行政建制归并辑文，故而以辑文叙及历史事物，分作山脉、河流、岛屿之类自然地理情况以及城邑、水利工程、名胜古迹等历史人文遗迹两个大类。前引《十六国春秋》讲到晏谟谙熟齐地"山川贤哲故事"，与上列其书提及齐地山脉地理位置、名称历史渊源、历史典故，河流发源地、经过地区、注入湖泊，以及鲍叔牙食邑之地、南燕都城广固城筑建始末、殷商帝乙王都、管宁陵墓等可相互验证。

据前举四十多条辑文，其叙事时间起于上古三皇五帝时代，止在西晋永嘉五年（311）青州刺史、东莱郡公曹嶷修筑广固城之时或稍后。其实我们仔细核对西晋时期今山东地区行政建制，发现若干县名譬如文中列举的"亭山县""被阳县"不见于西晋一代，因而我们怀疑其述乃南燕地方行政体制，相应地，记述迄止时间当在南燕。

---

① 郦道元著，陈桥驿校证：《水经注校证》卷二十六《淄水》，北京：中华书局 2013 年版，第 600 页。

② 郦道元著，陈桥驿校证：《水经注校证》卷二十六《汶水》，北京：中华书局 2013 年版，第 604 页。

《从村庄出发》的写作学探讨

程林盛[*]

【内容提要】《从村庄出发》是龚志祥教授的作品，全书由相互独立又有着内在联系的七个篇章组成。在讨论作者写作背景、经历及内容特征的基础上，将其置于人类学民族志写作、文学非虚构写作、史学生命史写作的视野下剖析其写作学价值，认为这部作品，在民族志写作方面体现了丰富的生命经验素材、高超的文字驾驭与表达能力、强烈的文化背景反差的刺激、扎实的人类学田野与人性化的理论关怀；在非虚构写作方面体现了追求真实素材、语言通俗朴素、词汇与文化的地域特色；在生命史写作方面体现了多层次叙事、对记忆的高超运用。

【关键词】《从村庄出发》 民族志 非虚构 生命史

《从村庄出发》^① 是龚志祥教授在英国伦敦政治经济学院访学时写作完成的，于2017 年由作家出版社首次出版。全书 12.5 万字，由七个部分构成，每个部分的主角依次是母亲、村庄、婆婆（奶奶）、爷爷、求学、过年、工作^②。笔者通读全书，认为这七个部分之间各自独立又有着内在连接。说其各自独立，是因为这七个篇章的顺序可以互换或任意选择其中的一篇来阅读，相互之间在叙事情节上没有必然的先后顺

---

* 【作者简介】程林盛，男，1985 年生，山西晋中人，博士，讲师，研究方向：民族志写作、历史人类学、物质文化研究。

① 西水老弯：《从村庄出发》，北京：作家出版社 2017 年版。

② 作者在新出版的《从村庄出发（二）》中新增父亲、姐姐等篇章。见龚志祥：《从村庄出发（二）》，北京：中央民族大学出版社 2023 年版。

序，每个篇章的阅读序列不影响读者对本书的阅读效果。说其有着内在连接，是因为这七个篇章都是以作者的亲身经历及其本人作为每个篇章叙述的当事人而展开，如对母亲的追忆、对村庄变迁的描写、对奶奶和爷爷的追忆、对自己求学、过年和工作的追忆，都是站在第一人称的角度展开的。该书一经出版就在一定范围内掀起一股阅读热，如在湖南师范大学民族学与人类学研究中心曾举办新书出版小型座谈会，在中南民族大学民族学与社会学学院举办学生读书会，该书内容的发生地湖北省恩施州某种程度上成了众人向往之地。本文基于作品本身，从写作学角度探讨其在人类学、文学和历史学学科的书写表达价值及其意义。

一、作为民族志写作的《从村庄出发》

民族志，是现代人类学民族学学科的重要概念。其最基本的意涵就是民族学人类学研究者在学科框架下所写作的文本，一般都是书籍式的，不过近年来在人类学民族学领域也出现了大量依托影像技术手段所制作的影视片，被称为影像（视）民族志或民族志电影/纪录片等。关于什么是民族志，事实上在民族学人类学界都没有一个非常明确的界定或表述，我们在通读国内外人类学家的民族志作品时，会觉得他们的作品大致可以粗略地分为两大类，一类是偏重中国古代志书式的描写型的，如凌纯声著《松花江下游的赫哲族》①、杨圣敏主编《中国民族志》② 等，一类是以西方学术风格写作兼顾叙述与理论的分析型的，如马林诺夫斯基著《西太平洋上的航海者》③、克利福德·格尔茨著《尼加拉：十九世纪巴厘剧场国家》④、费孝通著《江村经济》⑤等。随着人类学家对主题田野调查和研究的深入，他们在探索表达自己研究成果的方式上不断出新，如林耀华著《金翼：中国家族制度的社会学研究》⑥ 以小说体的形式写成的学术著作，通过讲故事的形式分析了中国传统社会的家族制度。如果将龚志祥

---

① 凌纯声：《松花江下游的赫哲族》，北京：民族出版社2012年版。李亦园称凌纯声的赫哲族调查为"中国民族学的第一次科学田野调查，成为中国民族学发展史上的重要里程碑""……此书的出版，不仅成为中国民族学研究上的第一本科学民族志，同时也是自1922年Malinowski出版 *Argonauts of Western Pacific* 之后至1935年间，全球文化人类学家致力于基本民族志资料搜集与著述期中，重要的民族志书之一。"出自：李亦园：《人类的视野》，上海：上海文艺出版社1996年版，第413页。

② 杨圣敏：《中国民族志》，北京：中央民族大学出版社2004年版。

③ ［英］布罗尼斯拉夫·马林诺夫斯基著，弓秀英译：《西太平洋上的航海者》，北京：商务印书馆2017年版。

④ ［美］克利福德·格尔茨著，赵丙祥译：《尼加拉：十九世纪巴厘剧场国家》，北京：商务印书馆2018年版。

⑤ 费孝通：《江村经济》，北京：北京大学出版社2012年版。

⑥ 林耀华：《金翼：中国家族制度的社会学研究》，北京：生活·读书·新知三联书店2008年版。

教授的《从村庄出发》放入到这一序列中，很显然他也创立了一种人类学主题的表达手法，谭必友教授称之为"散文民族志"，即"用散文体裁及相应的文学符号来表达人类学的关怀与思考"①。《从村庄出发》中的七个篇章都是散文，每篇都是围绕一个人物或主题展开叙述，这些人物或主题叙述都是具有人类学专业背景的作者以其敏锐的专业素养挑选和写作的，这七个篇章都以散文体裁表达了人类学的人文关怀——个体生命、村落变迁与国家命运的相融，其关于人类学的细节描写和故事叙事做到了恰如其分。

人类学的民族志是以文化为题材的，因此民族志写作必须基于文化。人类学对文化的界定，有代表性的是爱德华·泰勒在其《原始文化》中认为"文化包括全部的知识、信仰、艺术、道德、法律、风俗以及作为社会成员的人所掌握和接受的任何其他的才能和习惯的复合体"②，以及克利福德·格尔兹在其《文化的解释》中认为"文化是一种通过符号在历史上代代相传的意义模式，它将传承的观念表现于象征形式之中。通过文化的符号体系，人与人得以相互沟通、绵延传续，并发展出对人生的知识及对生命的态度"③。泰勒的文化定义对于初学者很容易理解和掌握，在泰勒文化定义的基础上，我们再将物质文化纳入就会使文化的概念更完整，而在这个框架下写成的民族志作品就成为包罗万象的作品，但这样的作品会被认为很初级。格尔兹的文化定义对于初学者要比较复杂，因为无论是在田野调查中对文化的理解和感知，还是在后期的民族志写作中对文化的阐释，都是极富挑战性的。很显然，《从村庄出发》是基于格尔兹的文化定义，作者对文化的理解是包括生命个体、村落变迁以及国家命运不同层面的相互叠加和相互影响的呈现。作者通过几个人物命运的跌宕起伏，叙述了村落与国家、微观和宏观结构影响下的个体生命史。这样的叙事方式给读者以清晰的文化感知，因为每一篇记叙的都是宛如你我身边的亲人、朋友，这些人的命运同时也是相同时代背景下"我们"的命运，所以和作者同龄的读者读来会更加切身体会每一篇的真挚情感，产生共鸣。龚教授正是在这样的文化传承中形成了他本人对人生及命运的态度，在我们细读他所描写家庭亲人的每一篇文章中，都可以感受到他从祖父母辈、父母辈以及平辈那里传承和接续的人生态度。

---

① 谭必友：《散文民族志的学理性及创作实践——基于〈从村庄出发〉的阅读经验》，《湖北民族学院学报（哲学社会科学版）》2018 年第 3 期，第 51 页。

② ［英］爱德华·泰勒著，连树声译：《原始文化》，桂林：广西师范大学出版社 2005 年版，第 1 页。

③ ［美］克利福德·格尔兹著，纳日碧力戈等译：《文化的解释》，上海：上海人民出版社 1999 年版，第 11 页。

民族志的写作技艺是人类学作品呈现的隐形核心力量。如何利用写作技艺将自己想表达的见解通过书写在纸面上的文字呈现出来，这是需要一定功力的。这种功力需要作者建立在丰富的生命经验和细腻的文字转化之上，民族志写作强调建立在扎实的田野调查之上，作者在曾家界村的田野感知尽管不像今天的人类学家专程到异文化中去调查（收集研究资料），但他却利用更广阔的文化比较将自己在曾家界村 50 多年的生命经验通过人类学"跨文化比较研究"的途径呈现出来。这里所说的文化比较是指作者利用自己在伦敦政经学院访学的机会，在曾家界村—伦敦（中西文化）之间强烈的文化差异下写作这本《从村庄出发》。正如谭必友教授所言："《从村庄出发》描写的都是家乡的文化，表面看来，这不符合欧美人类学的共识。但其实，作者在家乡长期生活的记忆，成为他人类学思考中的田野素材。这个素材比一般的泛泛的田野考察所能收集到的材料要丰富得多，也要真实与可信的多。只是在缺乏另一个文化背景的时候，研究者很难将其中有价值的材料剥离出来。当龚志祥教授来到伦敦之后，这些素材被逐步地意识到，并逐步地形成不同的类别加以运用。"① 所以，文化背景技艺是民族志写作的灵感。《从村庄出发》的另类写作技艺，向辉博士在其有关民族志叙事的理论思考中，将其概括为"融汇了中国传统文学样式和现代民族志风格，具有学术发展意义上的接续性和民族志理论意义上的自觉性"②，并通过"源与本""亲与疏""记忆与故事"和"在此与生发"四个方面进行了讨论与阐释。民族志的写作技艺考验着作者如何处理材料的功力。《从村庄出发》的材料就是作者的生命经验，存留在他的记忆之中，如何将这些记忆抽丝剥茧并缀连起来，一方面需要前述的文化背景反观，另一方面还需要驾驭文字的能力，作者有着十几年的记者和办公室文字工作经验，积累了高超的文字运用能力，写就了这本被称为散文民族志的作品。

丰厚的富有生命经验的素材、高超的文字驾驭与表达能力、强烈的文化背景反差的刺激、扎实的人类学田野与人性化的理论关怀，是《从村庄出发》这民族志文本能够出自作者之手的幸运。但是，作为人类学学科的民族志，正如向辉博士所言，"按照教科书式民族志定义，龚志祥的《从村庄出发》一书并不是严格意义上的民族志……"③，那么，在过于强调学科属性的当下，《从村庄出发》究竟能否归入民族志

---

① 谭必友：《散文民族志的学理性及创作实践——基于〈从村庄出发〉的阅读经验》，《湖北民族学院学报（哲学社会科学版）》2018 年第 3 期，第 53 页。

② 向辉：《龚志祥的"村庄"：基于民族志叙事的理论思考》，《民族文学研究》2019 年第 4 期，第117 页。

③ 同上。

的范畴，或许见仁见智，但从另一个侧面也说明这种争议性还是存在的。谭必友教授评价到"在于它对散文民族志作品所作的探索性贡献"①，或许某种程度上其散文的特点比民族志的特点更加突出，这就需要我们进入文学的视野去讨论了。

二、作为非虚构写作的《从村庄出发》

如果将《从村庄出发》视为散文作品（集），也丝毫没有问题，因为整本书读起来还蛮符合散文的"形散神聚"的文学特征。文学视野下的散文是追求文学创作，作家的身份不同于人类学家的身份，作家可以运用文学创作技巧，通过夸张、猎奇、虚构、拟人、模仿以及蒙太奇等众多艺术手法去表现，而人类学家则不同，他首先要确保材料的真实、准确。具体到《从村庄出发》，作者本身是有专业人类学训练的高校教授，书中所有的素材都基本保证了真实性和准确性，只是将这些故事和记忆通过散文体裁呈现出来了。检索文学体裁，我们发现这本著作与报告文学以及近年来兴起的非虚构文学有着密切关联。事实上，报告文学本身就是散文的一种，它是运用文学艺术，真实、及时地反映社会生活事件和人物活动的一种文学体裁，其基本特征是新闻性、文学性、政论性。显然，《从村庄出发》一书与报告文学还有一定距离，特别是在及时性、新闻性、政论性等方面都存在巨大差距，所以它不是报告文学的写作体裁。非虚构写作，在《韦氏大词典》第二版中被定义为"一种内容基于事实和现实的文学分支，以叙事散文的方式处理或提供观念，包含传记与历史文章，它与虚构文学相对、与诗歌和喜剧相区别"②。美国非虚构作家何伟（Peter Hessler）则主张"非虚构即是真实，不可编造"③。英国文学评论家芭芭拉·劳恩斯伯里（Barbara Lounsberry）在《事实的艺术》一书的序言中阐明了非虚构写作的四个特征，即真实世界的记录性、详尽的研究、场景和良好的写作。④ 他们的表述尽管不一，但核心是必须基于真实事件的写作。蔡家园则认为，非虚构"从创作主体的角度来看，这种写作具有行动性（强调亲历，介入社会）、专业性（研究式写作）、个人性（个人话语色彩鲜明）

① 谭必友：《散文民族志的学理性及创作实践——基于〈从村庄出发〉的阅读经验》，《湖北民族学院学报（哲学社会科学版）》2018 年第 3 期，第 51 页。

② Robert L. Root，Jr.，"Naming Nonfiction（A Polyptych），"College English，Vol. 65，No. 3，Special Issue：Creative Nonfiction（Jan.，2003），p. 242.

③ 参见何伟，谷雨：《为何非虚构性写作让人着迷？》，2015 年 8 月，https://www.xwpx.com/article/2015/0830/article_42489.html，2022 年 11 月 20 日。

④ 参见 Barbara Lounsberry，*The Art of Fact：Contemporary Artists of Nonfiction.* Westport：Greenwood Press，1990，pp. xiii - xv.

的特点；从文本来看，它具有叙事的经验性、文体的混合性的特点。"① 《从村庄出发》就是基于这些特点的作品。

参照《中国"非虚构"写作大事记（1980—2021）》②，在我国，1980—1994 年间与"非虚构"相关的主要是评介性的学术文章，1995—1998 年间《中国青年报》开辟"冰点特稿"、《南方周末》增设"记者观察"，刊登一些较具深度性的反映社会现实的特稿。2000 年《钟山》杂志第 5 期设置"非虚构文本"栏目，首发"非虚构"概念文本。2003—2009 年以报纸和文学杂志为阵地刊发了多篇关联社会现实的深度报道文章。这在一定程度上推动了社会改革。2010 年第 2 期《人民文学》开办"非虚构"专栏，以及其他一些报刊也开始刊登"一些叙事史、民间语文、自述自传、往事访谈、口述实录、历史档案等文字，或注重深入事件与人物内部，或强调真实呈现历史细节"③，推动"非虚构写作"走向高潮。非虚构写作的最初作者是面向社会征集的，没有特别限定身份④，不过参与者大多是媒体人、作家以及一些大学生，后来也有学者加入。"非虚构写作"成为一种时尚的写作，一些地方还成立了相关的基金会、发表平台、评奖大赛等，鼓励这类写作。如一些从社会学、人类学等视角写作的学术性著作《岂不怀归：三和青年调查》⑤《我的凉山兄弟》⑥《崖边报告：乡土中国的裂变记录》⑦《袍哥：1940 年代川西乡村的暴力与秩序》⑧《金翼：中国家族制度的社会学研究》⑨ 等，它们基于扎实的田野调查，借用文学手法写成，成为学者基于专业视角的非虚构写作，袁凌认为这类作品的好处是兼收学术与文学之效，有助于人们对复杂社会理论与问题的认识，风险是导致学术性失落且未获得真正的文学性，致使两

---

① 蔡家园：《对乡土中国的一种理解与记录——关于〈松塆纪事〉的几个思考片段》，《写作》2019 年第 3 期，第 17 页。

② 魏雪慧：《中国"非虚构"写作大事记（1980—2021）》，《扬子江文学评论》2022 年第 4 期，第 67－73 页。

③ 傅修海、刘红娟：《"非虚构写作"漫议》，《文艺评论》2012 年第 3 期，第 21 页。

④ 如 2010 年第 2 期《人民文学》的《"人民大地·行动者"非虚构写作计划启事》的定义，最要害的要求是第二条："行动者"非虚构写作计划的宗旨是：以"吾土吾民"的情怀，以各种非虚构的体裁和方式，深度表现社会生活的各个领域和层面，表现中国人在此时代丰富多样的经验。"行动者"非虚构写作计划，要求作者对真实的忠诚，要求作品具有较高的文学品质。"行动者"非虚构写作计划，特别注重作者的"行动"和"在场"，鼓励对特定现象、事件的深入考察和体验。

⑤ 田丰、林凯玄：《岂不怀归：三和青年调查》，北京：海豚出版社 2020 年版。

⑥ 刘绍华：《我的凉山兄弟》，台北：群学出版社 2013 年版。

⑦ 阎海军：《崖边报告：乡土中国的裂变记录》，北京：北京大学出版社 2015 年版。

⑧ 王笛：《袍哥：1940 年代川西乡村的暴力与秩序》，北京：北京大学出版社 2018 年版。

⑨ 林耀华：《金翼：中国家族制度的社会学研究》，北京：生活·读书·新知三联书店 2008 年版。

失①。事实上，学术写作也是求真的写作，不过非虚构写作从其被命名时起就是从文学视角来归类的，致使我们讨论非虚构写作时，还得回归文学视角。

回到《从村庄出发》，其中的这些篇章都是非虚构的写作，可以说每一篇、每一个字、每一个故事情节乃至细节都符合真实可靠的标准，满足了非虚构写作的"忠诚于真实"的最高原则。或许，作者在写作这部书稿的时候，并没有将其置于文学创作的视野下，只是想把自己的记忆与对亲人、朋友和村庄的生命感知用文字记录下来。凑巧的是，在这个写作中，作者融入了其极富情感的对人物交往的细腻描写和充满理性的时代与社会分析，使这部书稿成为依托现实生活中真实人物故事与时代变迁交相辉映的散文呈现。从这个角度而言，《从村庄出发》在其文学写作的角度表现了几大特点。第一，故事题材真实、亲切。全文7个篇章都是铭刻于作者生命经验中的家属与家乡的生活经历，每个字都是真切的过往。第二，语言表达通俗、朴素。全文使用的文字呈现都是通俗化的语言，没有人类学、社会学相关的学科性词汇交织，也打破了文学语言的文体壁垒，大部分识字的读者都可以轻松地阅读。第三，词汇富有地域性特色。文中使用了大量恩施地区的方言与词汇，甚至还有一些土家语词汇和习俗，为了照顾地方性读者的阅读，作者都标记了现代汉语表达，是一本名副其实的地方性非虚构写作作品。第四，采用散文表达方式。全书7个篇章，都是包含了丰富的人际交往的故事叙述，将亲情、友情、同乡情用散文方式表达了出来，很多细节描写有感人泪下之景，情到深处"伤"及读者。《从村庄出发》跻身非虚构写作，成为众多非虚构作品之一，不同于国内其他非虚构写作就事论事或就村庄现实讨论社会现实，《从村庄出发》正如其题意所表述的，从"村庄"出发是作者自身从村庄出发，然后历经求学、工作、访学再回到村庄追忆昔日的亲人往事和村庄变迁，这个长途跋涉后的追忆成为本书非虚构写作的特点，把熟悉的生活经历和亲人朋友当作写作题材，与曾家界的村落变迁结合起来，透视了人、村落在社会变迁之下的历史境遇。

作为非虚构写作的《从村庄出发》满足了当代追求真实的读者群体的需求，尽管作者的写作初衷并没有想这么多，但作品的面世进入到读者和评论家的视野中，作为文艺批评的范畴必然会被归类到这一框架之中。无论如何，当你细读这几篇叙事作品时，还会有一种深刻的生命流淌的感觉，这就需要进入到下一节去讨论另一个写作学话题了。

---

① 参见袁凌：《"非虚构文学"亟需面世》，《扬子江文学评论》2022年第4期，第44页。

三、作为生命史写作的《从村庄出发》

生命史（Life History），有时也被译作生活史，"即将一个人或一个团体的全部生涯或部分生命期间，在社会脉络上作一正确与详尽描述的方法，其目的为认识与个人生活或团体活动有关的因素"①。这个定义强调了个人或团体的生命历程与社会情境的连接，讨论个体或团体生命在一定的时空背景下的命运变迁及其影响因素。生命史的研究在学术界一般是纳入新史学的范畴，不过以生命史作为写作方法却是被应用于不同领域或学科，如人类学民族志写作、文学创作、人物史书写以及近年来兴起的物的生命史书写，有的甚至将生命史写作与口述方法结合起来。这类写作大多是针对某一个体或团体的生命历程做阶段性或全程描述，并将个体或团体生命历程与社会情境做连接和进行分析，如黄树民的《林村的故事：一九四九后的中国农村变革》②、冯骥才的《一百个人的十年》③、周锡瑞（Joseph W. Esherick）的《叶：百年动荡中的一个中国家庭》④、罗安清（Anna Lowenhaupt Tsing）的《末日松茸》⑤、邢肃芝的《雪域求法记：一个汉人喇嘛的口述史》⑥。生命史写作已经成为一种非常流行的写作方法和作品呈现方式。

生命史写作的特点，首先要有生命主体。这个主体可以是作为个体的人，也可以是群体，还可以是物以及动植物等，如果是个体之人或群体，这类生命史可以是自述性的或他写性的，如果是物或动植物，那么这类生命史只能是一种他人化的拟人化写作；第二必须是针对主体的生命历程的叙事。可以是某一时段，也可以是其全部生命时段，将这个时段中的事件按一定的特点叙述出来；第三是内容要有故事性。故事是写作的主题，无论是民族志写作，还是文学创作或史学写作，都是为了表达一定的主题，这个主题就是作者写作的追求，都会表达一定的思想与社会现实关怀；第四是可

① 龙冠海主编：《云五社会科学大辞典·社会学》第一册，台北：台湾商务印书馆 1973 年版，第 41 页。

② 黄树民：《林村的故事：一九四九年后的中国农村变革》，北京：生活·读书·新知三联书店 2002 年版。

③ 冯骥才：《一百个人的十年》，北京：中国文联出版公司 2008 年版。

④ ［美］周锡瑞（Joseph W. Esherick）：《叶：百年动荡中的一个中国家庭》，太原：山西人民出版社 2014 年版。

⑤ ［美］罗安清（Anna Lowenhaupt Tsing）：《末日松茸：资本主义废墟上的生活可能》，上海：华东师范大学出版社 2020 年版。

⑥ 邢肃芝（洛桑珍珠）口述，杨念群、张健飞笔述：《雪域求法记：一个汉人喇嘛的口述史》，北京：生活·读书·新知三联书店 2008 年版。

以结合一定的时空背景，将生命主体置于主客观时空背景下，进一步探讨社会、国家等各种力量的作用，展现作品的现实关怀。前文提及的这些"生命史"式的写作都有强烈的社会关怀，他们探讨不同主体在时空背景下，如何经历其生命历程，作者就是通过这种生命历程的叙事来凸显各种力量在生命主体身上的张力。生命史的写作是一种生命经验的回顾和再现，是生命主体或写作者通过回首自身或他者的生命历程来探讨自身经验与外在力量之间的张力关联，进而透视生命主体的历史境遇。

《从村庄出发》是一本多层次生命史的书写尝试。首先是作者作为生命史主体的自述，他从个人角度回顾和书写了自己和亲人、朋友与自己的密切关联，并从他者的角度为母亲、爷爷、奶奶以及新版中增加父亲、姐姐等自己生命成长中关系非常密切的亲人作了"他述"，这些叙事都是建立在一种生命历程的序列之中，这些亲人在不同的时代有着不同的人生经历，这些经历又影响着作者自己的成长过程，他们相互之间形成了多层次生命史的结构书写，即"祖父母——父母——姐弟和我"三代之间的生命史书写。代际之间的叙述字里行间地呈现了一种贯穿于生命中的人生态度的传承。其次，"村庄变迁记"这一篇事实上是村庄的生命史书写。人类学学科是以研究无文字的殖民地社会起家的，因此，村落抑或部落成为人类学家开展研究的主要据点，或者称为田野点。本书的作者有着人类学的专业训练，所以他对村庄有着天然的情感，更何况是自己成长的村庄，因此，他在完成这部作品时，自然地将人类学的人文情怀融入生命史的写作之中，或说是将生命史的写作方法用于了这本非虚构的写作之中。自然地，为村庄留一段生命史也成为必然，"变迁"是人类学永恒的主题，村庄变迁就是村庄生命史的一种表述。在这篇里，作者记述了村庄地名源流考、民国时期村庄追忆、新中国的新村庄、村庄生活记忆、孩子们的村庄、节日的村庄、哭嫁的村庄、村庄的在与不在八个小节，叙述了村庄的方方面面，将曾家界的"生命"历程以丰富的素材和细腻的描写呈现出来。村庄的生命其实也是作者及其生活在这里的至亲们的生命的另一种展现，毕竟"人——村庄"构成了一个主体与空间的结合。在中国乡土社会中，村落始终是中国人情感和生命经历所生发和寄居的地方，迄今，几乎我们遇到的每个中国人往前追溯都可以在两三代人之间追到其村落记忆。因此，以村落为空间的生命史书写就成为作者本书的书名，即"从村庄出发"。

生命史作为一种写作题材和体裁，无论是人物个体或群体的生命史，还是物的生命史，在史学研究和写作中已经相对比较普遍。作为一种叙事方法，它已经被广泛应用于文学创作和人类学民族志的写作之中。生命史的写作需要高质量的可靠的"记忆"，记忆是写作生命史的核心技巧，没有记忆就难以叙事，没有准确的记忆就不可能有追求真实的民族志写作、非虚构写作以及生命史写作。个人记忆与集体记忆，是生命史写作素材的重要方法和来源渠道。

结　语

《从村庄出发》究竟是什么，其实上述讨论了它的三种属性，也从其关联的人类学、文学和史学三个学科的学科特性及写作技巧进行了讨论。作为一个文本，事实上在作者完成写作交给出版社时，就已经完成了这种书写过程。至于其因出版和发表所引起的后续评论及讨论，那就是属于批评家的事了。无论是众多民族志中的一本，还是非虚构写作的一种，抑或是生命史的一类，都是这本作品在批评者概念与框架中的一种思考与归类，分类本身是人们学习和思考的一种方式，所以不同视角的检视与归属都属正常现象。

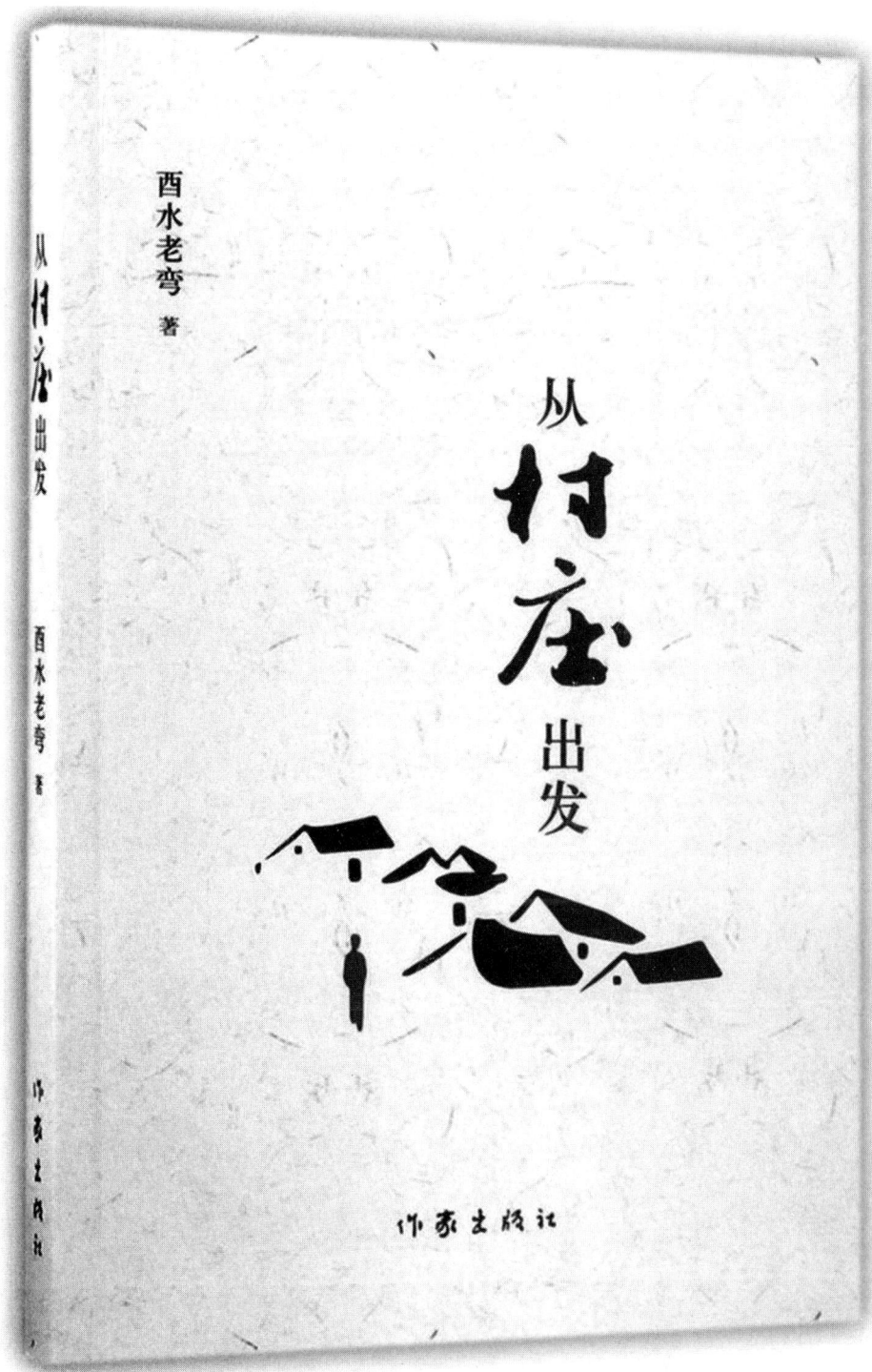

酉水老弯 著

从村庄出发

酉水老弯 著

作家出版社

[龚志祥（酉水老弯）著：《从村庄出发》，北京：作家出版社 2017 年 4 月版]

中国傩研究的知识图谱分析：
学术谱系与空间布局[*]

刘　岩　叶　霞　林丰琳[**]

【内容提要】傩文化是我国古代多元宗教文化、民俗文化与艺术文化相融合而形成的带有神秘色彩的传统复合文化。以 CNKI 文献为数据源，运用文献计量工具 CiteSpace、地理信息技术，系统整理 2000—2020 年近 20 年来关于傩的研究，对其历时演变、空间分布特征、学科归属及研究内容等进行详细分析。结果表明：一方面，目前对傩研究正逐步深入和完善，但研究者之间缺乏合作，研究机构分布不均衡，研究内容的跨学科表现力还需进一步增强、向多元化发展。另一方面，傩的分布存在着区域性，同时对傩的研究也呈现较明显的地域差异性。通过对 20 余年间傩研究的数据整理分析，有助于廓清傩研究的现状、发展与走向，分析总结该领域研究问题，吸引更多学科学者从不同视角对傩文化的传承和保护进行研究。

【关键词】傩　学术谱系　空间格局　研究动态　可视化分析

傩文化是宗教与艺术长期融合的产物，它涉及人类学、民族学、宗教学、历史

* 【基金项目】四川省社会科学重点研究基地中国近现代西南区域政治与社会研究中心重点项目"日本百年川渝调查及图文史料汇编与研究"（XNZZSH：2301）

** 【作者简介】刘岩，男，1985 年生，吉林松原人，贵州大学外国语学院副教授，硕士生导师，贵州大学日本研究所所长，研究方向：中日近代交流史、地域文化翻译与传播。叶霞，女，1978 年生，贵州遵义人，贵州大学外国语学院副教授，硕士生导师，研究方向：文学翻译与传播。林丰琳，女，1998 年生，贵州凯里人，贵州大学外国语学院研究生，研究方向：典籍外译与传播。

学、文化学、民俗学、戏剧发生学等诸多学科领域，或者说是融合着或粘连着这些学科相对稳定而又容量巨大的文化积淀事象①。关于中国傩戏（舞）、傩文化的调查研究，早在上世纪 50 年代就开始起步，其丰富的文化内涵曾引起学术眼光敏锐的专家学者关注②。早期学者对傩有所关注，随着时代的变化，近年来对傩研究的近况如何？目前研究傩的学者和研究机构主要有哪些？主要围绕哪些傩的哪些主题进行讨论？傩研究的热点又是什么？厘清这些问题有助于把握国内学者对傩研究的现状、核心研究主题与发展趋势，对推动傩文化保护、传承、创新等研究具有重要意义。

本文选取 2000—2020 年近 20 年间，以篇名中含有"傩"为条件，选取期刊来源类别北大核心和 CSSCI 进行数据检索。第一步，通过 CNKI 高级检索将检索类型设置为"学术期刊"，限制期刊为"北大核心或 CSSCI"，检索式为"篇名＝傩"，时间范围为 2000—2020 年，共检索得到 460 篇论文；第二步是对文献进行筛选，剔除书评、会议综述、通知、宣传等文献，对所收集文献进行处理，共得出有效文献 373 篇。文献以 Refworks 格式导出文献数据，Refworks 格式的文本数据包含了文献的题目、作者、机构、出版年等信息，将文本数据转换为制图数据格式，然后应用 CiteSpace 对整理后的数据进行分析。本文对我国 2000—2020 年近 20 年间傩研究领域的学术期刊进行分析，以探究傩研究的走向、趋势与热点问题，进一步推进傩研究的深入发展。

一、2000—2020 年傩研究的文献计量分析

（一）发文时间分布

发文数量的历时变化可以呈现出对傩研究的关注度变化，同时可以清晰地反映出对傩研究的动态演进过程和发展趋势。本文选取 2000—2020 年关于傩的年际发文数量变化图进行分析，将从 CNKI 中导出的文献发表时间按照年份进行排序整理，以研究傩发表的期刊发文量为纵坐标，以年份为横坐标制作成折线图，如图 1 所示。

从图 1 可以看出，2000—2020 年学界对于傩的研究成果呈现较为明显的三个阶段：第一阶段为 2000—2005 年。此阶段波动较小，这一时期学者对傩的关注相较后期呈现比较低的关注、较稳定的状态，平均每年发文量 6 篇左右。第二阶段为 2006—2013 年。此阶段对傩研究呈现的趋势是稳步上升阶段状态，至 2013 年达到峰值 42

---

① 杨军昌：《贵州傩文化与傩文化产业》，《教育文化论坛》2014 年第 1 期，第 2 页。
② 刘大泯、王义：《中国傩戏文化的传承、保护与发展问题研究——以贵州傩戏表演文化为例》，《贵州师范学院学报》2016 年第 7 期，第 46 页。

篇。2005 年《关于加强我国非物质文化遗产保护工作的意见》指出，充分认识我国非物质文化遗产保护工作的重要性和紧迫性，加强我国非物质文化遗产的保护已经刻不容缓。在此时代背景下，国内学者也展开了对傩多领域、多角度的关注与研究。2013 年是对傩研究的峰值。随着 2012 年"五位一体"的总体布局的正式提出，文化建设的要求为傩研究带来了新的活力；同时，《中国非物质文化遗产保护发展报告》的发布，更是把傩在学术界的关注推向新高潮，国家对非物质文化遗产的保护、传承的重视，在国家政策的指引下，学者们从不同角度，把对傩的研究推向新的高峰。第三阶段为 2014—2020 年。图 1 清晰地反映出自 2014 年起，对傩的研究相较于之前开始有所波动，处于缓慢回落阶段，平均每年发文量在 22 篇左右，整体发文数量呈现趋于平稳状态，也可以看出在此阶段对傩的研究逐步深入和完善。2000—2020 年对傩研究的发展趋势总体是在逐渐上升并逐渐趋于稳定。

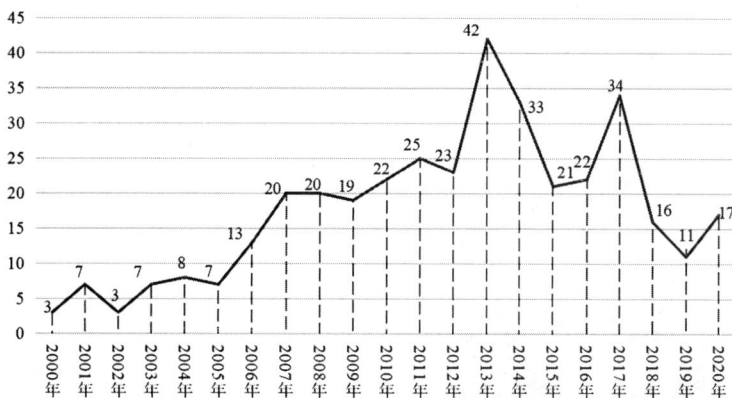

图 1　年际发文量变化图

（二）发文刊物分布

从相关论文发文刊物可以看出某一领域内主要研究成果选择发表期刊的趋势，也有助于学者对相关研究成果的期刊选择作出一定的价值判断。本文对从中国 CNKI 中导出的文献数据按照文献来源进行分类整理，得出有效发表期刊数量为 113 种，其中对傩研究相关论文发文量为 5 篇以上的期刊共 23 种，这 23 种期刊发文总量约占所有期刊发文总量的 61%，如图 2 所示。

从图 2 中可以分析出以下信息：第一，从发文数量来看，2000—2020 年间在北大核心和南大核心上发表关于傩的研究相关论文成果最多的刊物依次为《四川戏剧》《北京舞蹈学院学报》《艺术百家》《贵州民族研究》《江西社会科学》《农业考古》《民族艺术》《民族艺术研究》《戏剧文学》，分别占发文总量的 15.8%（36 篇）、

6.6%（15篇）、6.6%（15篇）、6.1%（14篇）、6.1%（14篇）、5.7%（13篇）、5.3%（12篇）、4.8%（11篇）、4.8%（11篇）。第二，从期刊性质来看，（1）民族研究刊物约21种，民族类高校学报8种左右，包括《贵州民族研究》《民族艺术》《民族艺术研究》《中国民族》《中南民族大学学报》《湖北民族学院学报》《广西民族大学学报》《中央民族大学学报》等。（2）艺术类刊物，包括《四川戏剧》《南京艺术学院学报》《艺术百家》《民族艺术》等，其中也有将"民族"与"艺术"相结合，从艺术角度出发，探讨了傩文化的文化内涵、民族独特性、宗教文化特质等。（3）档案类刊物，如《山西档案》《兰台世界》，在此类刊物上发表的期刊主要从傩仪、傩面、傩舞探讨其根源以及研究其文化内涵与价值。（4）农业考古研究类刊物，例如《农业考古》，农业考古属于考古学的一个分支，研究考古调查发掘有关农业、林业、渔业等遗迹，结合相关文献探讨农业起源及其发展，主要体现在傩文化的保护和传承以及古代傩舞在农耕文化中的运用等。（5）除此四类刊物以外，还有一些属于各种领域的刊物，例如《人民论坛》《青年记者》《世界宗教研究》《学术探索》《中国道教》等。综合言之，国内学界对傩研究范围及所跨学科极为广泛，从民族学、考古学、传播学、戏剧学、舞蹈等视角对傩仪、傩艺人、新媒体传播、农耕文化、傩舞傩乐等进行探究，拓展性极强。

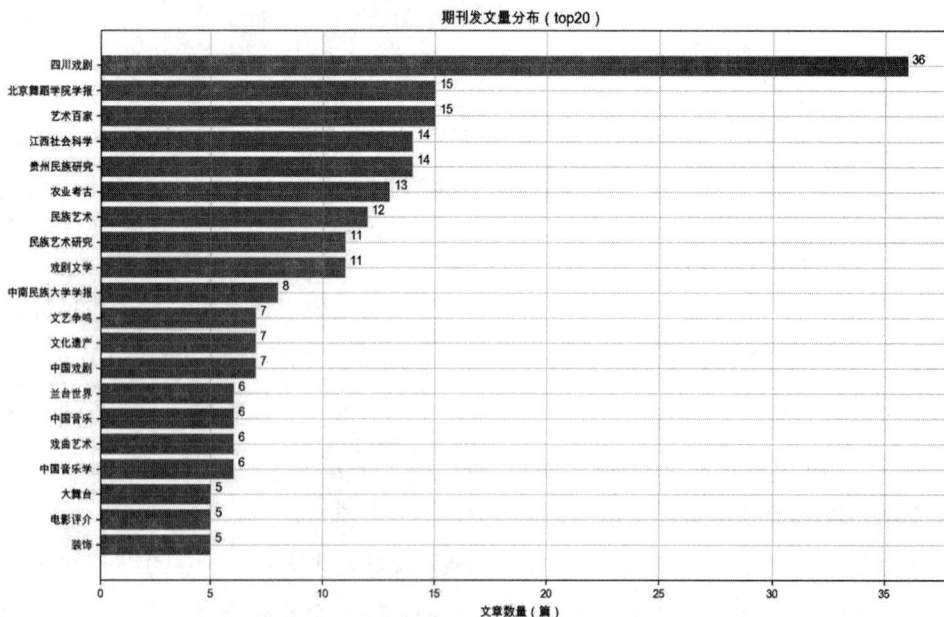

图2　主要发文刊物及发文数量（发文量≥5篇）

（三）发文高频作者分布

整理傩研究的高频作者及之间的合作关系，对新涉足傩研究的学者们能快速地了解傩文化研究领域具有积极作用，可以让研究者直观便捷地了解到此研究领域的权威学者，并能直接选择阅读经典文献。以"Author"为节点类型，将年份选定为 2000—2020，选取的标准是 g-index（k = 25）对每个切片进行网络裁剪，得到节点数 248，连线 56。在控制面板将阈值设置为 3，可得到发文量≥3 的如下图 3 作者共现分布图谱。通过作者共现图，可以发现高频作者分布情况。在诸多研究学者中，杭州师范大学孟凡玉、上海社会科学院文学研究所曾澜、凯里学院刘兴禄、山西师范大学苏翔和东南大学陶思炎，他们发表的关于傩的论文居前五位。其中发文量最多的是孟凡玉，主要是研究贵池傩仪式的傩乐、傩舞、器乐等，以探析其文化内涵和音乐创作等。如《论傩歌"啰哩嗹"的生殖崇拜内涵》被引次数达到 10 次，《淮北汉画像石中的傩形象考辨》被引用 9 次。曾澜的研究侧重于江西傩，将人类学与傩艺人、傩仪、傩戏等相结合，对傩进行跨学科研究。如 2010 年发表的《民间傩仪式的空间特性与傩艺人人神角色的偏移——傩艺人身份的艺术人类学探究》[1] 与 2011 年发表的《重叠或交错：乡村傩祭仪式和傩戏民俗表演中空间关联模式的变异——以江西傩仪的人类学田野调查为例》[2] 被引次数达到 7 次。刘兴禄主要研究湖南湘西傩和贵州傩，在此基础上，把两者结合，探究当代还傩愿传承危机的深层原因及对策[3]，如《20 世纪以来中国傩文化研究述评》[4]，其主要是从傩的整体研究，梳理了 20 世纪以来的中国傩文化研究，并对傩文化研究的争议与问题进行分析阐释，下载次数达 1223 次，被引用次数高达 24 次。苏翔主要研究贵州傩戏，主要集中在傩戏的保护和传承方面，探讨傩戏作为文化资源参与地方建设的互动中如何在新时代进行传播并参与公共文化服务体系建设。陶思炎主要从民俗学、民俗艺术学对傩仪、傩舞、傩面、傩祭等方面进行研究。总体而言，学者们研究侧重点各有不同，但总体围绕傩戏表演的面具、音乐、舞蹈等组成要素进行研究。通过图 3 可知，目前国内关于傩研究形成了两个作者合作群

---

[1] 曾澜：《民间傩仪式的空间特性与傩艺人人神角色的偏移——傩艺人身份的艺术人类学探究》，《兰州学刊》2010 年第 10 期，第 181 - 188 页。

[2] 曾澜：《重叠或交错：乡村傩祭仪式和傩戏民俗表演中空间关联模式的变异——以江西傩仪的人类学田野调查为例》，《戏曲艺术》2011 年第 4 期，第 78 - 87 页。

[3] 刘兴禄：《当代还傩愿传承危机的深层原因及对策探究——基于湘西用坪及黔东南平庄傩文化考察》，《原生态民族文化学刊》2019 年第 5 期，第 111 - 117 页。

[4] 刘兴禄：《20 世纪以来中国傩文化研究述评》，《吉首大学学报（社会科学版）》2013 年第 5 期，第 23 - 29 页。

体，主要核心作者之间的合作较为分散。

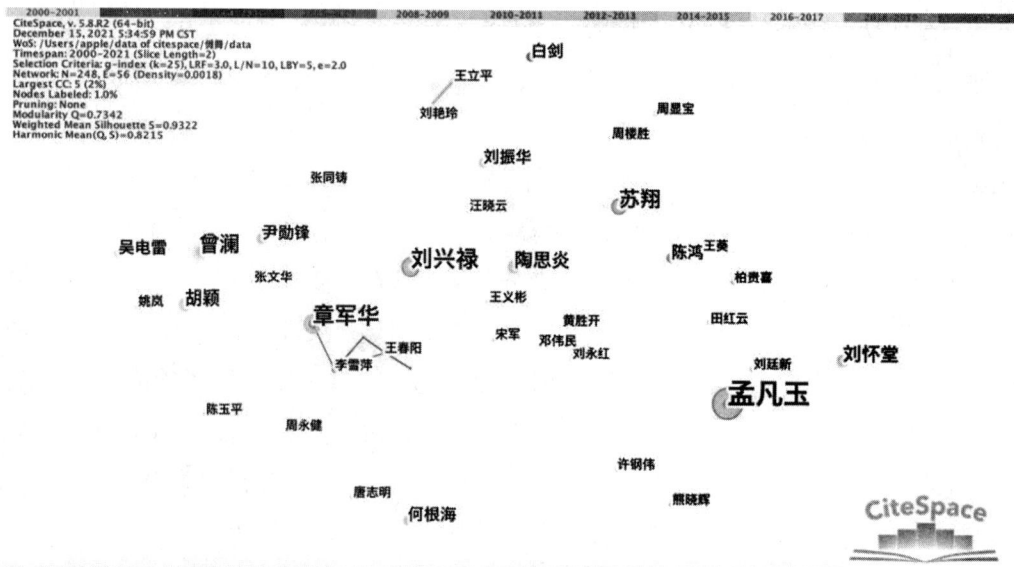

图3　作者共现局部图

二、2000—2020 年傩研究热点与演进趋势

（一）关键词共现图谱分析

关键词反映了文章的主题，高频关键词则能反映出研究的热点。为了解对傩研究下的子领域及研究热点，通过 CiteSpace 软件进行关键词分析，得到如图4 的共现分析图谱。图中圆环大小表示该关键词在其研究领域出现的频次高低，图中聚焦点越大，表示研究所涉及焦点研究越多。关键词之间的连线代表关键词之间共同的联系，连线的粗细代表紧密程度，连线越粗，共现关键词之间联系越紧密。

关键词共现图展示了 2000—2020 年 21 年间国内傩研究的热点，本文将所选取的时间范围切片为 3 年，节点类型为关键词，选取的标准是 g-index（k = 25），对每个切片进行网络裁剪，得到网络节点 50 个，边数 44 条。观察图4，可以看出对傩研究文献中出现的次数最多的词汇是傩文化、傩戏、傩面、傩舞。这些关键词节点在网络中出现时间较集中、关联紧密，图中显示为重合节点，在一定程度上说明了傩研究主要围绕这些核心展开，这几个方面是学界对傩研究的普遍关注热点。其次出现频次较高的是传承、傩仪、方相氏、贵池傩等词汇。值得注意的是，有部分关键词节点较小，如南丰傩、现代传承、戏剧等，但在关键词网络结构中起着不可缺少的桥梁作用。

由下图4 观察发现，大部分学者主要从傩文化的整体对傩进行论述研究，从全国的傩的角度出发的研究，探究从古至今傩的产生、传承、演变的过程和傩整体存在的共性；同时，对关键词的研究不是单独进行，关键词不是独立存在的，关键词相互间有着千丝万缕的联系，所以需要研究两个及两个以上的多个关键词连线形成关键词网络。例如刘静的《傩面具的意象美及其文化意义》，其在文中主要是从傩的整体出发，对傩面具的精神意象、色彩意象、造型意象进行研究，通过傩面具的研究发现，面具艺人们按照特定的程式、象征性的色彩与写意造型突出的人物的性格特征，寓褒贬、分善恶，将社会生活习俗、宗教信仰、道德价值等各种现象集中体现①。朱恒夫、倪金艳在《论中国傩舞的发展、表演形态与美学特征》中研究"傩舞"的同时，与艺术美学、表演形式、保护传承等相结合进行探究②。总而言之，学者们从各个角度对傩文化进行研究论述，探索傩在中国的变迁。随着傩的地方化和区域化，傩发生了许多的流变，研究傩文化流变，探寻傩的发展、保护、传承等。

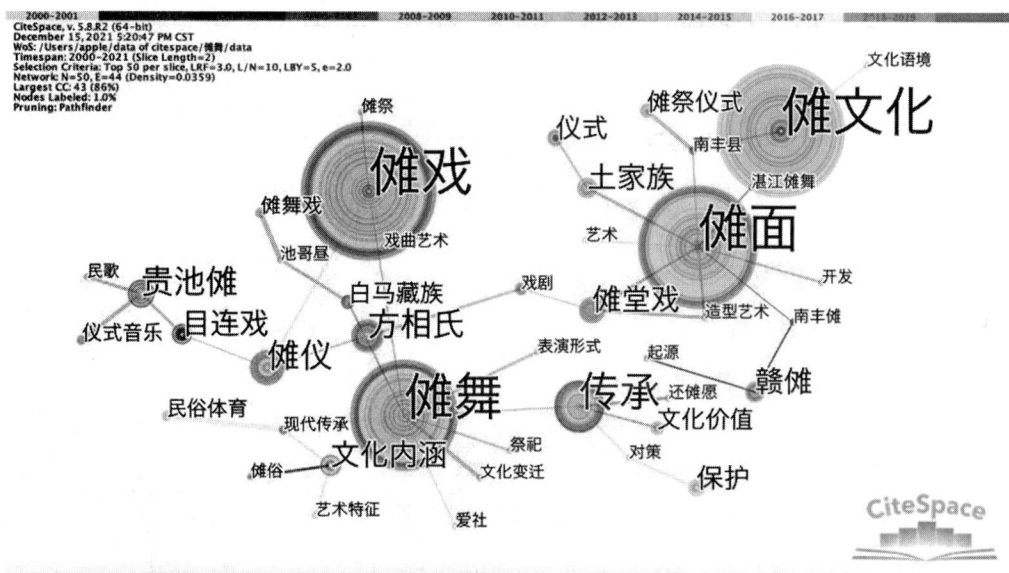

图 4　关键词共线分析图谱

（二）关键词聚类与突现分析

关键词聚类分析是在关键词共现的基础上进行的，其目的在于将相似关键词进行

① 刘静：《傩面具的意象美及其文化意义》，《学术界》2015 年第 2 期，第 171 - 177 页。
② 朱恒夫、倪金艳：《论中国傩舞的发展、表演形态与美学特征》，《艺术百家》2018 年第 3 期，第 116 - 125、163 页。

归类①。笔者将着重阐释各关键词聚类标签下，相关作者研究的内容和关注的重点。本文将时间范围设置为 2000—2020 年，时间切片 2 年、节点类型关键词作为制图基础。通过 CiteSpace 制图得到了网络节点 50 个，边数 44 条，如下图 5 的网络密度为 0.0359 的聚类分析图谱。

从图 5 可以发现主要存在 8 个聚类，分别是傩舞、土家族、傩戏、传承、现代传承、傩文化、贵池傩、赣傩。笔者将意义相近的"现代传承"与"传承"关键词进行合并归类，最终得到 7 个傩研究的热点领域，反映出了 2000—2020 年间对傩的研究主要从不同民族的傩、不同种类的傩、傩的文化内容、傩的表现形式以及傩在现代的传承等方面进行探究。

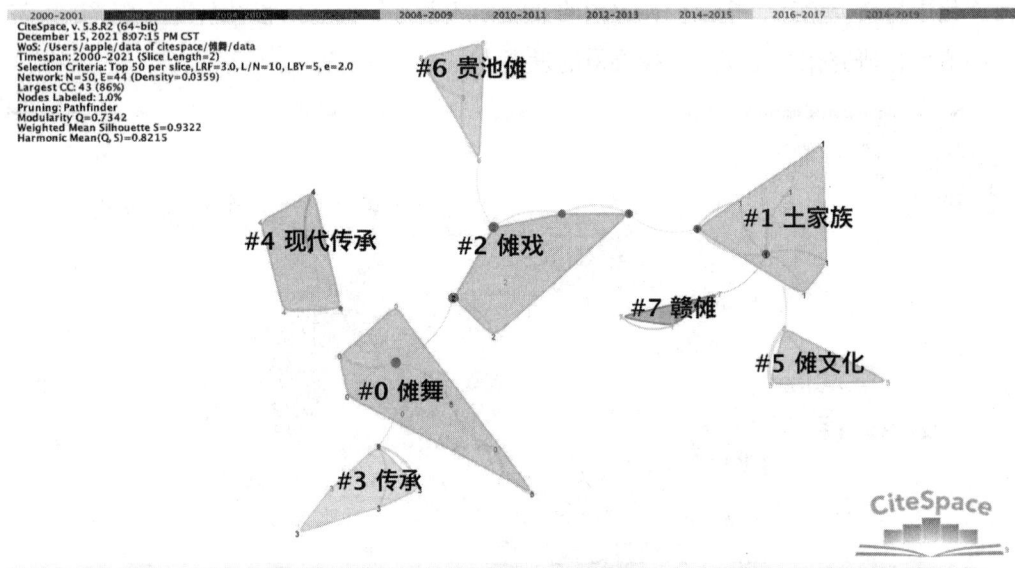

图 5　关键词聚类分析图谱

关键词突现图谱可以直观地反映出关键词的衰落和兴起的情况，图中 Keywords 为关键词，Year 为检索数据的年份，Strength 为突显强度，突显度越大，说明研究越明显。Begin 为某一关键词研究热点的起始年份，End 为终止年份，关键词的突显年份即该研究领域在某时间段内追踪的热点。如图 6 所示，突显部分表示该主题在对应年份是研究热点②。

---

① 邹微：《中国彝语文研究的回顾与展望（1992—2021）——基于 CiteSpace 的文献计量分析》，《民族学刊》2021 年第 10 期，第 106–114、130 页。

② 李野、吴永强：《近三十年藏戏研究的发展脉络与趋势——基于计量可视化分析》，《民族学刊》2021 年第 4 期，第 101–109、122 页。

从图 6 可以看出傩研究的关键词突现情况，如傩舞、目连戏、南丰傩、白马藏族、傩戏、傩仪、文化价值、传承等方面。从研究强度来看，贵池傩、目连戏、傩仪、傩祭仪式、土家族、传承六个强度较高，分别是 3.29、2.69、2.56、2.19、2.09、2.07。从图 5 与图 6 对比来看，关键词聚类和关键词突现既存在联系又存在区别。两者的关键词热点都有相似的词汇，如贵池傩、土家族、传承等。同时，突现图谱的突现强度较大的关键词中，也存在着与关键词聚类词汇差异的地方。由图 6 可以知道，贵池傩和土家族的研究主要集中在 2008—2009 年。关于傩研究中传承作为关键词主要集中在 2018—2020 年。2017 年党的十九大胜利召开，让非遗传承人坚定了文化自信，同时，也彰显了国家对非物质文化遗产的保护、传承的重视。在此背景下，针对傩研究以传承为关键词的研究迎来了一个高潮。除此类高频关键词外，也有与傩舞、音乐、民歌、民俗体育等方面相结合的研究。总而言之，国内学者傩研究体现了多视角、跨学科进行挖掘的特征。

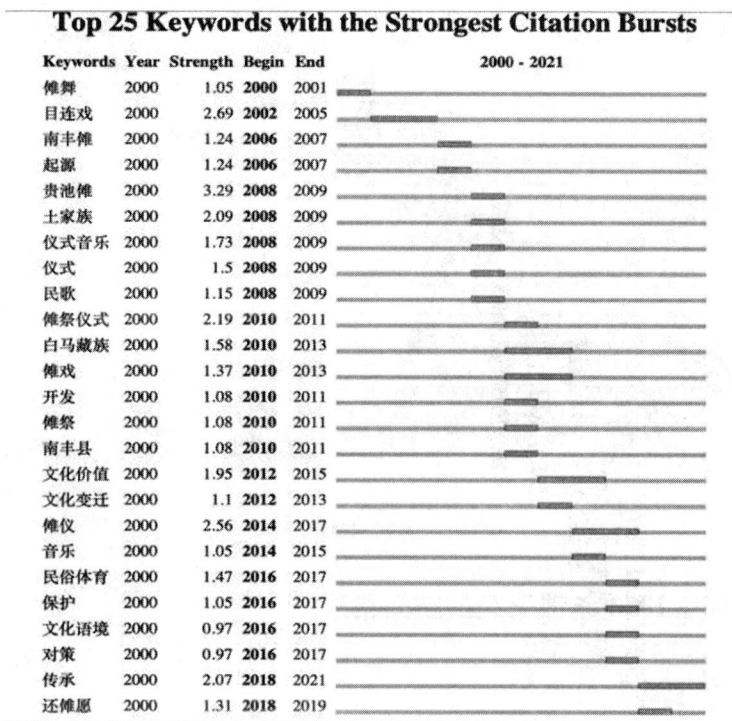

图 6　关键词突现图谱（前 25 位）

（三）关键词时区图谱

梳理和分析文献中高频关键词的时间分布及对应变化趋势，有助于研究者了解该领域的研究热点以及各年份热点变化趋势，从而推动该领域研究的深入与完善。基于CiteSpace 的"Time-zone View"实现关键词分布的时区可视化，本文对 2000—2020 年以来发表的学术文献通过 CiteSpace 的"Time-zone View"将时间切片得到图 7 的关键词时区图谱。从图 7 可以看出，大部分关键词出现了聚集的现象，可以发现学者关注的内容有：傩舞、方相氏、傩文化、傩戏、傩面、赣傩、传承、傩仪、文化内涵、目连戏、仪式等关键词。结合关键词在不同时间段和出现频率高低进行分析，发现对傩研究的热点主要变化是：傩舞—方相氏—傩文化—傩戏—傩面—传承—南丰傩舞—傩堂戏—傩仪。除此之外，研究的主题还包括先秦两汉、文化价值、文化变迁、造型艺术、表演形式、池哥昼、民俗体育、文化语境、艺术特征、还傩愿、爱社、湛江傩舞等方面。根据时间线观察下图，可以发现随着时间变化研究热点逐渐趋于多元化，对傩的研究正逐步多样和完善。

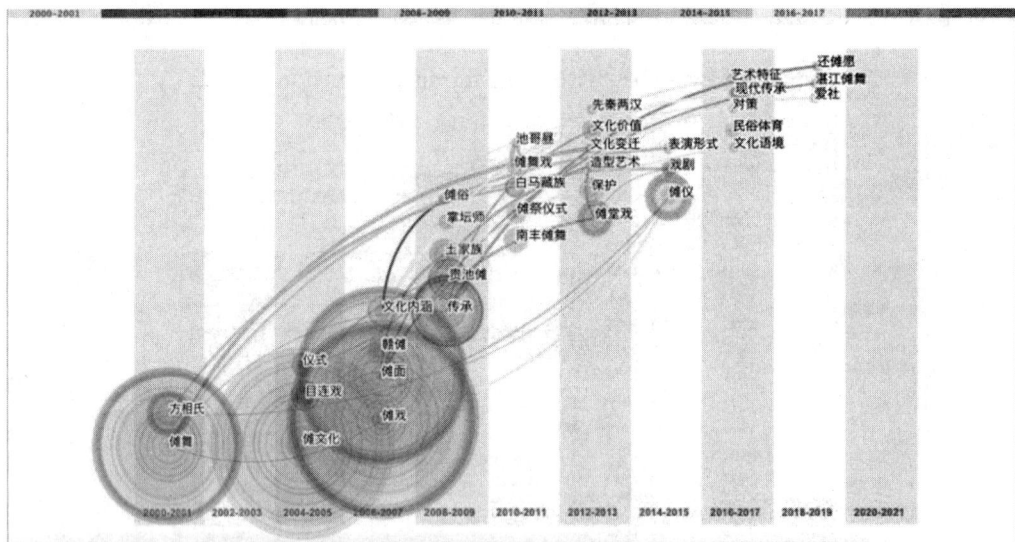

图 7　关键词时区图谱

三、2000—2020 年傩研究的空间格局

（一）研究机构分布

对论文发文机构进行整理，可以让研究者直观了解国内在该研究领域中主要的研究机构有哪些，机构之间的合作关系如何，研究者从而可以有针对性地重点跟踪这些机构举办的学术会议和研究成果，并能迅速地了解到该研究领域的前沿研究。把同一机构的不同命名方式进行整合，如把江西师范学院音乐学院合并至江西师范大学音乐

学院。通过 CiteSpace 软件，以"Institution"为节点类型，将时间选定为 2000—2020 年，k 值设定为 25 进行研究机构分析，得到共有节点 220 个、连线 27 条的研究机构共现分布图（下图 8）。

下图中的连线表示发文机构之间的合作或引用关系；图中机构的名称字体越大、聚焦点越大，表示该机构发文量越多。由图 8 观察而得，共现较少，发文机构之间的合作不明显。根据发文量统计，主要发文机构有江西师范大学音乐学院（13 篇）、吉首大学音乐舞蹈学院（7 篇）、东南大学艺术学院（7 篇）、杭州师范大学艺术学院（5 篇）、贵州民族大学西南傩文化研究院（5 篇）、东华理工大学（4 篇）等。此外，兰州大学文学院、上海社会科学院文学研究所、中山大学中国非物质文化遗产研究中心、江西科技师范学院音乐学院、山西师范大学等研究机构都发表了一定的研究成果。总之，根据研究机构共现图分析发现，各研究机构间合作关系较少，大多研究机构都是在独立地进行研究，研究机构之间还未形成紧密合作的研究网络。

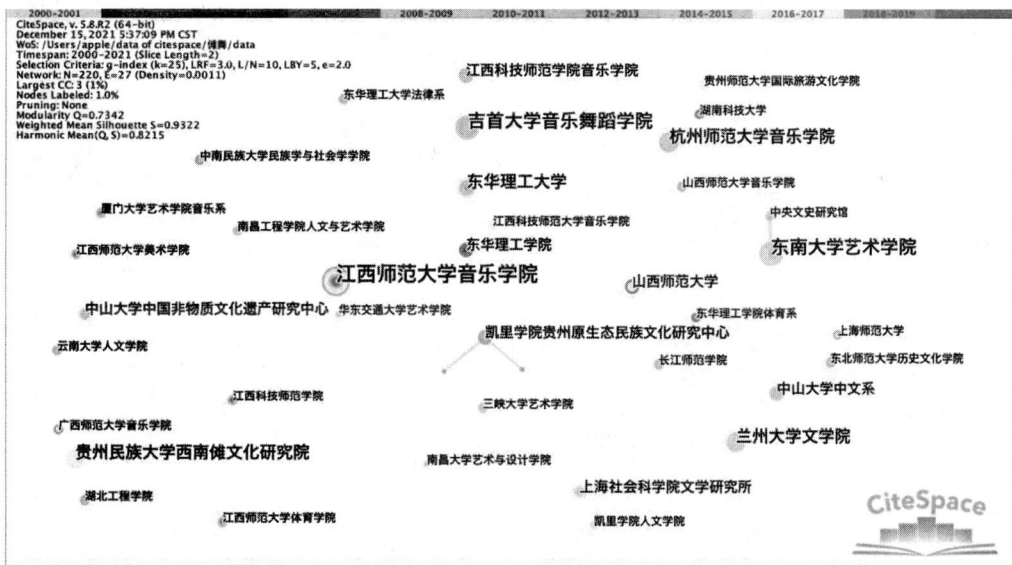

图 8　研究机构共现分布图

（二）作者发文单位分布

表 1 清晰地表达 2000—2020 年间对傩研究发文量的空间分布的均衡程度。从发文省份来看具有聚集性特点，主要集中在湘鄂赣皖地区、川渝滇黔地区、闽粤桂地区、浙苏沪地区、晋陕甘地区、政治中心北京等地。具体而言，研究成果发文量分别达到 146 篇、86 篇、47 篇、44 篇、27 篇、24 篇。其发文量分别约占比 38.02%、

22.39%、12.23%、11.45%、7.03%、6.25%。湘鄂赣皖地区相较其他地区研究数量最多，也是最集中的区域；与之相对，黑吉辽地区、冀豫鲁地区、内蒙古的发文数量则较少，仅占总量约 3.13%。根据表格发现，在研究区域上对傩的研究也存在着区域差异性。除表 1 的数据以外，还收集到发文机构是日本学习院大学、山口大学、泰国东方艺术学院的刊物。其主要是从中国傩在日本的传播与"变异"、中国傩与日本能的对比、壮泰民族传统稻作傩祭进行了相关研究。由此可见，从空间格局来看，国内各省份对傩的研究存在一定差异性。此外，也有海外高校对傩进行了研究，如泰国东方大学艺术学院学者蓝长龙、日本学习院大学的大学院学者袁琛、诹访春雄、日本山口大学东亚研究博士生曹红宇。在进行了文化比较研究的基础上，可以看出有外国学者对中国的傩保持着关注，也对中国傩在海外的传播与流变给予了深入研究。

表 1　傩研究各省发文量

序号	省份	数量	序号	省份	数量
1	湖南	39	13	广西	12
2	湖北	21	14	福建	12
3	江西	73	15	北京	24
4	安徽	13	16	辽宁	3
5	云南	10	17	河北	2
6	四川	24	18	河南	3
7	贵州	39	19	山东	3
8	重庆	13	20	山西	10
9	浙江	6	21	陕西	2
10	江苏	20	22	甘肃	13
11	上海	18	23	内蒙古	1
12	广东	23	总计		384

从表 1 来看，2000—2020 年大部分省份对傩均有研究。江西、贵州、湖南发文量明显高于其他省份，江西省的发文量尤为突出，约占总发文量 19.6%，贵州、湖南次之，各占总量约 10.5%。发文量在 20—29 区间内的省份有四川、广东、湖北、北京、江苏。根据数据统计，结合表 1 与图 8 的研究机构共现图分析可得，江西省的发文机构主要是江西省师范大学音乐学院、东华理工大学、江西科技师范大学、赣南师范大学等；贵州省的发文机构主要是贵州民族大学西南傩文化研究院、凯里学院贵州原生态民族文化研究中心、贵州师范大学等。湖南省的发文机构主要是吉首大学音乐舞蹈

学院、怀化学院、湖南科技大学等。由图表结合可发现发文作者单位分布省份所存在的地域差异性。

（三）研究内容所涉傩的空间分布

为了解所选期刊中的傩主要所属区域，对与傩相关的刊物进行了研读，把刊物研究的傩所属区域进行统计，以便了解国内学者对傩研究的主要关注省份，同时观察所研究的傩的地理分布以及地域存在的差异性。

通过文本细读发现国内学者对江西省的傩的研究最多，其次是湖南省、贵州省。结合发文量机构区域分布图来看，两者呈现正相关关系，机构省份数量和傩所属省份数量成正比，结合所收集数据进行分析，发现部分学者主要针对本省的傩进行研究，与之相较对省外傩文化关注度较低。关于江西省的傩研究主要是涉及南丰傩、石邮村傩、抚州傩、客家傩、萍乡傩等。其中对江西傩、南丰傩和萍乡傩的研究占比较大，江西傩又称赣傩，是汉族傩文化的重要组成部分。江西傩虽然属于汉族傩，但经过地区吸收，都形成了具有独特地域性的地方特色傩，具有其地域独特性。比如曾澜的《江西傩戏汉族族群文化的表征》是从江西省整体的傩文化进行研究[1]，尹勋锋的《南丰傩舞表演形式及音乐的研究》[2] 主要是对南丰傩舞以及傩乐的研究。邓伟民的《江西省南丰县石邮傩音乐文化的研究》[3] 是对南丰傩中的石邮傩音乐进行研究。江西省对傩的研究是从省份傩总体进行研究，再向下进行详细研究，即对地方傩在不同领域中的运用以及可能会给某些领域带来的价值进行研究。

其次是对贵州傩的研究，除对贵州傩整体的探究外，还对贵州的思州傩、黔北傩、土家傩、乌江傩、仡佬族冲傩、黔北傩、岑巩傩、侗族傩等进行了较详细的研究。如刘兴禄和刘鹤《贵州岑巩傩的现代展演及相关思考——以平庄镇凯空村傩坛过职仪式为例》，对贵州岑巩傩进行了详细的研究，就其在新时代语境下传承和保护进行思考，同时也对其余乡村文化建设互动的关系进行思考[4]。除以上三个分布较多的省份外，从区域板块来看，湘鄂赣皖地区、川渝滇黔地区、闽粤桂地区、浙苏沪地区、晋陕甘地区等地域对傩均有研究，只是存在数量上的差异。总体而言，可以发现傩在各个省份分布存在差异性以及傩文化分布具有地域差异性特点。

---

① 曾澜：《江西傩戏汉族族群文化的表征》，《江西社会科学》2013 年第 8 期，第 251 - 256 页。

② 尹勋锋：《南丰傩舞表演形式及音乐的研究》，《农业考古》2010 年第 3 期，第 308 - 310 页。

③ 邓伟民：《江西省南丰县石邮傩音乐文化的研究》，《中国音乐》2006 年第 4 期，第 79 - 82 页。

④ 刘兴禄、刘鹤：《贵州岑巩傩的现代展演及相关思考——以平庄镇凯空村傩坛过职仪式为例》，《原生态民族文化学刊》2020 年第 5 期，第 117 - 126 页。

另外，还有对湖南和安徽傩文化的研究。对于傩的分类不仅只是从地域上来区分，更是从民族角度对傩进行命名，其中傩的种类不乏汉族傩、苗族傩、土家族傩、布依族傩、彝族傩等，体现了以傩文化为载体的各民族间的交流交往交融。湖南傩的研究从傩的种类上来看，主要集中在湘西傩、池州傩、辰州傩、梅山傩、土家族傩、苗族傩等方面。从其研究内容来看主要集中在舞蹈、音乐、艺术审美、文化内涵、社会功能、现代展演、戏剧、传承与发展等方面进行阐释。学者们主要结合了傩的种类与跨学科、跨领域的内容进行研究。例如刘晓静和罗婉红的《苗族跳傩的舞蹈形态与艺术特征——基于湘西腊尔山台地的田野调查》，结合苗族跳傩与舞蹈艺术相结合，跨学科进行分析[①]。对于安徽傩的研究主要是集中在对贵池傩和池州傩的研究。其研究热点除所介绍热点以外，还从宗教文化思想、非物质文化遗产的传承与保护等角度进行了阐述。如何根海与丁希勤的《安徽贵池傩戏剧本的宗教文化思想探微》探讨了其中存在的宗教文化思想[②]。综合而言，对各地傩研究涉及内容存在一定相似性的同时，也存在不同的研究侧重点。

除中国以外，数据中也有关于韩国、日本、泰国的傩文化。高静在《民族艺术》期刊上发表的《文化遗产的公共民俗化——韩国河回傩舞考察》，主要介绍了韩国的河回傩舞的脉络化传承、脉络化复原以及庆典化，实现了从村落祭祀仪式发展成为地区和国家乃至世界共享的公共民俗资源，为我国探索非物质文化遗产的生产性开发提供了可参考经验[③]。曹红宇在《日语学习与研究》期刊上发表的《"傩"在日本的传播与变异》，介绍了傩从中国传入朝鲜和日本后，逐渐被日本本土接受、消化，以此为切入点探析中国傩在日本的传播与变异过程[④]。蓝长龙的《壮泰民族传统稻作傩祭礼俗比较研究——基于"一带一路"文化交流的视角》，通过对比广西桂南地区"跳岭头"和泰国黎府"皮大坤"，探索了两者间出现共性和差异性的原因和影响因素，以便推进"一带一路"的建设[⑤]。综合以上分析，对傩的研究热点主要集中在傩面、

① 刘晓静、罗婉红：《苗族跳傩的舞蹈形态与艺术特征——基于湘西腊尔山台地的田野调查》，《四川戏剧》2017 年第 9 期，第 121 - 125 页。
② 何根海、丁希勤：《安徽贵池傩戏剧本的宗教文化思想探微》，《安徽史学》2011 年第 4 期，第 98 - 102 页。
③ 高静：《文化遗产的公共民俗化——韩国河回傩舞考察》，《民族艺术》2018 年第 2 期，第 161 - 168 页。
④ 曹红宇：《"傩"在日本的传播与变异》，《日语学习与研究》2018 年第 2 期，第 56 - 61 页。
⑤ 蓝长龙：《壮泰民族传统稻作傩祭礼俗比较研究——基于"一带一路"文化交流的视角》，《中华文化论坛》2017 年第 9 期，第 132 - 139、191 - 192 页。

傩乐、傩舞、傩的流变过程、傩的传承发展以及傩与其他戏剧的对比等方面。总体来看，对傩的研究主要集中在傩的地域性研究上，不同地域经过演变形成了各具特色的地方傩种类，为各地的文化注入新鲜血液。

结　论

本文运用文献计量工具 CiteSpace、地理信息技术，以 CNKI 文献为数据源，系统地对 2000—2020 年二十一年中国的傩研究对其历时演变、空间分布特征、学科归属及研究内容等进行了梳理和阐释，分析了傩研究的现状、发展，以期为后续研究者对傩研究带来些许参考，吸引更多学科的学者从不同视角对傩文化的传承和保护进行研究。

从时间上来看，主要呈现三个不同的阶段。在第一阶段呈现低频、较稳定的现象；在第二阶段开始持续增长，出现对傩研究的高峰点；第三阶段开始出现波动，对傩研究看起来有所下降，但从整体来看，对傩的研究在稳定区间内波动。国内学者对傩的研究逐渐增加，研究也在持续深入，这些研究给未来研究者提供了较多的理论支撑。从空间分布上来看，各省对傩研究存在着一定的区域差异性；观察刊物研究对象傩所属地域分布图，可以发现傩在中国各省的分布情况各不相同，傩的分布存在着地域差异性。根据其空间分布特征，可以发现，对傩的研究主要集中在华东、西南、华中、华南、华北地区，东北地区对傩研究相较其他区域较少；同时，刊物研究对象傩所属区域分布主要集中在贵州、江西、湖南、安徽等省份，可以发现刊物内傩的分布主要集中在华东、西南、华中、华南区域，可以看出傩的分布上也存在着地域差异性。傩在历史流变过程中，在各省的分布不一，各省对傩的运用、保护、传承力度各不相同，产生了傩的地域差异性。从文献计量工具 CiteSpace 所得的各个图谱来看，发现"傩舞""傩戏""傩文化""土家族""贵池傩""传承"等是主要研究热点，学者们从不同傩种类对傩的组成元素进行详细研究。另外，学界不仅仅对汉族傩进行分析，还对土家族、侗族、苗族、藏族、布依族、羌族等少数民族的傩进行了研究。随着国家对非物质文化遗产的传承与保护的重视，在研究热点中逐渐出现了"传承"这一关键词，在国家政策的指引下，也促进了学者们对傩这一非物质文化遗产的研究，傩的研究热点也紧跟着时代旋律。除此之外，还有近几年流行的"大数据"词汇，在图谱中未能清晰地体现，也反映出傩的传承与大数据相结合较少，虽然在科技发展的现代社会，传统文化与大数据更有利于对文化的传播、传承与发展。从研究机构图谱来看，对傩研究机构间存在着合作关系较少、联系不紧密的现象。对此现状，需要加强学者、研究机构之间的交流合作，从扩大对傩研究核心聚集区等角度出发，进一步深化研究，以期对傩研究有良好的借鉴作用，为"中华文化"走出去添砖加瓦。

域外汉学研究

如何阅读四言诗的经典——《诗经》[*]

（美）倪豪士¹ 著；刘桂兰² 刘 城³ 译^{**}

1. 威斯康星大学麦迪逊分校东亚语言文学系
2. 湖北大学外国语学院　湖北 武汉　430062
3. 广西民族大学文学院　广西 南宁　530006

【内容提要】《诗经》是中国诗歌的源头。《诗经》中的风、雅、颂，其体裁界定并不明确，诗歌来源也存在着争议。这就给后世读者留下了许多想象空间，而不同的读者对于同一首诗也会有不同的解读。与和《诗经》同时期但今仅存残篇的许多希腊诗歌一样，《诗经》中的许多作品也因缺乏语境而令人感到困惑，因此读者往往会寻找上下文加以解读，例如将《诗经》中的爱情诗当做政治诗来读，就深刻影响着数百年以来的读者与作者。但《诗经》中大多数杰作或者自带历史背景，或者不需要语境化解读。《诗经》的各种主题尤其是其语言，是后世乃至今天无数诗作的典范及典故来源。对现

　＊ 此文英文原稿名为"Tetrasyllabic Shi Poetry"，原刊于蔡宗齐主编《如何阅读中国诗歌：导读集》，哥伦比亚大学出版社，2008 年版，第 13 － 35 页（Zong-qi Cai, *How to Read Chinese Poetry: A Guided Anthology*, *Columbia University Press*, 2008, pp. 13 － 35）。感谢倪豪士教授授权翻译此文。

　＊＊ **【作者简介】**倪豪士（William H. Nienhauser, Jr.），男，1943 年生，美国印第安纳大学博士，美国威斯康星大学麦迪逊分校东亚语言文学系霍尔斯特·斯科姆荣休讲座教授（Halls-Bascom Professor Emeritus of Chinese Literature）。研究方向：中国古典文学与《史记》翻译。

　【译者简介】刘桂兰，女，1970 年生，汉族，湖北咸宁人，博士，湖北大学外国语学院教授。研究方向：翻译理论与实践和英汉语言对比。刘城，男，1980 年生，壮族，广西钦州人，博士，广西民族大学文学院副教授。研究方向：中国古代散文史与欧美汉学。

代读者来说，《诗经》中的许多诗篇因其意象简单又纯美、意蕴复杂又晦涩，仍然充满了理解的张力和解读的潜力。

【关键词】《诗经》　四言诗　经典　语境

《诗经》是中国诗歌的源头。这部现存的中国最早诗歌总集收录了三百多首诗。现在通行的版本是由西汉毛公编纂，故也称《毛诗》。提及《诗经》作品，一般都以诗题与《毛诗》序号（1－305）为准，这成了一个惯例。《诗经》的诗歌分为三部分（有时候称为三类），如果以时间先后顺序排列的话，就是"颂"（《毛诗》266－305）、"雅"（分大雅、小雅，《毛诗》235－265、161－234）、"风"（《毛诗》1－160）。颂分三类，鲁颂（作自春秋后期）、周颂（作自西周初年）、商颂（作于西周末）。大雅篇章与周朝和武王伐纣相关，小雅之诗多与周朝统治下的各地诸侯相关。风，也称国风，分为十五国风，其中包括北方十三地民歌和周朝治下的南方两地民歌。《诗经》主题广泛，包括歌颂周王朝的先祖英雄，正面赞美战争，描写宗庙礼仪与祭祀、狩猎与宴飨等。爱情诗占《诗经》半数以上，主要收录在国风中，最具吸引力。本文主要讨论《诗经》中的爱情诗。撇开诗歌主题不谈，学者认为《诗经》有三种基本的表现手法：赋（铺陈直叙）、比（类比喻指）、兴（触物兴词）。虽然我们对于《诗经》的创作情况知之甚少，但从诗歌本身可以看出，"颂"和"雅"创作于朝廷之上，"风"原是民歌，但经过乐师加以修订润色（韵律和内容）也便于在朝廷演奏。

这些民歌产生的时期，并没有儒家道德观念的约束。由此，未婚男女之间的交往不仅得到认可也受到鼓励（如《周礼》所述）。反过来，这种情况也导致了许多爱情悲剧的发生，其中多有女子承受失望、绝望之苦。显然国风中的很多篇章是诸如此类弃妇的哀吟。

这些爱情诗的韵律结构为当时的青年男女始创，某种程度上也许受当时流行的"兴"调所影响，如"山有X"的结构，常用于表达离别之情的诗歌中。无疑，这些韵律结构的标准是由宫廷乐师确立，他们促成这些歌谣于公元前6世纪晚期最终成型。据说孔子检阅诗三千，后选其三百篇，并按照地域和时代加以分类。

宫廷乐师所润色规定的韵律结构，包括四字一句，四句成节，规则多样，一般是"2＋2"的音步组合，双行押韵，运用各种修辞手法，包括明喻、暗喻、借代、双关、拟声、双声叠韵，联绵词，对偶，诸如"山有X"/"隰有Y"这样的结构十分普遍（这种结构，见于《毛诗》38、84、115、132、172、204）。尽管没有固定的句法规则，但是后世诗歌中常见的"主题＋评论"结构，在《诗经》中已经十分明显，如《桃夭》（《毛诗》6）开篇的"桃之夭夭"，《载驱》起始的"载驱薄薄"。本文最后会讨论这三百多首诗歌其排序所具有的意义。这些先后排序的意义是否存在或是否彰显于现存版本之中虽然难以确定，但可以肯定的是，将一首诗置于与之关联的诗歌语境中加以解读，这种方式是行之有效的。

本文所取例证分别来自《诗经》的风、雅、颂三部分。尽管诗句本身会传达某种政治观点，而且置于历史语境中的诗歌解读会加深认知，但本文主要聚焦文本的文学阐释。

对于《诗经》，古往今来的评注者赋予了种种阐释，《诗经》的诗歌本身也富含多种解读，因此本文的文学阐释仅代表一家之言。《诗经》风、雅、颂的体裁界定并不明确，这与早期希腊诗体不同：早期希腊诗歌体裁是按照伴奏音乐（抒情）、主题（抑扬格）或节拍（挽歌）来界定的。一些学者甚至否认《诗经》中的诗歌是通过口头流传下来的这一说法，因此这本诗歌总集的来源仍然存在争议，由而给现代读者留下了许多想象空间。因此当我们看到某首诗中的舞蹈或求爱仪式时——体现某种延续下来的民间传统，类似于后世"山歌"——现代不同的读者会有不同的解读。这也是这部诗歌总集的隽永价值所在。

许多诗歌文本特别是情诗无需过多解释。然而"诗三百"经历了数百年以来口头传播和文字流承，这些诗句甚至于整个诗节，有重排，有佚失。诚然，这种情况相对而言并不糟糕，要知道同一时期的希腊诗歌现仅存一些让人费解的残篇，如阿尔基洛科斯（Archilochus，约公元前 680 年至前 650 年）的第 107 号残篇：

我希望天狼星

用他那耀眼的光芒

让他们中多数凋谢枯萎①

这里"他们中多数"指的是谁尚不清楚，但诗人对他们明显的敌意使这首诗甚至能引起现代读者的共鸣。阿尔克曼（Alkman，公元前 7 世纪在世？）的第 82 号残篇也是这种情况：

---

① Barbara Hughes Fowler, trans. , *Archaic Greek Poetry：An Anthology*, Madison：University of Wisconsin Press, 1992, p. 53.

　　　　女孩们坐了下来

　　　　无助地

　　　　像鸟在

　　　　一只盘旋的鹰下面①

　　这里的背景是什么？因为只有残篇而没有更多诗句，故很难对之加以评说，但随着时间的推移，盘旋之鹰的邪恶形象和脆弱的年轻女孩无助地躺着的这些意象仍吸引着读者。《诗经》中收录的许多诗歌也缺乏语境，让读者感到困惑不解。如《株林》这样一首诗（《毛诗》144）②：

　　　　胡为乎株林？从夏南？匪适株林，从夏南。

　　　　驾我乘马，说于株野。乘我乘驹，朝食于株。

　　如同阅读希腊诗人阿基洛库斯和阿尔克曼的诗歌残篇一样，读者也会寻找上下文来解读这首诗。虽然这首诗可能只是描写急躁求爱者的一首情诗，但诗中提到历史人物夏南，让大多数读者联想到中国早期的历史文献《左传》中描绘的陈灵公（约公元前613—前599年）与夏南母亲的风流韵事。《左传》记载，灵公与夏南的母亲来往一段时间后，在一次宴会上，灵公侮辱了夏南，宴会结束后，夏南射杀灵公。据说，这首诗旨在讽刺灵公的淫乱。正是灵公驾车前往株林。他的心急如焚——彻夜赶路——还有"株林"（男女常在树林中私通）、"乘驹"、甚至"朝食"（吃早餐）等借词所蕴含的情色意味，都渲染了他的无耻行径。最后一节诗通俗浅显，诗句连贯流畅，读起来短促急迫，显现出灵公的心焦和荒淫本性。

　　尽管这种语境化的解读引人入胜，但《诗经》中大多数杰作或者自带历史背景，或者不需要语境化解读，如《桃夭》（《毛诗》6）：

　　　　桃之夭夭，灼灼其华。之子于归，宜其室家。

　　　　桃之夭夭，有蕡其实。之子于归，宜其家室。

　　　　桃之夭夭，其叶蓁蓁。之子于归，宜其家人。

---

　　① Barbara Hughes Fowler, trans., *Archaic Greek Poetry: An Anthology*, Madison: University of Wisconsin Press, 1992, p. 106.

　　② 此处和后文所引《诗经》之诗，其英文文本均为本文作者翻译。

这首祝婚诗把新娘比作桃树：新娘如桃树般"夭夭""灼灼"。在中国传统习俗中，桃子本身与女性的生育能力有关，但这里强调的是新娘适宜将要一起生活的夫家。"华"指的是她的美貌，吸引丈夫久留于"室"——因此第一节末句将"室"置于"家"前。第二节诗，暗示着多生子嗣，这也是她的公公婆婆最为关切的，"家"指代公婆。第三节诗，焦点从"华"和"实"转到桃叶，暗示从春到秋的季节更替 [类似于《氓》（《毛诗》58）或《摽有梅》（《毛诗》20）]。

繁茂的叶子和第 10 句稍加改变的诗句结构（这里的重叠形容词"蓁蓁"放在名词"叶"之后），指的是新娘为夫家诞下的孩子。蓁叶预示着夫妻和睦，可对照《杕杜》（《毛诗》119）和随后的同题诗篇（《毛诗》169）所写的"其叶蓁蓁"。节奏（四拍）和韵式（xaxa/xbxb/xcxc）也非常有规律，突出了最后一句主题：新娘将"宜其家人"。诗歌句式结构平稳，如"桃之夭夭/灼灼其华"一联所示。

《隰桑》也属同类诗歌（《毛诗》228）：

> 隰桑有阿，其叶有难。既见君子，其乐如何！
> 隰桑有阿，其叶有沃。既见君子，云何不乐！
> 隰桑有阿，其叶有幽。既见君子，德音孔胶。
> 心乎爱矣，遐不谓矣？中心藏之，何日忘之！

虽然桑树和桑叶的视觉形象与《桃夭》中的桃树和桃叶相似，但这里的人物形象可以是仰慕主君之人或爱慕君子的年轻女子。这两种解读在中国后来的诗歌中很常见，君子也有两种解读，字面上可指"君王"，也可指"贵族男子"，即夫君、情人或所仰慕之人。实际上，赞美君子的这一类诗歌，对君子的阐释往往因类型而异：在"雅"诗的一些篇章中，君子是指"主君" [比较《出车》第五节，（《毛诗》168）或《蓼萧》（《毛诗》173）]。在"风"诗中，君子是指贵族男子 [例如《草虫》（《毛诗》14）]。在《隰桑》中，"君子"兼用二义。

《诗经》中除了《桃夭》写婚姻和《隰桑》写未确定关系的恋情之外，还有直接描写求爱的一类诗。如"郑风"第二首也是《诗经》中最有名的诗歌之一——《将仲子》（《毛诗》76）：

> 将仲子兮！无逾我里，无折我树杞。岂敢爱之？畏我父母。仲可怀也，父母之言，亦可畏也！

将仲子兮！无逾我墙，无折我树桑。岂敢爱之？畏我诸兄。仲可怀也，诸兄之言，亦可畏也！

将仲子兮！无逾我园，无折我树檀。岂敢爱之？畏人之多言。仲可怀也，人之多言，亦可畏也！

尽管前文讨论的诗歌的主导情绪是期盼的愉悦，而这首诗则显露出期盼和焦虑之情。诗中女主人公的心里十分期盼着情人的到来，但又担心家人和邻居的反应。第一节第1-3行，女子告诫她的情人仲子不要靠近，但又试图向仲子解释（也许是向自己）拒他于"里"之外的原因（第4-8行）。仲子趁机靠近，到第二节诗的第二行，他已经"逾里"到"逾墙"了。

开篇诗行关于逾距（"逾""折"），短促的辅音押韵结尾（如一三五句，古音押韵）更强化了这些意象。好像是女主人公一心想着解释而忘了变韵。设想着演唱这首歌，歌者可能会拉长第1句（元音结尾）、第6句和第8句（元音结尾，以两个"e"音押韵）最后一个音节。被拉长的最后一个音节与之前急促的辅音押韵的诗句形成对比，这表明：仲子停下来（以塞音结尾的音节），然后一步一步地靠近爱人（持续元音结尾），这种效果通过歌者的视角加以强化：在1-3句中，她放眼全村，在5-8句，她的目光转向家人。演唱者的这些动作设计表现出其视角的变化，先是面对观众，然后（在这节诗的后几句）慢慢转过身子背向观众。

然而，这一切都是非常理智的。歌者没有告诉我们她的所见，我们读者（或原本是听众）从她对仲子的劝告当中可以拼接出这样的场面：远处有"里"和"杞"；近处有"墙""桑"；最后，前景是"园"边的"檀"树。

如前所述，第二节开始，仲子正在围墙边。传统的评注者对诗中出现的三种树木的含义多有阐释，这些树木形象可能仅表达了仲子的心切，从杞到桑到檀，这些树距离女主人公越近就越显高大，越能起到屏障阻碍的作用。

随着仲子与歌者之间的距离越来越近，他逾越的范围也越来越广，仲子越过"父母"（第一节），进入"诸兄"的视线（第二节）。频繁转韵，限制了情节的推进，保持了悬念：仲子是否能接近歌者？第一节韵式单调（aaaxxbxb），第二节韵式稍显活泼（xccxcbxb），这种变奏可能暗示歌者要结束她的咏叹。

第3节，仲子离女主人公（和读者）更近了。也许因为我们只能通过女主人公的视角看到仲子，这里并未描写仲子的外貌。诗歌的重点是他的迫近，而不是他的外貌。诗歌主要关注的是一个步步逼近、欲望强烈的追求者，而不是《桃夭》中的那种婚姻伴侣。现在他离歌者也许仅有几步之遥。在这个场景中，她不再提阻拦她与仲子交往的家人（父母、诸兄），而是担心邻居对她说三道四。歌者将重点从家人转向外人，暗示着仲子确实是她"可怀"之人。她（歌者）和他（仲子）将成为孟子所谴责的"逾墙相从"的夫妇（《孟子·滕文公下》），会被父母和国人所轻视（"父母国人皆贱之"）。他们的爱恋不可阻挡。这些树也不像《桃夭》中的那样繁茂艳丽，而是易受摧折，正如女主人公般易受人言谤毁。

《诗经》中的这种层次推进被称为递增复沓。在《将仲子》中，有两组复沓：一组是描写仲子跨越障碍物和树枝逐渐接近爱人，另一组是描绘歌者脑海中浮现的仲子求婚相继被阻拦的场景。这两组递增复沓的并置交叉（相似短语词序的颠倒呈现"a－b－b－a"的结构）形成一种张力：仲子逐渐靠近，不听歌者的劝告而逾距——或者这是她的想象，歌者的情绪与歌中的交叉复沓的艺术手法相互印合。

假若这首歌和其他口头歌曲一样，每次表演都会有不同的演唱方式，那么也可以想象，《将仲子》可能会有更长篇幅的版本，在这样的版本中，仲子可能会涉过溪水，或者跨过门槛。我们还可以想象歌者重新设计一些道具（可以被跨越或逾越的障碍物、易折的枝叶），以适应当时的情况和迎合观众。

关于《将仲子》的讨论，如果结合与《汝坟》（《毛诗》10）的比较，才会更加全面完整。《汝坟》一诗也体现了大多数青年情侣们对父母的敬畏之情：

> 遵彼汝坟，伐其条枚。未见君子，惄如调饥。
> 遵彼汝坟，伐其条肆。既见君子，不我遐弃。
> 鲂鱼赪尾，王室如燬。虽则如燬，父母孔迩。

《汝坟》的传统解读认为最后一联由第9句的"赪尾""鲂鱼"起兴发展而来。"王室"通常指代"皇室"，"如燬"指代处于某种危机中。最后两句可以解读为妻子敦促正在服役的丈夫为了父母而回家（这意味着丈夫也会回到她身边）。另外一种解读恰恰相反，认为妻子劝丈夫为正遭受危难的国家效力。这样，他的父母也就可以得到很好的保护。这首诗作为一首国风诗，很容易被解读为妻子所唱的情歌：她的丈夫一直在外服役，但现在回到了家。这契合1－2和5－6句砍伐树木的意象，这种意象与男女交往相关。然而，关于第9句"鲂鱼赪尾"的意象，任何一种解读都不大合情理。闻一多（1899—1946）认为《诗经》中的鱼是情侣的象征。因此，这首诗中的丈夫在长时间离开妻子之后热切希望与妻子团聚。"饥"（第4句）在诗中常隐喻情欲。

现代西方学者也曾对这首诗进行过色情解读，但闻一多对"王室"的解释似乎是最合情理的，"王室"指代皇室成员（类似于其他两个表示朝臣的词语，"宗室"和"王孙"）。接下来第 10 - 12 句的内容如下：

> 王室如燬。虽则如燬，父母孔迩。

闻一多对这首诗的解读可以从与《汝坟》约同时代（公元前 13 或 14 世纪）的一首埃及情歌的类似意象中得到印证：

> 亲爱的，我多想溜进池塘
> 与你一同，沐浴池岸
> 只为你，我穿上孟菲斯新泳衣
> 纯亚麻纺织，女王风范——
> 来！瞧它在水中的模样
>
> 还不能诱你一同入水去
> 任凉爽蔓延身躯
> 然后我会潜到深处
> 使你酣畅淋漓。
> 让你满眼都是
> 我逮住的这条绯色小鱼。
>
> 站在浅滩高处，我说：
> 我的爱人，看看我的小鱼，
> 在我掌心，如何歇栖。
> 抚摩其身，于我指尖，
> 滑抵其侧
> 我想说，再温柔一些
> 我眼睛明澈，皆因你所见：
> 礼物一个。我的爱。无需多言
> 再靠近一些吧，

看，我的全部，映入你的眼帘①

《诗经》中的男子并不总是像《将仲子》所描绘那样势在必得，也不像《汝坟》所描写的那样长年在外。有时他们只能站在某处等待他们的伴侣，就像《静女》中男主角一样（《毛诗》42）：

> 静女其姝，俟我于城隅。爱而不见，搔首踟蹰。
> 静女其娈，贻我彤管。彤管有炜，说怿女美。
> 自牧归荑，洵美且异。匪女之为美，美人之贻。

《静女》这首诗只向我们展示了几分钟的实时恋情，但它潜藏了更多内涵。第一节是铺陈：展现在读者面前的是两个人物、两人的恋爱关系（至少在某种程度上）、两人各自所处的位置、读者和年轻男子一同等待着"静女"的现身。读者和男子一起，望向城隅，男主角似乎知道心仪的女子就在那里（因为他似乎确定她躲藏在那里）。她躲于城隅，"爱而不见"。当然，她是退避不见的"静女"，但第三节暗示他们已是恋人，她的躲藏只是闹着玩。第一节的最后一行，"搔首踟蹰"，他放缓了行动〔前四行中有三行押韵（aaxa）〕加强了这种停滞，为第二和第三节人物内心活动提供了背景。读者和男子一起翘首以盼。在第二节中，不见"静女"，男子又回想起他们上一次见面的情景。男子看着女子赠与他的鲜红色彤管。他手中这只彤管的鲜艳色彩既象征着女孩的活泼可爱，也将女孩的形象鲜活地呈现在读者面前。第二节押韵方式的改变（bbcc）强调了礼物和女孩之间的对照。

第三节诗闪回到了另一礼物——他的恋人从野外（也许是之前约会的地方）带来的白茅（"荑"）。到这里，读者已然明白这爱情信物又一次喻指爱人。这爱情信物是一株白茅，它平淡无奇，颜色也不鲜艳，由此很显然，最后五句反复使用形容词"美"（用了四次！）是暗指"静女"。最后这几句诗中"美"字作为重读音节尾韵出现了两次，把人物的幻想用"cc / cdcd"韵式结构呈现出来。在最后一联对中，年轻人情急之下竟直接对白茅说话。这种"呼顿"的修辞手法，将三个美丽的"对象"——女孩、彤管和白茅串联起来，这些"对象"将三个诗节编织在一起。第一节

---

① John L. Foster trans. , in Maynard Mack ed. , *The Norton Anthology of World Masterpieces*, *vol. 1*, Beginnings to *1650*, New York：Norton, *1995*, p. *58.*

诗以"赋"开篇，接着是一系列的"比"，到了第三节诗以"呼顿"结尾，意犹未尽。另一种修辞手法突出了男子的复杂思绪，还把礼物和女孩联系在一起，即第6句和第7句用"彤管"尾首相连，第11句和第12句也是重复使用"美"字（这种反复的修辞手法在汉语当中称为连珠，在英语中称为 anadiplosis）。

从前文所分析的诗歌可以看出四言是《诗经》的标准句式（91%以上是四言诗，约6%的是五言诗，其余的3%主要是三言诗），也有少数诗诗行长度不等，如"江有汜"（《毛诗》22）是三言，"行露"（《毛诗》17）是五言。《行露》有些特殊。这首诗有七句四言诗句。严格来说，《诗经》没有一首纯粹的五言诗，而《江有汜》显然是一首三言诗。这两首歌都出现在"风"的第二部分《召南》（召公开国领地的南方歌谣）中，诗经最开始的两部分《召南》和《周南》乐调相同，但又区别于其他的国风之诗。① 然而，对于现代读者来说，只能看文本，而无缘聆听其曲：

> 江有汜，之子归，不我以。不我以，其后也悔。
> 江有渚，之子归，不我与。不我与，其后也处。
> 江有沱，之子归，不我过。不我过，其啸也歌。

这首诗的第一句及其变体（第6句和第11句）可看作是起兴。它还起到比较（比）的作用，将经常不在身边的爱人与"江"（古代指"长江"）联系起来，长江的支流从主河道延伸出来。也许这个爱人是个游走四方的商人。这首诗的每一节前四句都是三言，最后一句变为四言。每一节的最后一句，会在语助虚词"也"上突然停顿，形成"3：1"的节奏，最后一个音节表达一种"其后也悔"之类的情绪。每一诗节的最后一句都符合这种韵律模式，这种诗歌演绎形式很能感染听众。自然听众会对这个女子产生共情，希望她不忠的伴侣受到惩罚。如果歌者将"也"（作为语助虚词，通常是轻声）字的唱音加重，唱腔拖长，顿音落到最后一字以揭示不忠爱人会有不好的后果，那么诗歌所体现的正义力度就会随着这个悬顿而增强。因此，第三节的最后一句出人意料：不忠爱人终将痛苦后悔。尽管诗中的情绪会让读者感到压抑，但每节最后一行的韵律节拍（axaaa，bxbbb，cxccc）表现出轻松诙谐的效果。

这里采用了递增复沓的诗歌结构。在第一节中，长江的支流由主流分出而复汇

---

① 关于"南"的意义，详见陈致的博士论文，Chen Zhi, *From Standardization to Localization*: *Reconsidering the Section Divisions of the Book of Songs*, Ph. D. dissertation, University of Wisconsin, 1999, pp. 283 – 284。

合，而爱人似乎一去不返。他开始只是感到后悔。在第二节中，小岛（"渚"）之间旁道之多暗示男子与多个女子交往。正因为如此，他甚至在最后都未再见女子一面。歌者告诉我们，男子不来见面"不我过"比起离开她"不我以"，以后会让男子更加懊悔痛苦。最后一节，"江有沱"和"不我过"暗喻男子有很多新欢，甚至连回到家乡都不去探望女子。因此，终有一天，他会为此痛苦嚎哭，女子也以之为歌。他对她越冷淡，她就越希望男子日后会更痛苦。每一节前四句的写实与最后一句歌手的幻想形成鲜明对照，产生一种阅读的张力。

这首诗也被解释为新娘的年轻女性亲属哀叹新娘出嫁而离开自己（每一节的第二句"之子归"，也可以解读为《桃夭》中的"之子于归"，表示女子出嫁）。新娘出嫁时通常会带上娘家中的几个年轻女子，这些女子将会成为丈夫的二房或小妾。这种解读无疑也适用于阐释《小星》（《毛诗》21）中的相关内容：

> 嘒彼小星，三五在东。肃肃宵征，夙夜在公，寔命不同。
> 嘒彼小星，维参与昴。肃肃宵征，抱衾与裯，寔命不犹。

这首诗的开头的"兴""比"兼用，以"小星"比拟地位低下的宫女。天色越来越亮——象征着统治者宠幸的女子醒来——"三五""小星"越来越暗淡。为什么不是三星四星呢？答案是，"三五""小星"是指中国古代的星座"参三星""昴五星"，它们是冬天早晨天空中可见时间最长的星星。这个比较特别的修辞手法将第一节与第二节诗衔接起来，使得第二节的暗喻所指更为清晰。这首歌的主题类似于中国古语"饥者歌其食，劳者歌其事"。女主人公在这里哀叹她的地位卑下，因而不得像正室妻子那样整夜陪伴她的主人。因此，她和她的宫女们整日忙碌着。这些女子"抱衾与裯"暗指天穹（从女性的外表上看），也暗示了宫女们的不同等级（从她们的辛劳上看）。这首诗的韵律是规则的，除了在每节"额外"的第五句外，还通过韵式"ab-abb，acacc"借以强调最后一句女子的抱怨。

这首诗的第二种解读比较常见，即认为这个主人公是一个级别低的朝臣（"士"阶层），在拂晓时分赶赴早朝，他自己的光芒被更高级别的朝廷权贵所掩盖。事实上，许多传统诗歌都被解读为政治诗或情诗。然而，将"衾与裯"与爱情相联系，整首诗与萨福（公元前 7 世纪末至公元前 6 世纪早期）的"残篇 34"① 有一些相似之处：

---

① Barbara Hughes Fowler, trans., *Archaic Greek Poetry*: *An Anthology*, Madison: University of Wisconsin Press, 1992, p. 133.

> 群星围绕着可爱的月亮
> 藏起了它们闪亮美丽的光芒
> 每当月圆之时
> 她的光辉撒满大地

尽管这个希腊诗歌残篇也没有给我们提供语境，但核心女性人物（月亮）和她的下属女性（她周围的群星）并置的情况与《小星》中的情况并无二致。这类地位低下的女性忙于"公侯之事"，也见于《采蘩》一诗中（《毛诗》13）：

> 于以采蘩？于沼于沚。于以用之？公侯之事。
> 于以采蘩？于涧之中。于以用之？公侯之宫。
> 被之僮僮，夙夜在公。被之祁祁，薄言还归。

蘩，蒿属植物的变种，也被称为艾草或南木，是一种装饰性的芳香植物（在现代用于制作花环）。这种白色植物既用于祭祀，也可养蚕，传统的评注者认为此诗表现女子的抱怨，这些女子或是为公侯准备宗庙祭祀的宫女，或是采集植物制作丝绸的平民女子。由于最后一节的"被"字出现两次，指的是一种为某些仪式而编织在头上的发髻，所以我倾向于前一种解释，此诗表现的是宫女之怨。

宫女的任务很繁重，需要去各种偏僻之地。她问"于以采蘩"，并不是真的要问去哪里采蘩，而是强调自己劳作的辛苦。虽然她从附近的沼泽（"沼"）到水中小洲（"沚"），再到山谷小溪（"涧"），这样的旅程看起来不太费力，但最后一句揭示了她的劳作艰辛。以发髻指代女子日以继夜地工作，女子的疲惫不堪如同她垂落的凌乱头发。前两节诗中以"xaxa / xbxb"的断奏押韵展现她的行动。最后一节的第一联使用双韵（ccdd）以放缓诗歌的节奏，并让主人公在匆忙归程中有时间关注自己蓬乱的头发。

采蘩显然是女性的工作，正如《出车》（《毛诗》168）最后一节所写。该诗描绘军队凯旋，准备祭祀庆祝：

> 春日迟迟，卉木萋萋。仓庚喈喈，采蘩祁祁。执讯获丑，薄言还归。赫赫南仲，狁于夷。

黄鹂似是象征从征战回归家庭，如《东山》（《毛诗》156）。另一首关于采集植物的诗是《葛覃》（《毛诗》2）：

> 葛之覃兮，施于中谷；维叶萋萋。黄鸟于飞，集于灌木，其鸣喈喈。
>
> 葛之覃兮，施于中谷；维叶莫莫。是刈是濩，为絺为绤；服之无斁。
>
> 言告师氏，言告言归。薄污我私，薄浣我衣。害浣害否，归宁父母。

与前文谈及的诗歌相比，这首诗各节之间没有一以贯之的主线，题旨晦涩。这些意象对于时人而言很熟悉，但对于今人而言却已陌生。由此自然会对读者有吸引力，并在此后的几百年间，引发了许多不同的解读。然而，根据上下文语境可知，这首诗是一位新娘所唱之歌，她正兴奋地准备在结婚三天后回娘家。理解这首诗的关键在于"兴"："葛之覃兮，施于中谷。"葛藤用于周朝贵族男子迎娶新娘的婚礼仪式上。[1] 在婚礼仪式上，新娘的母亲会收到几双葛藤凉鞋，然后让她的女儿穿上（象征夫妻结合）。之后，母亲会教诲女儿，告诉她如何举止得体，然后接受女儿的敬拜，最后把新娘的手放到新郎手上，然后新郎会把他的妻子带出房间。

藤蔓本身会结出许多狭长的豆荚，里面结满了"子"，象征着生育能力强（"子"意指"种子"和"孩子"），用以制衣的葛纤维经久耐用，象征着夫妻之间的稳固关系。在这首诗中，这情感意象也暗示（通过"比"）婚姻嘉礼初成，在随后的日子里，随着藤蔓长长，也预示着这种姻联更加牢固。这些藤蔓也暗示着新娘与新家的联系，就像在《葛藟》（《毛诗》71）中所表现的那样。虽然《葛藟》所描绘的女主人公与夫家的关系与《葛覃》的描述在本质上并不相同，但两诗都是借助葛藤形象来指代新娘与夫家的关系。《葛覃》的第三行强调了新娘对于夫家而言是"宜室宜家"的，"维叶萋萋"呼应前文《桃夭》的"其叶蓁蓁"之相同意象（相同意义）。

"黄鸟于飞"（第4句）有时比作人们的出场，尤其是在正式场合［如在《振鹭》中（《毛诗》278）］"。这些黄鸟（可能是黄雀）的飞行象征着新娘加入了夫家。忙碌的婚礼结束后，他们和睦相处，就像欢唱的鸟儿一样。

第二节的第1-3句通过重复的韵式（xabbab，xaccac）呼应，重述婚姻的和睦。第10句转至叙述以葛藤制衣，这也是一种结婚仪式。不论是粗糙（绤）还是精细

---

① 请参阅周策纵的精彩讨论，见 Chow Tse-tsung, "The Childbirth Myth and Ancient Chinese Medicine, a Study of Aspects of the Wu Tradition," in David T. Roy and Tsuen-hsuin Tsien ed. *Ancient China: Studies in Early Civilization*, Hong Kong: Chinese University Press, 1978, pp. 43 – 89, especially 47 – 53.

（绨）的布料，女主人公都愿意穿着，这颇类似于人们在结婚时交换誓言："无论是祸或福，贫穷或富有，疾病或健康，我们都彼此相爱、珍惜，至死不渝。"

最后一节，显出一种即时性和紧迫感，这在前两节中是没有的。第 13 句中的"师氏"通常指的是负责指导贵族妇女的周朝官员。但在这样一首关于普通女孩的诗中，"师氏"对应着"君子"（"主君"和"贵族男子"），指的是婢女。第 13 – 17 句都包含有重复，反映了女主人公兴奋的精神状态，这是我们在出发旅行前尤其是"归宁"父母时常有的精神状态。这个女主人公适从夫家生活，她漫不经心地和"师氏"开玩笑："害浣害否？"——她希望父母可以看到她这种舒适的生活状态。

虽然《葛覃》和《采蘩》都有采集植物的主题，但与《采蘩》题旨更为相似的作品应该是《采蘋》（《毛诗》15）：

> 于以采蘋？南涧之滨。于以采藻？于彼行潦。
> 于以盛之？维筐及筥。于以湘之，维锜及釜。
> 于以奠之？宗室牖下。谁其尸之？有齐季女。

这首诗也与婚姻仪式有关（据《礼记》"婚义"章）。在举行婚礼的三个月前，准新娘要在家族宗庙里接受指导，学习以妻子的身份在夫家新环境中应该如何说话和行事。指导结束后，以鱼、蘋和藻献祭。

这首诗中一问一答的形式反映了这个女孩在祠堂受教是更为正式的问答仪式（体现在平衡韵式 aabb / xcxc / xdxd 中）。第一节点出准新娘采蘋、采藻的地点；第二节指出准备祭品的方式；第三节标明放置祭品的地方。倒数第二句的"尸"指的是在祭祀中扮演祖先的人：这里指的是即将出嫁的年轻女子。这首诗似乎不是她唱的，也许是那些定期采摘蘋藻或其他植物的女人为将出嫁的年轻女子所唱。

祭祀是"颂"歌的常见主题，如《振鹭》（《毛诗》278）：

> 振鹭于飞，于彼西雍。我客戾止，亦有斯容。
> 在彼无恶，在此无斁。庶几夙夜，以永终誉。

诗歌描写周王邀请前朝（夏朝和商朝）的后裔来朝廷祭祖（夏商与周朝的祖先）。有人认为，这首隐喻诗选择描写白鹭，是因为周朝的前代即商朝以白色为尊。白鹭是优雅的鸟类，在《有驰》（《毛诗》298）中也被用来比喻朝臣。鸟类的飞行暗比人类活动，这在《诗经》中极其常见，例如《鸿雁》（《毛诗》181）。在《振鹭》这首祭祀颂歌中，我们可以想象两排助祭者：一排是夏朝后裔，另一排是商朝后人，这两排暗示着飞行中白鹭的队形。第一节设置场景之后，第二节写祈祷，希望自己谨慎勤勉，永葆祖先之誉。此诗认为，通过这种方式，商、周先祖得以荣耀长久。诗歌韵式（xaxa，bbbb）引人注目，在第二节重复一韵，暗示祭祀的庄严，与钟鼓之音暗合。

最后考察《绵》这首诗（《毛诗》237），该诗是"大雅"之一，描写周朝立国，尤其是周朝第一位统治者周文王的丰功伟绩：

> 绵绵瓜瓞，民之初生，自土沮漆。古公亶父，陶复陶穴，未有家室。
>
> 古公亶父，来朝走马。率西水浒，至于岐下。爰及姜女，聿来胥宇。
>
> 周原膴膴，堇荼如饴。爰始爰谋，爰契我龟。曰止曰时，筑室于兹。
>
> 迺慰迺止，迺左迺右。迺疆迺理，迺宣迺亩。自西徂东，周爰执事。
>
> 乃召司空，乃召司徒，俾立室家。其绳则直，缩版以载，作庙翼翼。
>
> 捄之陾陾，度之薨薨。筑之登登，削屡冯冯。百堵皆兴，鼛鼓弗胜！
>
> 迺立皋门，皋门有伉。迺立应门，应门将将。迺立冢土，戎丑攸行。
>
> 肆不殄厥愠，亦不陨厥问。柞棫拔矣！行道兑矣，混夷駾矣，维其喙矣。
>
> 虞芮质厥成，文王蹶厥生。予曰有疏附，予曰有先后，予曰有奔奏，予曰有御侮。

这首诗主要运用"赋"法，但开篇起"兴"暗示周人的"绵绵"历史，如"大雅"所述。这首诗记述了文王的祖父亶父。司马迁（公元前145—前86年）的《史记·周本纪》对亶父的生平和统治有如下详细描述：

> 古公亶父复修后稷、公刘之业，积德行义，国人皆戴之。薰育戎狄攻之，欲得财物，予之。已复攻，欲得地与民。民皆怒，欲战。古公曰："有民立君，将以利之。今戎狄所为攻战，以吾地与民。民之在我，与其在彼，何异。民欲以我故战，杀人父子而君之，予不忍为。"乃与私属遂去豳，度漆、沮，逾梁山，止於岐下。豳人举国扶老携弱，尽复归古公於岐下。及他旁国闻古公仁，亦多归之。於是古公乃贬戎狄之俗，而营筑城郭室屋，而邑别居之。作五官有司。民皆

歌乐之，颂其德。①

亶父是周朝的领袖，他打破了夷族的习俗，将其子民从戎狄迁到了今天的陕西东南部。《史记》的其他类似叙述为这首诗提供了一个连贯的注解。只需补充一点：周初建造宗庙时，两块木板之间填土夯实，用绳子捆绑（第 29 - 33 句），以此筑墙。

这首长诗的文学性虽然不强，但却讲究音韵模式。几乎每一句都押韵。第三到第五节，那些描述亶父筹划准备新都建设的诗句，由同韵部的押韵词组成。第六节的押韵词选词精准，四行使用重言产生回响效果，每行尾音以鼻音 - ng 结尾，声音响亮。

最后一节，焦点从亶父突转到他的孙子文王。这一节可能是后来的一个插叙，旨在适应"大雅"对于文王史诗般的叙述风格。

上文所选择分析的诗篇可以为《诗经》这本古典诗集及其韵律提供引介导读。《诗经》的各种主题尤其是其语言，是后世乃至今天无数诗作的典范及典故来源。对现代读者来说，《诗经》中的许多诗篇因其意象简单又纯美、意蕴复杂又晦涩，仍然充满了理解的张力和解读的潜力。

周初诗人运用自然的四言诗句，体现了那个时代的说话方式或音乐表现方式。四言音步从公元前六世纪以降一直传下来。到了汉代，五言诗越来越流行（第五章），四言诗逐渐显得古旧。从汉代开始，四言诗主要用于赞颂之作与国事篇章。

最后，需要明确指出的是，现代大多数学者将《诗经》当作宫廷乐师加工的民歌，本文的阐释方法与之相似，而将《诗经》视为寓言作品的传统观点是不正确的。从公元前一千年中期这些诗歌首次结集直至宋朝早期（11 世纪中期），把这些诗歌当作寓言来解读，或者试图把它们置于先秦复杂的历史背景中，是主流的阐释方式。这些传统的解读通常有非常明确的立场和观点。例如，汉朝的"小序"认为《将仲子》并非爱情诗，而是作为对郑庄公（公元前 743—前 701 年）未能约束母亲的批评。这种评论在我们现代人看来是牵强附会的，但是它却被大多数传统读者所接受，直到 11世纪的宋朝学者开始倾向于从字面理解这些诗，《诗经》的解读才丰富起来。尽管如此，直到现代，一些读者仍然把《诗经》理解为政治诗。此外，千年以来，人们接受把《诗经》中的爱情诗当作具有政治意味的诗歌来读，这影响了数百年以来所有体裁的传统诗歌的读者（和作家）。

---

① 司马迁：《史记》卷 4，北京：中华书局 1959 年版，第 113 - 114 页。

附录：倪豪士先生推荐阅读书目

英文书目：

［1］Joseph R. Allen, "Postface: A Literary History of the *Shijing*," in Arthur Waley trans. , Joseph R. Allen ed. , *The Book of Songs: The Ancient Chinese Classic of Poetry*, Rev. ed. , New York: Grove Press, 1996, pp. 336 – 383.

［2］Karlgren, Bernhard, trans. , *The Book of Odes.* , Stockholm: Museum of Far Eastern Antiquities, 1950.

［3］Michael Loewe, "*Shih chin*," in Michael Loewe ed. , *Early Chinese Texts: A Bibliographic Guide*, , 414 – 423, Berkeley: Society for the Study of Early China and the Institute of East Asian Studies, University of California, 1993.

［4］Stephen Owen, "The Classic of Poetry," in Stephen Owen trans. and ed. , *An Anthology of Chinese Literature: Beginnings to* 1911, New York: Norton, 1996, pp. 10 – 74.

［5］Jeffrey Riegel, "Eros, Introversion, and the Beginnings of *Shijing* Commentary," *Harvard Journal of Asiatic Studies* 57, no. 1, 1997, pp. 143 – 177.

［6］Haun Saussy, *The Problem of a Chinese Aesthetic*, Stanford, Calif. : Stanford University Press, 1993.

［7］David Schaberg, "Song and the Historical Imagination in Early China," *Harvard Journal of Asiatic Studies* 59, no. 2, 1999, pp. 305 – 361.

［8］Steven Van Zoeren, *Poetry and Personality: Reading Exegesis, and Hermeneutics in Traditional China*, Stanford, Calif. : Stanford University Press, 1991.

［9］Arthur Waley, trans. , Joseph R. Allen. ed. , *The Book of Songs: The Ancient Chinese Classic of Poetry*, Rev. ed. , New York: Grove Press, 1996.

［10］C. H Wang, *From Ritual to Allegory: Seven Essays in Early Chinese Poetry*, Hong Kong: Chinese University Press, 1988.

［11］C. H Wang, "Shih ching," in William H. Nienhauser Jr. , ed, *The Indiana Companion to Traditional Chinese Literature*, . Bloomington: Indiana University Press, 1986, vol. 1, pp. 692 – 694.

中文书目：

［1］陈子展：《诗经直解》（全 2 册），复旦大学出版社 1983 年版。

［2］陈子展：《雅颂选译》（修订版），上海古籍出版社 1986 年版。

［3］《毛诗郑笺》，四部备要本。

［4］夏传才：《诗经研究史概要》，三民书局 1993 年版。

［5］向熹：《诗经词典》（修订版），四川人民出版社 1997 年版。

［6］张树波：《国风集说》（全 2 册），河北人民出版社 1993 年版。

［7］周啸天：《诗经楚辞鉴赏辞典》，四川辞书出版社 1990 年版。

华兹生《左传》英译本的
叙事结构转换及对典籍英译的启示

陶 源*

【内容提要】《左传》是中国第一部叙事详细的编年体史书，作为先秦中国史的重要记载，《左传》的叙事研究在中西方史学界颇受关注。自 1872 年开始，《左传》有三位汉学家的英译本，其中华兹生的节译本《左传：中国最古老的叙事历史选译》选取了《左传》中最有影响的故事，展现了《左传》的文学及史学价值。该译本的标题、注释等副文本体现出其叙事特征的前景化，英译本鄢陵之战叙事结构符合拉伯夫的结构取向模式。译者强化译文叙事结构的完整性和一致性，并体现了对原著儒家道德准则的忠实性。译本旨在扩大《左传》在西方的读者群，其叙事方式的调整为中国历史典籍在西方的传播提供借鉴。

【关键词】副文本 叙事结构 结构取向模式 完整性 忠实性

叙事是阐释世界、表达思想的方式，即通过何种方式来组织事件和讲述故事。《左传》是中国第一部叙事详细的编年体史书，以鲁国十二公的年代为序记录了春秋时期 250 余年的历史。由于中西方的叙事方式的差异，华兹生的英译本《左传：中国最古老的叙事历史选译》（*The Tso Chuan*: *Selections from China's Oldest Narrative Histo-*

---

* 【作者简介】陶源，女，1975 年生，黑龙江哈尔滨人，大连理工大学外国语学院副教授，研究方向：翻译学。

ry）打破了原文编年体的形式，为西方读者重新建构了这部中国史书，呈现出不同的叙事方式。

副文本指的是标题、副标题、注释等和正文本相关的信息，是译者解释和补充原文信息的声音，这些副文本元素可能改变译者"隐身人"的状态，成为重新叙事的建构方式。国内外学者分析了副文本的功能、文化建构并将其应用于形象建构、意识形态和翻译史研究①，但是从副文本角度探究叙事结构的研究尚不多见。

本文以叙事结构为宏观框架，在标题、序言、导读等副文本元素的基础上，分析了华兹生《左传》英译本如何将译本的叙事特征前景化，战争叙事建构符合拉伯夫的结构取向模式，并从费舍尔的叙事原则评价华兹生英译本的叙事。在《左传》英译本中，译者考虑到西方读者的阅读习惯重构叙事，对于讲好中国故事，扩大中国文化影响力都有借鉴意义。

一、叙事结构与《左传》叙事研究

（一）叙事结构的概念

1969 年，法国学者茨维坦·托多罗夫首次提出了叙事学（narratologie）的概念和叙事文本的研究。叙事结构分析在西方由来已久，早在古希腊时期，亚里士多德就在《诗学》中以悲剧情节为例，提出组合精良的情节由起始、中段和结尾组成②。诗人的职责是根据可然或必然的原则描述事件，亚里士多德首次提出了叙事结构的整一性和内在逻辑的重要性，为叙事结构的研究奠定了基石。此后叙事学者将语言学模式的概念运用于故事研究，普林斯称叙事结构为故事的语法③。叙事贯穿了人类的进化史，具有普遍性，叙事所涵盖的文体也更为广泛，不仅文学作品含有叙事，即使是科学文

---

① 参见耿强：《翻译中的副文本及研究：理论、方法、议题与批评》，《外国语》2016 年第 5 期，第 104 页；黄培希：《副文本与翻译文化建构——以艾尔萨·威斯〈黄帝内经·素问〉英译为例》，《上海翻译》2018 第 3 期，第 73 页；Anthony Pym, *Method in Translation History*, London：Routledge, 2014；Richard Watts, "Translating Culture：Reading the Paratexts to Aimé Césaire's Cahier d'un retour au pays natal," *TTR*, Vol. 13, No. 2, 2000, p. 29 – 45；朱桃香：《副文本对阐释复杂文本的叙事诗学价值》，《江西社会科学》2009 年第 4 期，第 39 页。

② Aristotle, *The Poetics of Aristotle*, University of North Carolina Press, 1942, p. 10.

③ ［美］杰拉德·普林斯著，徐强译：《故事的语法》，北京：中国人民大学出版社 2015 年版，第 2 页。

本也以叙事为基础，建立起开头、中间和结尾的结构①。Riessman 在《叙说分析》中介绍了三种经典的叙事结构模式，拉伯夫的结构取向模式（structural approach），伯客的拟剧结构模式（dramatism approach）和基的诗意结构模式②。拉伯夫总结出口头叙事中个人经历叙事的六项因素：摘要、导向、复杂的行动、评价、结局和回应，这六项要素构成了一个完整的叙事框架。

（二）《左传》的叙事结构

《左传》全称《春秋左氏传》，相传为春秋末年鲁国左丘明所著，全书三十五卷，是中国第一部叙事详细的编年体史书，记录了鲁隐公元年（公元前 722 年）至鲁哀公二十七年（公元前 468 年）春秋各国的历史，有重要的史学和文学价值。《左传》的主要史实来源为鲁国的王室档案及其他诸侯国史，作者以鲁国十二公为时间线索，记录了春秋时期周室衰败，晋、齐、楚等诸侯国争霸的局面。

《左传》的叙事受到国内外学者的关注，西晋时期杜预从文章学的角度称赞"《左传》为书，叙事之最"，唐代史学家刘知几在《史通》中称《左传》叙事"跌宕而不群，纵横而自得"。国内学者对《左传》中的时空叙事非常重视，夏继先认为《左传》以时间为纲，依经叙史建立了叙事的基本结构③；童庆炳称《左传》为中国叙事的起点与开篇④，按照以大观小的时间演进。

自 20 世纪瑞典汉学家高本汉对《左传》进行开创性研究以来，西方学者对《左传》的研究逐渐升温，展开了叙述研究、文法研究和人物事件的专题细读⑤。但西方史学研究者也提出了《左传》叙事的不足之处：作者主要通过对话推动事件进展，如《左传》中的战争描写开篇往往是预言和谏言，缺点是叙事者的声音太少，很多事件缺少叙事者的评论，导致叙事者隐身的局面⑥。

---

① Misia Landau，"Human Evolution as Narrative," In Lewis P. Hinchman and Sandra K. Hinchman, eds. *Memory, Identity, Community：The Idea of Narrative in the Human Sciences*, Albany：State University of New York Press, 1997, p. 262.

② Catherine K. Riessman, *Narrative Analysis*, Sage Publications, 1993, p. 27.

③ 参见夏继先：《〈左传〉叙事结构研究》，《河南社会科学》2012 年第 4 期，第 83 页。

④ 参见童庆炳：《中国叙事文学的起点与开篇——〈左传〉叙事艺术论略》，《北京师范大学学报》2006 年第 5 期，第 43 页。

⑤ 参见黄淑仪：《美国汉学中的〈左传〉译介与文学性研究》，《江西社会科学》2017 年第 2 期，第 115 页。

⑥ Ronald C. Egan, "Narratives in Tso Chuan," *Harvard Journal of Asiatic Studies*, Vol. 37, No. 2, December 1977, p. 324.

（三）《左传》英译本的叙事结构

《左传》记录了春秋时期二百余年诸侯国的历史，编年体的形式也为阅读增加了难度。一方面，编年体史书呈现了时间的线性序列，给读者以真实感，另一方面以时间为切分点的形式导致叙事线索中断，割裂了事件的发展流程，破坏了叙事的整体性，有碍读者了解事件的始末。西方读者受到亚里士多德诗学和西方史诗的影响，对历史的整体性、事件性和内部联系更加关注。因此，尽管《左传》叙事生动、文字简练历来为学者称道，但是在东亚以外却鲜为人知①。

除史学家外，很多读者甚至难以将《左传》通读。华兹生在英译本引言中提出，《左传》的篇幅过长，部分内容较为枯燥（arid stretches），可见其对全译本在读者中的接受度表示质疑。他在引言的注释中提出日本汉学家所说的"《左传》僖公现象"，说明尽管读者想通读此书，然而大多数阅读到僖公部分后放弃初衷，前者阅读量仅占原著的六分之一②，反映出《左传》在国外读者中的尴尬现实。

华兹生的翻译观很大程度受到王际真的影响，即强调译文准确性的同时，也注意行文令读者轻松愉悦③。1989 年，美国汉学家华兹生选取了《左传》中最有影响力的故事，将原著节译为《左传：中国最古老的叙事历史选译》，由哥伦比亚大学出版，首次将《左传》脱离编年体的《春秋》独立译出。华兹生将原著的篇幅和叙事形式做了较大的改动，首先，大幅缩减原著内容，仅保留原著的四分之一，长度相当于一本中篇小说；其次，打破原著的编年体结构，将编年体形式转化为主题式叙事。考虑到西方读者的阅读习惯，将主题合并或删除事件，每章自拟标题，并以人物或事件为主，共设三十七章，如《母亲偏爱郑国幼子》《城濮之战》《楚庄王问鼎》等；另外，他在章节较复杂的情节设置导读、简介内容及对重要事件加以评点，将纷繁芜杂的春秋诸侯史，简化为主题突出、形象鲜明的故事，以期扩大《左传》的读者群。

二、华兹生《左传》译本副文本框架下的叙事前景化

1978 年法国叙事学家热奈特在《广义文本论》中首次提出"副文本"（paratext）

---

① Durrant, S. Li, W. Y., Schaberg, D. *Zuozhuan*：*Commentary on the "Spring and Autumn Annals"*, University of Washington Press, 2016, p. 23.

② Burton Watson, *The Tso Chuan*：*Selections from China's Oldest Narrative History*, Columbia University Press, 1989, p. 35.

③ John Balcom, "An Interview with Burton Watson," *Translation Review*, Vol. 70, No. 1, September 2005, p. 8.

的概念。此后他在《界限/副文本》《副文本：阐释的门槛》等著作中，从时间、空间等变量对这一概念进行系统化地梳理，创作了"跨文本三部曲"。

副文本是与正文本相关的所有边缘和补充信息，以及所有用于提示正文本的文本资料，如作品的封面、出版商、译者的相关采访以及当时社会的评价和反响。热奈特按照副文本出现的地点将其分为两类：和正文本密切相关的内副文本（peritext），包括封面、作品标题、副标题、题词、注解、后记、附录、作者简介等；而脱离文本之外的作者访谈、作品评论、日记等文本为外副文本（epitext），副文本就是内副文本和外副文本的总和①。

《左传》的内副文本包括封面插图、标题、副标题、扉页题词、引言、主要诸侯国列表、春秋主要诸侯国地图、导读、注释、人物及地点附录、封底介绍等译本包括的所有文本，外副文本是译本之外的作者访谈、书评等。其内副文本如表 1 所示：

表 1　《左传》英译本内副文本及作用

	华兹生英译本内副文本	副文本作用
标题	《左传：中国最古老的叙事史节译》	突出译本叙事史主题，引起读者关注。
封面	《晋文公复国图》第四段	重耳流亡秦国插曲，突出主要人物，引发读者好奇。
题词	刘知几《史通·杂说上第七》	借中国史学家之语评点《左传》叙事风格。
前言	《左传》的内容、意义及翻译目的	介绍《左传》叙事内容和叙事主题。
章节	37 个章节，自拟题目	以人物、事件为叙事主题。
导读	各个章节（除第 21 章）	交代事件背景、人物关系、引导下文内容。
封底	《亚洲研究杂志》	《左传》叙事特征及英译本特点。

命名和标题是非常有力的标示性叙事建构手段，标题起到确定作品、指定作品主题和宣传作品的作用②。华兹生通过标题《左传：中国最古老的叙事史节译》确定了作品最古老的叙事历史性质，以叙事性的特点吸引读者。同时以标题作为导向，将其他内副文本如封面、扉页题词叙事特征前景化。

封面插图具有历史意义、美学意义、商业意义和阐释意义③。译本封面选用宋代画家李唐《晋文公复国图》第四段中重耳流亡生涯的故事，出自《左传·僖公二十三

---

①　Genette, Gérard, *Paratexts：Thresholds of Interpretation*, trans. Jane E. Lewin, Cambridge University Press, 1997, p. 5.

②　同上书，p. 156。

③　参见金宏宇：《中国现代文学的副文本》，《中国社会科学》2012 年第 6 期，第 295 - 297 页。

年》：“秦伯纳女五人，怀嬴与焉，奉匜沃盥，既而挥之。怒曰：‘秦、晋匹也，何以
卑我！’”① 封面再现了重耳流亡秦国时，妻子怀嬴帮他盥洗双手的情景：重耳居于画
面中央，面朝观众，怀嬴双手奉匜立于右侧，身体被持水盘的侍女遮挡，左侧的侍女
面向重耳站立，画面中三位女性均朝向重耳，将读者视线引向中心人物晋文公重耳。
封底标注绘画名称和收藏地点为美国大都会艺术博物馆。封面插图暗示晋文公重耳将
是本书叙事的重要人物，译本中选取重耳从出生到最后的结局，仅流亡生涯就以两个
章节进行叙述，体现了作品以人物为中心的一个叙事特点。

扉页题词（epigraph）是图书开始部分中的引语，是作品之外的文本，但是和文
本本身有密切的关系②。华兹生在题词中引用了唐代史学家刘知几著的《史通·杂说
上》第七，借刘知几评论《左传》的叙事风格：

《左氏》之叙事也，述行师则薄领盈视，哓（旧讹作“叱”）聒沸腾……言
胜捷则收获都尽，记奔败则披靡横前；申盟誓则慷慨有余，称谲诈则欺诬可见；
谈恩惠则煦如春日，纪严切则凛若秋霜；叙兴邦则滋味无量，陈亡国则凄凉可
悯……著述罕闻，古今（一衍“之”字）卓绝。③

华兹生通过扉页题词介绍了《左传》层次分明、结构谨严的叙事风格，点明《左
传》中政治、战争、盟誓等叙事主题。刘知几的《史通》与《左传》的叙事内容形
成互文，使读者从总体上了解原著的叙事特征。

封底援引了亚洲研究领域的权威期刊——美国《亚洲研究杂志》的书评：

《左传》以编年体描述了公元前722到公元前468年各个诸侯国生动的事件，
长期以来被视为历史文献和文学典范，影响深远……英译本文字优美，选取了
《左传》中最有影响的37个故事，使用本书的汉学家可以发现《左传》对后世写
作影响深远，相信译本体现了这位杰出的中国文本译者的慎学精神。④

① 左丘明撰，杜预注，孔颖达正义，《十三经注疏》整理委员会整理：《十三经注疏·春秋左传正
义》，北京：北京大学出版社2000年版，第473页。
② Genette, Gérard, *Paratexts: Thresholds of Interpretation*, trans. Jane E. Lewin, Cambridge University Press, 1997, p. 144.
③ 刘知几、章学诚撰：《史通·文史通义》，长沙：岳麓书社1993年版，第156-157页。
④ Burton Watson, *The Tso Chuan: Selections from China's Oldest Narrative History*, Columbia University Press, 1989, p. 323.

封底借用外副文本再次点明译本的文学风格、叙事特点和权威性。

副文本是作品的"前厅"，在读者和作品间架起桥梁，并引领读者进入文本世界。封面标题、插图和封底文字具有广告宣传作用，产生了言外行为（illocutionary force）。在华兹生《左传》英译本中，从封面插图开始，经标题、副标题、扉页题词、章节标题以及封底书评等，使副文本形成了一系列指示牌，突出了原著的叙事主题，引导读者进入一段古老的中国叙事史，并以新的叙事方式呈现《左传》中的先秦历史，指引读者阅读一个个著名的历史故事。

三、符合拉伯夫结构取向模式的战争叙事

华兹生非常认可《左传》中的战争描写，称其可以和希腊史诗、印度史诗相抗衡。他总结了原著中战争叙事模式：首先是反战陈词、预兆性梦境或话语、占卜战争结果的卦辞，其后是交战双方实际对垒，这部分往往是对某场战争或冲突的大段描写，最后是死伤人数记录[1]。这种强化战争准备过程，弱化战争本身的描写使叙事更加扣人心弦。

除了第二十一章《老人的报恩》篇幅过短之外，华兹生为每章撰写了导读，介绍历史背景、人物关系和情节梗概，通过章节过渡处的导读引导读者理解下文。拉伯夫从口头叙事中总结个人经历叙事包含六项因素：摘要、导向、复杂的行动、评价、结局和回应[2]，这六项要素构成了一个完整的叙事框架。从华兹生导读可以看出译本的篇章叙事结构符合拉伯夫结构取向模式（structural approach），尤其以第 25 章鄢陵之战的叙事结构最具代表性，本文以鄢陵之战为例，分析译者试图通过导读、注释等副文本达到穿针引线、承上启下的效果，帮助读者建构拉伯夫结构取向模式的叙事框架。

（一）摘要

摘要是叙述开始对整个叙述事件的完整顺序的记录。华兹生在《鄢陵之战》一章的导读中介绍：

鄢陵之战是《左传》五大战役的最后一役，位置居中的小国郑国本为晋国的

---

① Burton Watson, *The Tso Chuan: Selections from China's Oldest Narrative History*, Columbia University Press, 1989, p. 27.

② William Labov, "Narrative Pre-construction," *Narrativeinquiry*, Vol. 16, No. 1, June 2006, p. 37.

同盟，转而决定去投奔南方的楚国，导致年轻的晋厉公和楚庄王的一场冲突，战役发生在 575 年郑国的鄢陵。冲突描写的波澜起伏主要表现在双方反复地交换中，这是《左传》描写"最生动的一章"。战争以楚国灾难性的失败而结束。[①]

这段导读起到摘要的作用，为读者揭开了鄢陵之战的序幕。导读对鄢陵之战做简要总结：作战双方为晋楚两国，战争起因是郑国背弃晋与楚结盟，时间为公元前 575 年，地点为郑国鄢陵，以楚国战败告终。

（二）导向

导向介绍了叙事的时间、地点、参与者的身份及最初的行为。译本进一步详细介绍战争的背景：郑国本为晋国同盟，成公 16 年，楚王以汝水之南的土地争取郑国同盟，晋楚间产生矛盾。晋厉公准备伐郑，郑国向楚求助，楚成王决定出兵鄢陵救郑，晋楚之间战争一触即发。双方的主要将领是晋国中军主将栾书、中军佐士燮、下军佐郤至，楚国司马子反统领中军，令尹子重统领左军，右尹子辛统领右军。

战争伊始，晋楚两国将领最初的行为为后文叙事的发展埋下伏笔。晋王准备伐郑，但将领意见不统一。中军佐士燮考虑到晋国内忧外患的现状，不主张伐郑，统帅栾书力主作战。五月晋军渡黄河之前，士燮再次请求撤军避免与楚交锋，栾书坚决主战。六月，晋楚对阵鄢陵，士燮希望避免战争，郤至反对。楚国方面两位主将子反和子重不和。

（三）复杂的行动

复杂的行动为读者报告了一系列事件，回答潜在的问题"接下来发生了什么？"《左传》之后的叙事在晋楚之间不断转换视角，介绍了作战双方复杂的行动：晋国抵达黄河、楚军晦日列阵、楚王战前观察晋军、晋军大将战前恪守军礼，插叙射手养由基被楚王禁止用箭、决战中楚王眼睛被射，逐渐形成了叙事高潮。

由于战争描写中晋楚双方叙事视角频繁转换，加上时空的插叙，华兹生为读者介绍了叙事视角的变化、下文重要的事件和时空的变化。

（四）评价

评价包括故事的要点和叙述者的评价，"礼"是《左传》中最重要、最常见的道

---

① Burton Watson, *The Tso Chuan*: *Selections from China's Oldest Narrative History*, Columbia University Press, 1989. p. 127.

德词汇①。华兹生在导读中总结了原著中的儒家思想，在鄢陵之战中，晋军将领郤至，每次见到楚共王都下车，脱下头盔，快步向前。见到楚共王派来的使者，脱下头盔接受命令，三次向使者肃拜以后才退走。华兹生在这段叙事前的导读中做出点评："叙事回到鄢陵之战，我们可以看到即使是在战场上，一些武士也在遵守复杂的礼仪。"②

（五）结局

晋楚双方在鄢陵经过一天的厮杀后，楚军秣马厉兵，准备再战。当晚晋军故意放走楚囚扰乱军心，楚王计划夜会子反，商议作战计划，因子反醉酒误事，楚共王只得连夜带兵溃逃。子重原本与子产不和，借机逼子产自尽。英译本中鄢陵之战以楚共王被射瞎一只眼睛，楚方损兵折将告负戛然而止。

原著按照编年体的形式，记录了此后成公十六年中晋国和曹国、鲁国之间的事件。华兹生将鄢陵之战以后的内容全部删除，避免出现过多人物、头绪，影响读者思路，破坏鄢陵之战的叙事完整。

（六）回应

回应是叙事的最后一句，作者回答问题后重新回到叙述的事件。鄢陵之战已经结束，晋楚之战以楚国告负为结局，但是华兹生的叙事还没有结束：

> 正如士燮认为晋国不久就会产生麻烦的预言，574年末，晋厉公愈加奢靡任性，对郤氏家族制约自己权力不满，将三郤处死，厉公最后被栾书所杀，结束了不稳定的统治。③

华兹生删去原著成公十六年中与鄢陵之战无关的事件，将成公十七年（公元前574年）的事件合并到鄢陵之战的章节中，以晋国大乱、晋厉公被栾书所杀结束叙事，简要总结了晋厉公亡国的原因，重新建构了鄢陵之战的叙事，作为对导向和士燮谏言的回应。

先秦历史对西方读者来说人物众多、关系复杂，战争描写中叙事视角频繁转换，华兹生通过导读建构了摘要、导向、复杂的行动、评价、结局、回应的叙事因素，符

① Li Wai-yee, *The Readability of the Past in Early Chinese Historiography*, Harvard University, 2016, p. 16.

② Burton Watson, *The Tso Chuan: Selections from China's Oldest Narrative History*, Columbia University Press, 1989, p. 133.

③ 同上书，p. 138。

合拉伯夫结构取向模式，为读者建立了叙事框架，引导读者阅读。他在城濮之战、鞍之战等重要战役中都采用了类似的叙事方式，构建完整的叙事框架，使读者对战争双方的前因后果有充分的了解。

四、《左传》英译本的叙事评估

美国修辞学家费舍尔提出"叙事范式"（Narrative Paradigm）建立在理性基础上，叙事评价包括叙事连贯性和忠实性两个原则[①]，下面本文从费舍尔的叙事原则分析《左传》英译本的叙事。

（一）叙事的连贯性原则

叙事连贯性原则关注的是内部结构的一致性，包括结构连贯性、素材连贯性、性格连贯性。结构连贯性关注叙事的内部一致性，即是否从"形式或推理上"解释叙事内部的矛盾。华兹生在引言中就提出《左传》的叙事主题为春秋时期霸主争夺战。通过一次次战争，霸主巩固地位或逐渐衰落，战争成为贯穿全书的主题。副文本中的章节题目大致概括了春秋时期的发展脉络：小诸侯国如郑国、卫国的内部争斗，晋国的兴衰、楚国的兴衰，南方诸侯国的争斗，读者从篇章的题目基本了解了其内容和春秋的历史发展轮廓。

叙事连贯性还体现在素材的连贯性上。战争描写是《左传》中的重要线索，华兹生英译本除了韩之战、城濮之战、崤之战、邲之战、鄢陵之战等五大战役外，还收录了齐晋鞍之战、晋楚偪阳之战、吴楚柏举之战、齐鲁清之战等十一场战争，战争描写占全书的三分之一，记录了各诸侯国的兴盛与衰落。

性格的连贯性主要通过人物动机体现出来，华兹生在英译本中通过注释或导读等副文本补充了人物动机、心理分析以及前因后果关系，使得人物的行为合情合理，易为读者接受。

（二）叙事的忠实性原则

连贯性原则聚焦于故事的整体性，而叙事的忠实性原则是对叙事中价值观的考量，理性是叙事修辞的核心特征。忠实性原则通过充分理由逻辑来评估，要求参照它

---

① Walter R. Fisher, "Technical Logic, Rhetorical Logic, and Narrative Rationality," *Argumentation*, Vol. 1, No. 1, March 1987, p. 15.

推理的合理性和价值观的价值来评定叙事①。

　　作为儒家"十三经"之一，《左传》体现了儒家的伦理道德观，道德主题在原著中有很高的地位。华兹生认为《左传》的创作目的是成公十四年孔子所提到的"惩恶而劝善"，其反映了"德""仁""义""礼"等儒家传统观点②。王靖宇也认为《左传》主题中道德占据制高点，传递的信息是"恶人、蠢人和高傲的人通常给自己带来灾难一样，善人、智者和谦虚者终将得到应得的报偿"③。例如，鄢陵之战中，晋军大将郤至在战争中面对楚王时恪守君臣礼仪的风度，晋军在追赶郑成公时也为君王保留了尊严，华兹生在导读中强调了儒家文化中的"礼"。

　　叙事的忠实性原则反映了叙事对现实世界的影响。华兹生在英译本的引言中提出，《左传》的叙事，尤其是含有说教的演说潜藏着理性主义和人文主义，在暗淡的编年史记载中，旁观者和评论者告诫人们不要违反道德原则，否则会引起灾难性后果④。

结　论

　　《左传》记录的春秋诸侯历史纷繁复杂，如何调整叙事方式以使西方读者接受原著是华兹生在翻译过程中极为重视的因素。从外副文本的评价来看，华兹生英译本得到了很多学者的肯定，牛津大学的 Robert Chard 认为译本可读性和趣味性较强⑤，斯坦福大学的王靖宇认为华兹生"译笔流畅清新而传神"，风格"活泼亲切"⑥。

　　副文本传达了"译者的声音"，包含大量考证信息、评论以及解释，是解读作品的"门槛"，是介于文本内和文本外的"未阐明的区域"⑦。作为正文本的物质依托，副文本起到提供信息和文本阐释的言外行为效果，体现了译者的决策过程。华兹生通过副文本将原著的叙事特征前景化，变编年体叙事为主题式叙事，通过导读

---

　　①　Walter R. Fisher, "Technical Logic, Rhetorical Logic, and Narrative Rationality," *Argumentation*, Vol. 1, No. 1, March 1987, p. 88.

　　②　Burton Watson, *The Tso Chuan: Selections from China's Oldest Narrative History*, Columbia University Press, 1989, p. 20.

　　③　王靖宇：《〈左传〉与传统小说论集》，北京：北京大学出版社 1989 年版，第 36 页。

　　④　Burton Watson, *The Tso Chuan: Selections from China's Oldest Narrative History*, Columbia University Press, 1989, p. 35.

　　⑤　Robert Chard, "The Tso chuan: selections from China's oldest narrative history," *Bulletin of the School of Oriental and African Studies*, Vol. 54, No. 3, October 1991, p. 144 - 145.

　　⑥　王靖宇：《中国早期叙事文研究》，上海：上海古籍出版社 2006 年版，第 222 页。

　　⑦　Genette, Gérard, *Paratexts: Thresholds of Interpretation*, trans. Jane E. Lewin, Cambridge University Press, 1997, p. 2.

建立了符合西方读者完整的叙事，对《左传》这部较为艰深的著作在西方起到普及和推广作用，其叙事研究对于研究中国历史典籍如何进入世界话语体系有借鉴意义。

论日本所藏鉴真东渡相关文献中的明州*

李杰玲**

【内容提要】明州自古以来是中国与朝鲜、日本等地海上交通的出发港与目的港，被称为"中国的玄关"。在明州与日本的文化交流史上，鉴真东渡是一个重要的环节，尤其是他第二次东渡时在阿育王寺讲经说法，13 世纪成书的《东征传绘传》再现了这一场景并流传至今。这次东渡，鉴真计划携带一百多部佛教经籍，还有佛像、画师、雕工、石工等手工艺人，其中的石工很可能来自明州。第六次东渡前，遣唐使藤原清河的船只从明州入唐，鉴真乘坐此次遣唐使的船只得以顺利赴日弘法。这次，他所带书籍，除了佛经之外，还有文学和书法典籍。《含注戒本》等律宗典籍赖鉴真得以迅速在日本传播。另外，江户时代的宁波商船漂流至横须贺的资料，图文并茂，还有写本《宁波府志》等文献，均记录了明州作为中日佛教文化传播与书籍流通的重要港口的历史。

【关键词】日本　文献　鉴真　东渡　明州

明州（今宁波）在中日悠久的文化交流史上有着重要的地位和作用，在日本的《国史大辞典》中，"宁波"被定义为自古以来就是中国与朝鲜、日本等地海上交通

＊【基金项目】国家社科基金冷门绝学研究专项学者个人项目：《日本所藏黎族古籍的整理、翻译与研究》（课题编号：22VJXG032）；海南省哲学社会科学规划课题《日本所藏海南相关文献与海南文化的传播》（课题编号：HNSK（YB）22 - 104）

＊＊【作者简介】李杰玲，女，1982 年生，广西梧州人。文学博士，海南师范大学文学院副教授，研究方向：中日文学比较研究，日本汉学与汉籍文献研究。

的出发港口与目的港口①。日本的遣唐使曾经由南海海路进入明州港。宋元时代，明州设市舶司，海上交通与贸易进一步发展。明州有不少著名的寺院，如阿育王寺、天童寺、保国寺等，在宋元时期，明州是日本禅僧荣西、道元等人的游学之地。明代，明州被指定为遣明勘合船的来航地，永乐三年（1405）以降，明州设安远驿、嘉宾馆，外国贡使的接待和住宿等都在此。因此，明州被认为是"中国的玄关"②。

在明州与日本的文化交流史上，鉴真东渡是一个重要的章节。鉴真东渡日本，不仅传播了佛教思想，还把中国的传统文化，如中医、建筑等传播到日本。正如赵朴初所说的那样，在中日文化交流史上，"特别令人崇敬的是我国唐代律学高僧鉴真大师"，他"把高度发展的唐代文化精华（包括佛学、医药、建筑、雕塑、绘画、书法等）带到了日本国土"。因此，鉴真被称为"中日文化史上的不朽人物"③。鉴真前后共六次东渡日本，经历了重重磨难，在这六次东渡传法的艰险历程中，明州是一个重要的驿站，尤其是他第二次东渡时在阿育王寺讲经说法的经历，在鉴真东渡的相关文献资料中都有记载。

虽然早在 20 世纪 90 年代已有国内学者撰文探讨过鉴真东渡与阿育王寺等宁波名刹和海外佛教的文化交流④，但略嫌简略，且未能充分利用藏于日本的相关文献的记载。因此，本文从日藏相关文献出发，在中日文化交流的视域中，着眼于书籍文献的传播，详细探讨鉴真东渡与明州的关系及明州的历史地位。

一、鉴真前三次东渡与明州的关系

鉴真的六次东渡，都和明州的海上交通有着或多或少的联系，从中也可以看出明州在唐代已经是一个非常重要的中日文化交流的窗口。韩国高银美指出，出于地理上的优势，从明州到高丽和日本只需短短的路程即可到达。加上宋代市舶司的设置，在贸易上提供许多便利，使明州成为中国与高丽、日本海上贸易的主要港口，这是众所

---

① 参见［日］国史大辞典编集委员会：《国史大辞典》第十一卷，吉川弘文馆 1990 年版，电子版，https://japanknowledge.com。笔者按：因本文所参考的中日古籍文献中大多将宁波记作"明州"，为统一全文，除所参考的文献原文写作"宁波"外，其他的皆写作"明州"。

② ［日］高桥公明：《文献中的明州》，复旦大学"江南文化与日本：资料·人的交流的再发掘"会议论文，上海，2012 年 3 月，第 39 页。

③ 赵朴初：《鉴真——中日文化史上的不朽人物》，载于扬州市政协文史资料研究组、扬州师院历史科：《鉴真研究论文集》，1980 年，第 1 页。

④ 参见桑文磁、郑玉浦：《阿育王寺与海外佛教界的往来》，《宁波大学学报（教育科学版）》1991 年第 3 期，第 57 - 58 页；周庆南：《相亲千里亦同风——历史上宁波与日本的文化往来》，《中外文化交流》1994 年第 1 期，第 44 - 45 页。

周知的事实①。王勇认为早在宋代之前，明州在对外贸易和文化交流上就有较为突出的地位。日本最早的汉文正史《日本书纪》（720）记载的齐明天皇五年（659）8月11日第四次遣唐使的船舶所到之地"越州"包含明州，当时遣唐使是从明州入唐的，并根据真人元开的《东征传》中的相关记载，指出"鉴真对阿育王寺（尤其是阿育王塔）情有独钟，与舍利信仰关系密切"②。王勇确认和考定了"在唐代中日文化交流史上，明州与扬州乃日本遣唐使往返进出的主要门户"③。在明州与日本的文化交流史上，鉴真东渡不仅时间早，而且在中国和日本的历史上都是一次重要的文化交流活动。鉴真东渡所携书籍，也反映出明州在中日书籍文献往来历史上的重要地位。

唐天宝元年（742），鉴真五十五岁，在扬州大明寺讲律，日本僧人荣叡、普照来到大明寺听鉴真讲经说法，并向鉴真发出东渡传法的邀请。鉴真答曰："昔闻南岳慧思禅师迁化之后，托生倭国王子，兴隆佛法，济度众生。又闻日本国长屋王崇敬佛法，造千袈裟来施，此国大德。众僧，其袈裟缘上绣着四句曰：'山川异域，风月同天，寄诸佛子，共结来缘。'以此思量，诚是佛法兴隆，有缘之国也。"④ 当没有弟子愿意涉险前往日本传法时，鉴真决定自己去，这时，他的弟子祥彦、道兴、道航、神崇、忍灵、曜祭、明烈、道默、道因、法藏、法载、云静、道巽、幽岩、如海、澄观、德清、思托等二十一人表示愿意跟随鉴真东渡。于是准备造船东渡。当时，由于"海贼大动繁多，台州、温州、明州海边，并披其害。海路堵塞，公私断行"⑤。鉴真的第一次东渡，客观上受到了海贼动乱的影响，但主要是因为和尚如海不能随同东渡，心生怨恨，诬告鉴真等人私通海贼，鉴真被官府扣押，第一次东渡未能成行。当时的海上交通和海贼活动的大环境，能从明州等地的海上交通情况察知。

第二次东渡是在天宝二年（743），鉴真出资购买岭南道采访使刘巨麟的一艘军船，雇请水手等十几人，并且准备了丰富的物资，除了吃穿用度之外，还有不少书籍文献，为了让读者比较清楚、完整地了解鉴真六次东渡所携带的书籍资料，本文将鉴真六次东渡所携带的书籍文献列于表内，以供读者参考。对于鉴真东渡所携经卷等物品，以《东征传》为详，其他文献所记甚略，如《鉴真和上三异事》载本次东渡情

---

① 参见［韩］高银美：《宋代明州市舶司的变迁和贸易条件》第八十九卷，成均馆大学大同文化研究院《大同文化研究》2015年版，第277页。

② 王勇：《唐代明州与中日文化交流》，《宁波与海上丝绸之路国际学术研讨会论文集》，宁波，2005年12月，第268页。

③ 同上书，第265－270页。

④ ［日］真人元开撰，汪向荣校注：《唐大和尚东征传》，北京：中华书局2000年版，第40页。

⑤ 同上书，第43页。

形："大和上唱弟子僧祥彦等廿一人，仍买岭南军船一只，雇得船人十二口，备办干粮，载经像并箱随身物，道俗工匠水手等，都有八十五人。天宝二载十二月，举帆东下，到明州。"① 未记鉴真所携经卷的名称和数量，因此表格所记书籍，主要依据《东征传》。

这次东渡的准备工作比较充分，鉴真不仅携带了大量的书籍、佛像，带了画师、雕工，还有镌碑刻石的石工等手工艺人。这次东渡因为海上风急舟破，水米皆尽，困顿无计，此时，"有遏海官来问消息，申谍明州，明州太守处分，安置鄮县山阿育王寺。寺有阿育王塔"②。鉴真驻锡明州阿育王寺。"遏海官"是什么？汪向荣指出唐代官职中没有这一官职③，但并未说明"遏海官"具体指什么。安藤更生认为"遏海官"是唐代执行哨戒巡逻任务的海官，之所以设置这样的海官，是因为当时海贼活动猖獗，需要加强戒备④。

明州的阿育王寺是历史悠久的著名佛教圣地。《东征传》对阿育王寺有详细的描述，汪向荣引《广弘明集》，认为鉴真一行所礼拜的阿育王塔，就是"西晋太康二年（281）沙门慧达感从地出，高一尺四寸，广七寸，露盘五层，色青似石而非，四外雕镂，异相百千。梁武帝造木塔笼之"⑤。安藤更生引述《梁高僧传》《法苑珠林》《广弘明集》《感通录》等文献，详细地梳理了阿育王塔的历史和特点，认为《梁高僧传》卷十三释慧达的传记中的记载是鄮县阿育王塔最早的记载。鄮县的阿育王塔可追溯至普通三年（522），梁武帝造塔并修备堂殿房廊，赐号"阿育王塔"，著作郎顾胤祖作文并立碑。大同五年（539），原先的木塔倒塌损坏，岳阳王萧詧重建成五层塔⑥。佐藤亚圣、山川均发现，南宋有宁波的石工来到日本，这些宁波石工的作品至今仍有一部分留在日本，因此他们推测，在十三世纪之前，宁波已经有了高度发达的石造文化，并长期地影响了日本⑦。虽然笔者目前搜集到的资料并未有确切的证据说明鉴真第二次东渡带着的石工来自宁波，但如今学术界对宁波和日本的石造物文化的研究，都是从宋代开始，如张雅雯提出近畿地区、九州地区陆续发现的产自宁波的石材是两

---

① 《鉴真和尚三异事》，内阁文库存写本。
② ［日］真人元开撰，汪向荣校注：《唐大和尚东征传》，北京：中华书局2000年版，第52页。
③ 参见［日］真人元开撰，汪向荣校注：《唐大和尚东征传》，北京：中华书局2000年版，第53页。
④ 参见［日］安藤更生：《鉴真大和上传之研究》，东京：平凡社1994年版，第143页。
⑤ ［日］真人元开撰，汪向荣校注：《唐大和尚东征传》，北京：中华书局2000年版，第54页。
⑥ 参见［日］安藤更生：《鉴真大和上传之研究》，东京：平凡社1994年版，第162页。
⑦ 参见［日］佐藤亚圣、山川均：《日本石造物文化的分期与宁波的影响》，宁波保国寺大殿建成1000周年学术研讨会暨中国建筑史学分会2013年会会议论文，宁波，2013年8月，第1－7页。

宋时期的石材，是由于宋代商人在海上丝绸之路上的频繁的商业活动①。孔媛论述从南宋开始以杭州、明州为中心的江浙一带的佛教石造文化的发展及其对日本的影响②。笔者认为，宋代明州石造技术和文化的高度发展并非凭空而来，可以推测，明州的石造技术和文化在唐代已随着佛教的推行而发展，为宋代高度发展的石造技术和文化奠定了基础。由于鉴真一行这次是从扬州出发，因此同行石工很可能是浙江的石工。

第二次东渡在《东征传》中有许多关于明州的佛教圣地的记载，除了阿育王寺之外，还有"鄮山东南岭石上，有佛右迹，东北小岩上，复有佛左迹，并长一尺四寸，前阔五寸八分，后阔四寸半，深三寸。千幅轮相，其印文分明显示。世传曰：'迦叶佛之迹也'"③。此外还记载了鄮山灵鳗井。因此明州是日本禅僧参诣的圣地。《东征传绘传》是日本镰仓时代永仁六年（1298）由画工六郎兵卫入道莲行绘制而成，原为12卷，到15世纪时已散佚，只剩5卷。保留下来的绘卷中，有一幅图描写的就是鉴真在阿育王寺讲律的场景④，如图1所示：

图1　鉴真在明州阿育王寺讲律（部分）

① 参见张雅雯：《海上丝绸之路背景下宁波产石材雕造文物遗存探析》，《文物鉴定与鉴赏》2020年第12期，第96－97页。

② 参见孔媛：《南宋时期中日石刻文化交流研究》，硕士学位论文，浙江工商大学，2015年，第1－65页。

③ ［日］真人元开撰，汪向荣校注：《唐大和尚东征传》，北京：中华书局2000年版，第56页。

④ ［日］龟田孜：《东征传绘传》，东京：角川书店1978年版，第4页。

鉴真在阿育王寺逗留讲律的经历在中日文化交流史上有着重要的意义，而他对阿育王塔的喜爱，则可以从第六次东渡时所带的阿育王塔样金铜塔看出来，详见下文论述。

第三次东渡，由于越州僧人想留住鉴真，向官府诬告荣叡诱拐鉴真，这次，东渡的准备还没有做好就草草收场。荣叡被捕，逃出来后，并没有放弃东渡的打算，他回到鄮山与普照继续为东渡做准备。鉴真派法进等前往福州置办船只和粮食，打算从福州扬帆。于是，鉴真和思托、祥彦、荣叡、普照等人辞别阿育王寺，拜别阿育王塔，并巡礼鄮山佛足迹，拜别护塔的鱼菩萨，之后才离开明州。当时的明州太守庐同宰及僧徒、父老等夹道迎送供养，太守还派人准备了鉴真一行路上的干粮，送到白杜村寺（又作白社村寺），鉴真等人修好了损坏的寺塔，劝说附近村人建造佛殿。

白杜村在何处？安藤更生和吴平、吴建伟分别引用《嘉靖宁波府志》和《雍正浙江通志》等地方志考证白杜村（又作白社村）的位置在奉化县内①。汪向荣则根据唐《故万氏夫人墓志》称扬子县江滨乡有白社村②。后经考证，进一步明确了白社村寺应为白杜村寺，是指今宁波市奉化区西坞街道白杜村极乐寺③。离开明州后，鉴真一行驻锡浙江台州宁海县白泉寺，计划第四次东渡。据考证，鉴真一行驻锡的白泉寺就是港头镇的白水庵④。可见鉴真积极地推动着明州佛教文化的发展。

二、鉴真后三次东渡与明州文化在日本的传播

第四次东渡，由于鉴真的徒弟灵祐与诸寺僧人想留住鉴真而告官，因此鉴真第四次东渡还没做好准备就不得不暂时搁置了东渡计划。

第五次东渡已经是天宝七年（748）春，荣叡、普照到扬州拜访鉴真，再请鉴真东渡，鉴真积极为东渡传法做准备，造船、准备香料和药品等物资，同行的人有祥彦、神仓、光演、顿悟、道祖、如高、德清、思托等道俗共十四人，水手十八人，此次与鉴真同行的共有三十五人。六月二十七日，鉴真一行从扬州崇福寺出发，抵达扬州新河，出大江，东下常州狼山，时风急浪高，船在三山间旋转。明日得好风，船行至越州三塔山，在这里候好风等了一个月，到了九月，有好风，得以扬帆启航，好不

---

① 参见［日］安藤更生：《鉴真大和上传之研究》，东京：平凡社1994年版，第172页。吴平、吴建伟编著《鉴真年谱》，扬州：广陵书社2018年版，第137页。

② 参见［日］真人元开撰，汪向荣校注：《唐大和尚东征传》，北京：中华书局2000年版，第59页。

③ 王建富：《海上丝绸之路浙江段地名考释》，杭州：浙江古籍出版社2017年版，第197页。

④ 参见胡哲华：《名人与宁海》，宁波：宁波出版社2013年版，第6页。

容易到了暑风山，又在暑风山停留了一个月。十月十六日晨朝，大和尚称昨夜梦见三官人，一着绯，二着绿，于岸上拜别，知是国神相别也，疑是度必得渡海①。

启航两三个月，走走停停，皆因风暴无法走出近海，一行人心慌意乱，焦躁不已，这时，鉴真告诉大家自己做的梦，说梦到了三位神人，一位穿着绯红的衣服，两位穿着绿色的衣服，他们在岸上拜别，看来这次有神人护佑，可以顺利东渡了。众人听了，"不由自主地都打起了精神"②。很快，有风吹起，他们朝着须岸山（一作顶岸山）解缆而行。然而不久，又遇风暴，经过长时间的煎熬之后，终于脱离险境，得以靠岸，这一次他们漂流到振州（今海南三亚一带）③。在这极端的困境之中，荣叡病逝，鉴真双目失明，普照辞别，在常人难以想象的磨难和痛苦下，鉴真等人坚持到第六次东渡。

第五次东渡虽然漂流到海南，但在遇到海上风暴漂流到海南之前，鉴真一行从扬州到了明州境内的须岸山（一作顶岸山）。安藤更生认为须岸山是一千多年前的地名，因此很难确认其具体位置和如今的名称，有可能是朱家尖④。藤田元春认为鉴真东渡途经的须岸山，应是明州境内的珠岩山。而珠岩山就是象山。"宁波府下的象山是对日航路重要地点之一，这一点是毫无疑问的。"⑤

关于须岸山的位置和名称至今仍有诸多说法，有的认为是须岸山指对峙山的一处山峰圣岩山⑥，有的认为是今浙江舟山市的大鹏山⑦。有的则认为须岸山是普陀山⑧。各说都有各自的依据，不管须岸山是宁波的山，还是舟山的山，都可以说明浙江是古代中日交流重要的地区，而宁波又是浙江重要的对日文化交流的港口。诚如日本学者小岛晋治所说："日本曾以中国为师，孜孜汲取文化养分。尤其是浙江，自古以来就吸引日本僧人前往。他们不仅从那里学习佛教，而且还以佛教为媒介，学习吸收建筑、美术乃至饮食等各种知识文化，从而丰富了日本文化。"⑨ 中国学者也认同宁波等

---

① 参见［日］真人元开：《过海大师东征传》，奈良：唐招提寺刊印 1897 年版，第 13 页。
② 戴卫中：《鉴真大师画传》，上海：上海古籍出版社 2008 年版，第 110 页。
③ 关于鉴真第五次东渡途中漂流海南及其具体活动轨迹，鉴真在海南得到当地首领、富商冯崇债、冯若芳的接待的历史细节及具体地点，可参考陈家传：《唐冯若芳大首领接待鉴真和尚地点考》，《岭南文史》2016 年第 3 期，第 19－23 页。
④ 参见［日］安藤更生：《鉴真大和上传之研究》，东京：平凡社 1994 年版，第 172 页，第 193 页。
⑤ 同上书，第 194 页。
⑥ 参见吴平、吴建伟：《鉴真年谱》，扬州：广陵书社 2018 年版，第 153 页。
⑦ 参见王建富：《舟山群岛新旧地名录》，北京：海洋出版社 2017 年版，第 404 页。
⑧ 参见周泉根：《隋唐五代海南人物志》，海口：三环出版社 2007 年版，第 214 页。
⑨ 吕顺长：《清末浙江与日本》，上海：上海古籍出版社 2001 年版，小岛晋治序第 1 页。

浙江市县在中日文化交流历史上的重要作用："自古以来，宁波、温州、舟山、台州等沿海地区与海外有着密切联系。"①

第六次东渡也颇为曲折，与明州有着不可忽视的联系。日本天平胜宝四年（752），日本派出以藤原清河为大使，以大伴古麻吕、吉备真备为副使的遣唐使一行从难波津出发，经由明州、越州到达长安。

据《东征传》："天宝十二载，岁次癸巳，十月十五日壬午，日本国使大使特进藤原朝臣清河，副使银青光禄大夫，光禄卿大伴宿弥胡麻，副使银青光禄大夫、秘书监吉备朝臣真备，卫尉卿安倍朝臣朝衡等，来至延光寺，白和尚云：'弟子等早知和上五遍渡海向日本国，将欲传教，今亲奉颜色，顶礼欢喜。弟子等先录和上尊名，并持律弟子五僧，已奏闻主上，向日本传戒。主上要令将道士去，日本君王先不崇道士法，便奏留春桃原等四人，令住学道士法。为此，和尚名亦奏退，愿和上自作方便。弟子等自有载国信物船四舶，行装具足，去亦无难。'时和上许诺已竟。"② 遣唐使藤原清河等人向唐玄宗奏请带鉴真同去日本，唐玄宗虽然未拒绝，但是要求遣唐使带上道士一同前去日本传教。由于当时日本信奉佛教，因此藤原清河不敢贸然答应，出于礼仪，不便直接拒绝，只能采取折中的办法，让遣唐使中的春桃园等四人留在唐朝学习道教。藤原清河辞退同行的道士，不得不同时辞退了鉴真。这次来找鉴真，就是希望在官方途径走不通的时候，鉴真可以自己选择乘船同行。

虽然唐律禁止个人私自出国，但据汪向荣的意见和《东征传》中鉴真前几次东渡的尝试，"此项律例似并未严格执行，而只成具文。也可能具体执行的地方官是除有申告以外，其他不严格执行。否则鉴真不可能离开扬州，更不能在离开前明目张胆地为二十四个沙弥授戒"③。此言有理，纵观鉴真东渡的经历，至少可以确定，只要不和海贼勾结扰乱民生，祸乱朝纲，唐代僧人出海传法应是有一定的自由度的。此次同行的弟子有：扬州白塔寺僧法进、泉州超功寺僧云静、台州开元寺僧思托、扬州兴云寺僧义静、衢州灵耀寺僧法载、宾州开元寺僧法成、扬州白塔寺僧惠云、婺州僧仁干等十四人，藤州通善寺尼智首等三人，还有扬州优婆塞潘仙童、胡国人安如宝、昆仑国人军法力、瞻波国人善听等，此次和鉴真一起东渡的有二十四人。

汪向荣对随行中的昆仑国人军法力的资料收集得不齐全，据说唐招提寺中的丈六

---

① 陈小法：《杭州与日本交流史》，北京：中国社会科学出版社2015年版，第2页。

② ［日］真人元开撰，汪向荣校注：《唐大和尚东征传》，北京：中华书局2000年版，第83页。

③ 同上书，第84页。

弥勒像及胁侍菩萨像是军法力雕刻，但没有确切证据①。据安藤更生的意见，军法力很可能是占婆国以南、马来半岛附近的黑人②。"昆仑"指一种人种或部落，即昆仑奴。《旧唐书》卷一九七"南蛮、西南蛮"称："林邑国，汉日南象林之地，在交州南千余里，其国延袤数千里，北与驩州接。地气冬温，不识冰雪，常多雾雨。"③ 又："自林邑以南，皆卷发黑身，通号为'昆仑'。"④ 又云："真腊国，在临邑西北，本扶南之属国，'昆仑'之类。"⑤ 可知"昆仑"既指地区，也指人种，其特点是居住在林邑以南的地方的，卷发黑身的居民。林邑国，为"今之越南本部"⑥，由此可知昆仑奴来自越南一带，通过海上交通与贸易，进入我国岭南地区，继而随主北上，流动到江浙一带。因此笔者推测鉴真第六次东渡随行的昆仑国人军法力是鉴真在流寓海南时携归扬州的，继而同行至日本。

唐诗中的昆仑奴，最著名的可能是唐代诗人张籍的《昆仑儿》了。诗曰："昆仑家住海中州，蛮客将来汉地游。言语解教秦吉了，波涛初过郁林洲。金环欲落曾穿耳，螺髻长卷不裹头。自爱肌肤黑如漆，行时半脱木绵裘。"⑦ 昆仑奴，在唐代泛指来自中印半岛南部及南洋诸岛的人，唐代富豪之家常以他们为奴仆。诗中对"昆仑奴"，重在外貌衣着举止的描述，黑肤卷发成了昆仑奴的外貌特征。此外，唐传奇《昆仑奴》也以昆仑奴为描写对象。小说中，昆仑奴磨勒豪侠仗义，急人所难，解人之危，形象鲜明。身强力壮，勇猛无比，是小说中的昆仑奴的鲜明特点。有趣的是，日本小说家芥川龙之介创作于一九一八年的小说《鲁西埃尔》（るしへる）中，也出现了昆仑奴的形象，芥川龙之介将南洋画中的恶魔鲁西埃尔描述为"面容像昆仑奴一般黝黑"（面はさながら崑崙奴の如く黑けれど）⑧。而《日本国语大辞典》则把"昆仑奴"定义为"黑人的别称"，看来"昆仑奴"一词传到日本后，成了黑人的代名词。请看图2《训蒙图汇》卷四中所画的昆仑奴。⑨

---

① 参见［日］真人元开撰，汪向荣校注：《唐大和尚东征传》，北京：中华书局2000年版，第87页。

② ［日］安藤更生：《鉴真大和上传之研究》，东京：平凡社1994年版，第172页，第290页。

③ （后晋）刘昫撰，廉湘民标点：《旧唐书》卷一九七，长春：吉林人民出版社，1995年版，第3362页。

④ 同上。

⑤ 同上。

⑥ 杨衒之撰，周振甫译：《洛阳伽蓝记校释今译》，北京：北京联合出版公司2019年版，第184页。

⑦ （清）彭定求主编，陈书良、周柳燕选编：《御定全唐诗简编》，海口：海南出版社2014年版，第1085页。

⑧ 日本国语大辞典，JapanKnowledge，https：//japanknowledge.com，2021年8月6日。

⑨ ［日］中村惕斋：《训蒙图汇》卷四，日本国立国会图书馆藏1695年版，第9页。

图 2　江户时代《训蒙图汇》中的昆仑奴图像

　　《训蒙图汇》说昆仑奴是住在西南海上的人，他们肤色黝黑，形同鬼奴。图中的昆仑奴也突出了卷发黑肤的特点。由此可见，鉴真第六次东渡随行的昆仑奴很可能在船上从事一些打扫等杂事，或者也有护卫的职责。

　　事实上，"昆仑"一语与明州的佛教文化关系十分密切，在此仅以《天童正觉禅师语录》为例略作说明："上堂，僧问：'万机休罢，千圣不携底是甚么人？'师云：'金刚际下铁昆仑。'"① 这里，明州天童寺正觉禅师以昆仑比喻佛法的根本，铁昆仑是指昆仑产的玉，坚不可摧，比喻佛法也是如此。以此来回答僧人何为佛法根本之奥妙的提问。这里的昆仑虽指山名，但本文所说的昆仑奴，也与佛教文化有着不可分割的联系，如唐代和尚慧琳《一切经音义》中提到昆仑奴，可以说，昆仑奴在现实生活

---

　　①　杜寒风释译，星云大师总监修：《天童正觉禅师语录》，北京：东方出版社 2018 年版，第 27 页。

中扮演的角色，不仅为俗世所知，大江南北的禅谈中都留下不少相关资料①。唐代明州僧人的相关资料中出现昆仑不足为怪，鉴真带着昆仑奴同赴日本传法，在当时也是正常的现象，由此细节可以看出明州在唐代不仅在南北文化交流中，也在中日文化交流中起着重要的中转站的作用。

这次东渡，鉴真携带的经籍文献较多，详见下表所列。相对于《东征传》的详细记载，《鉴真和上三异事》的记载要简略得多："下至苏州黄泗浦，同随者：扬州白塔寺法进大德等，道俗总有廿四人，将如来舍利、经像、律论、疏章、随身衣钵等，寄载第二船。"②

鉴真东渡所携书籍文献表

东渡次序	所携带的书籍文献	备注
第一次	无相关记载	由于和尚如海的诬告，第一次东渡在准备的过程中就以失败告终。
第二次	兼将画五顶像一铺、金字《华严经》、金字《大品经》一部、金字《大集经》一部、金字《大涅槃经》一部，杂经、章疏等都一百部	
第三次	无相关记载	由于越州僧人想留住鉴真，向官府诬告荣叡诱骗鉴真渡日，这次，东渡的准备还没有做好就草草收场。
第四次	无相关记载	由于当时在扬州的鉴真的徒弟灵祐与诸寺僧人商量后，决定告官，留住鉴真。鉴真第四次东渡还没做好准备就不得不暂时放下东渡计划。
第五次	造舟，买香药，备办百物，一如天宝二载（743）所备。即其所携书画有：兼将画五顶像一铺、金字华严经、金字大品经一部、金字大集经一部、金字大涅槃经一部，杂经、章疏等都一百部。	因海上风暴，漂流到今海南，流寓海南约一年半，后返回扬州，准备第六次东渡。

① 蔡鸿生：《广州海事录 从市舶时代到洋舶时代》，北京：商务印书馆2018年版，第72页。
② 《鉴真和上三异事》，内阁文库存写本。

续表

东渡次序	所携带的书籍文献	备注
第六次	功德绣普集变一铺、阿弥陀如来像一铺、雕白旃檀千手像一铺、救苦观世音像一铺、《大方广佛华严经》八十卷、《大佛名经》十六卷、金字《大品经》一卷、金字《大集经》一部、南本《涅槃经》一部四十卷、《四分律》一部六十卷、法励师《四分疏》五本各十卷、光统律师《四分疏》百廿纸、《镜中记》二本、智周师《菩萨戒疏》五卷、灵溪释子《菩萨戒疏》二卷、《天台止观法门》计四十卷、《玄义》和《文句》各十卷、《四教义》十二卷、《次第禅门》十一卷、《行法华忏法》一卷、《小止观》一卷、《六妙门》一卷、《明了论》一卷、定宾律师《饰宗义记》九卷、《补饰宗义记》一卷、《戒疏》二本各一卷、观音寺亮律师《义记》二本十卷、终南山宣律师《含注戒本》一卷及疏、怀道律师《戒本疏》四卷、《行事抄》五本、《羯磨疏》等二本、怀素律师《戒本疏》四卷、大觉律师《批记》十四卷、《音训》二本、《比丘尼传》二本四卷、玄奘法师《西域记》一本十二卷、终南山宣律师《关中创开戒坛图经》一卷、法铣律师《尼戒本》一卷及疏二卷，合四十八部。王右军真迹行书一贴、小王真迹一贴、天竺、朱和等杂体诗五十贴。	

从上表可以看出，鉴真第六次东渡带去了阿育王塔样金铜塔一尊。这显然有第二次东渡时逗留阿育王寺，礼拜阿育王塔的影响。安藤更生从一个日本学者的角度这样评价明州阿育王寺："（阿育王寺）从平安时代以来在日本就是有名的寺院，来自奈良、京都的名僧都曾到此参诣。"[1] 明州佛寺文化在日本的影响，可以从东京都立中央图书馆文雅堂收录的苏轼撰写的《阿育王寺宸奎阁碑》[2] 印证。苏轼的碑记，由于宋代党争，被损毁的许多，据说唯有《阿育王寺宸奎阁碑》是原石拓本，但明代时已极为少见，明代宁波府知府蔡贵易是根据天一阁范钦收藏的元翻本重刻[3]。东京都立中央图书馆文雅堂所收的，正是蔡贵易所拓。明州佛寺文化在日本的影响，还可以从现存日本的、写于江户时代安永三年（1774）的《明州天童山觉和尚偈诵箴铭记闻解》看出来[4]。

鉴真第六次东渡赴日与明州的密切关系，除了遣唐使藤原清河从明州入唐之外，

---

[1]　［日］安藤更生：《鉴真》，东京：美术出版社1963年版，第79页。

[2]　苏轼：《阿育王寺宸奎阁碑》，东京都立中央图书馆文雅堂收录，宋元祐六年（1091）正月正书，明万历十三年重刻。

[3]　参见李本伨：《〈宸奎阁碑铭〉考释》，宁波：宁波出版社2018年版，第107页。

[4]　参见弘前市立弘前图书馆藏《明州天童山觉和尚偈诵箴铭记闻解》1册，残写本，下8卷存。

还体现在赴日时，"十三日，普照师从越余姚郡来，乘吉备副使船"①。越余姚郡就是指明州，今宁波一带。普照从明州来，坐上遣唐副使吉备真备的船，准备渡日。这次，鉴真悄悄坐上了大伴副使的船只，历经波折，终于得以顺利渡日传法。鉴真携带的经卷比第二次准备的经卷还要多，而且，除了佛经之外，还有诗文等外典，以及书法珍品，律宗佛典赖鉴真得以早早地、迅速地传播日本，或抄写或翻刻或注疏，使之流传至今，如唐释道宣所撰《四分律含注戒本疏》，即鉴真东渡时所携佛典中的"终南山宣律师《含注戒本》"。释道宣（596—667）师从智首律师受具足戒，长期居住终南山，被称为"南山律祖"②。日本律宗为鉴真传授而创立，律宗的典籍随着鉴真所授律宗而在日本扩散传播，现存奈良东大寺图书馆的《四分律含注戒本疏行宗记》（1299 年刊）被小心地保存至今，如图 3 所示③。这一律宗文献在日本多地有藏，如静嘉堂文库、御茶水图书馆、高山寺。这些律宗典籍深深地影响了日本的佛教，如今仍有江户时代刊刻的《四分律含注戒本疏》传世。

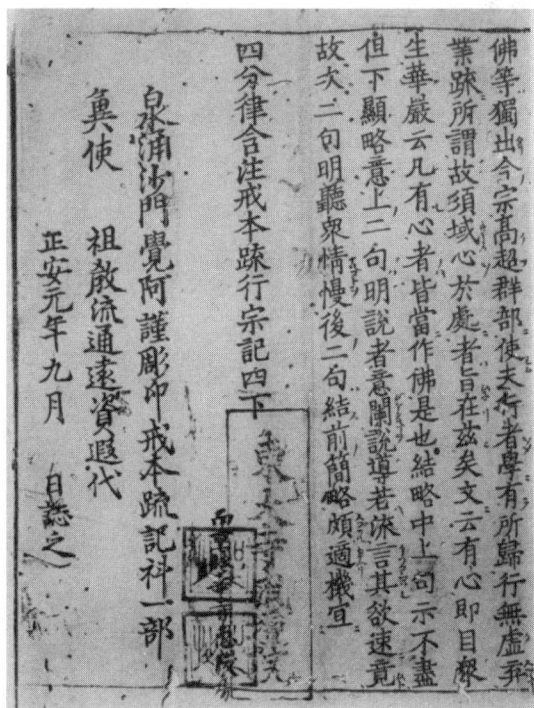

图 3 奈良东大寺图书馆所藏善本《四分律含注戒本疏行宗记》

---

① ［日］真人元开撰，汪向荣校注：《唐大和尚东征传》，北京：中华书局 2000 年版，第 90 页。
② （唐）道宣律师：《四分律比丘含注戒本校释》，北京：宗教文化出版社 2015 年版，第 4 页。
③ ［日］大阪府立图书馆：《近畿善本图录》，贵重图书影本刊行会 1933 年版。

鉴真之所以能准备那么多的内典和外典东渡，与佛教寺院藏书丰富有很大关系，寺院兴建伊始就已经注意书籍的收藏，《开元释教录》反映了盛唐时期寺院藏书的情况。不少寺院藏书丰富，"如长安西明寺、庐山东林寺藏书均达万卷之多"①。据相关考证，浙江藏书起源早至东汉时期，唐代浙江越州（含明州在内）的雕版印刷技术的发展，极大地推动了书籍印刷业的发展，也带动了藏书的发展。到了晚唐两宋，浙江的藏书发展迅速，寺院的藏书之多也令人瞩目，明州阿育王寺被认为是两宋时期主要的藏书机构之一②。开元寺的藏书丰富，因此，鉴真能够在第二次和第六次东渡前准备大量的佛典。

综上所述，可知明州不仅是中日佛教文化传播，也是书籍流通的重要港口。明州与日本的经济、文化交流尚存许多资料可供研究，如野田松三郎所撰的宽政十二年（1800）庚申十二月四日早上宁波府商船漂流至横须贺的事情，图文并茂，记载了船上的人员、货品和书籍的数量等信息。又如江户时代的和写本《宁波府志》等资料，都有待今后的进一步研究。

---

① 李楠、李杰：《中国古代藏书》，北京：中国商业出版社 2015 年版，第 19 页。
② 参见《浙江通志》编纂委员会：《浙江通志》（哲学社会科学志）第七十八卷，杭州：浙江人民出版社 2018 年，第 613 页。

传统文化教育及普及推广研究

中华优秀传统文化融入高校思想政治理论课研究

——基于"两个结合"视角*

杜华伟　　宋瑶瑶**

【内容提要】 中华优秀传统文化融入高校思想政治理论课是高校思想政治理论课改革的时代要求，是为了更好实现立德树人的根本目标，更快实现中华民族伟大复兴。中华优秀传统文化的"优越性"符合高校思想政治理论课的"教育性"，"两个结合"对中华优秀传统文化的弘扬及促进高校思想政治理论课的改革具有重要意义。中华优秀传统文化融入高校思想政治理论课尚存在诸多问题，亟待提出可行性策略。

【关键词】 中华优秀传统文化　高校思想政治理论课　"两个结合"

2022 年 10 月 16 日，习近平总书记在二十大报告中指出："我们要坚持马克思主义在意识形态领域指导地位的根本制度，坚持为人民服务、为社会主义服务，坚持百花齐放、百家争鸣，坚持创造性转化、创新性发展，以社会主义核心价值观为引领，

---

* **【基金项目】** 教育部人文社科研究基金项目"古代书院个体品德培育对当代高校思想政治教育的启示研究"（18YJA710010）；甘肃省委宣传部与兰州交通大学共建马克思主义学院研究项目"中华优秀传统文化融入高校思想政治理论课策略研究"（22GJZD005）；兰州交通大学重点教改项目"中华优秀传统文化融入思想政治理论课新探——以《马克思主义基本原理》课为例"（JGZ202209）。

** **【作者简介】** 杜华伟，女，1975 年生，甘肃庆阳人，兰州交通大学副教授。研究方向：思想政治教育与书院文化。宋瑶瑶，女，1997 年生，宁夏银川人，兰州交通大学马克思主义学院在读硕士研究生。研究方向：思想政治教育。

发展社会主义先进文化，弘扬革命文化，传承中华优秀传统文化，满足人民日益增长的精神文化需求，巩固全党全国各族人民团结奋斗的共同思想基础，不断提升国家文化软实力和中华文化影响力。"① 马克思主义是随着时代的发展而变化的，其与中华优秀传统文化结合，创造了独具魅力的中国风采，对我国走向繁荣昌盛发挥着重大作用。如今，马克思主义理论与中华优秀传统文化相结合，呈现了"一加一大于二"的效果，而中华优秀传统文化融入高校思想政治理论课较为典型。

高校思想政治教育是将科学的马克思主义理论体系，系统而全面地传授给学生，高校课程主要围绕马克思主义理论展开，帮助学生理解马克思主义理论及马克思主义中国化最新成果。以马克思主义理论陶冶学生情操，培养其正确的价值观及理想信念为目的。习近平总书记在延安和安阳考察时发表了重要讲话，尤其强调："中华优秀传统文化是我们党创新理论的'根'，我们推进马克思主义中国化时代化的根本途径是'两个结合'。我们要坚定文化自信，增强做中国人的自信心和自豪感。"② 回顾历史，每个发展阶段都应立足国情，展望未来，增强文化自信，铸就社会主义文化新辉煌，而传承并弘扬中华优秀传统文化对增强文化自信意义重大。将中华优秀传统文化融入高校思想政治理论课，既是个人发展需求，也是时代发展需要。将马克思主义理论与中华优秀传统文化结合，培养具有劳动精神、奋斗精神、奉献精神、创造精神以及勤俭节约精神的时代新人，是新时代发展的必然趋势。

中华优秀传统文化在创造性转化和创新性发展的过程中迸发出丰富的育人资源，党的十九大明确将中华优秀传统文化的创造性转化和创新性发展记入党章，二者的结合顺应了党和国家教育事业的发展潮流。中华优秀传统文化融入思想政治理论课也是新时期高校思想政治理论课教学改革的重要举措，对于高校思想政治理论课的建设、中华优秀传统文化的传承与发展都具有重要意义。在党和国家的指导下，中华优秀传统文化融入高校思想政治理论课取得了显著成果，但在融入过程中还存在一些问题，需要思想政治教育者与研究者进一步挖掘和探索。

---

① 习近平：《高举中国特色社会主义伟大旗帜 为全面建设社会主义现代化国家而团结奋斗——习近平同志代表第十九届中央委员会向大会作的报告摘登》，《中国青年报》2022 年 10 月 17 日第 003 版。

② 习近平：《发扬延安精神和红旗渠精神，全面推进乡村振兴》，《人民日报》2022 年 10 月 30 日第 001 版。

一、中华优秀传统文化与高校思想政治理论课的关联

（一）中华优秀传统文化的"优越性"

关于中华优秀传统文化的内涵，2017 年 1 月 25 日中共中央办公厅、国务院办公厅印发了《关于实施中华优秀传统文化传承发展工程的意见》，指出了中华优秀传统文化内容的核心思想理念：

> 中华民族和中国人民在修齐治平、尊时守位、知常达变、开物成务、建功立业过程中培育和形成的基本思想理念，如革故鼎新、与时俱进的思想，脚踏实地、实事求是的思想，惠民利民、安民富民的思想，道法自然、天人合一的思想等，可以为人们认识和改造世界提供有益启迪，可以为治国理政提供有益借鉴。传承发展中华优秀传统文化，就要大力弘扬讲仁爱、重民本、守诚信、崇正义、尚和合、求大同等核心思想理念。①

中华优秀传统文化是在五千多年的历史传承中孕育而生的，它由中国古代典籍、制度、礼仪、风俗等承载，保留了历史悠久的中华文明，如儒家典籍中修身、齐家、治国、平天下的情怀与追求等，对人类文明的延续与社会的发展有重要意义。

张岱年先生在《中国文化优秀传统的生命力》中提到："中国文化的优秀传统的核心是关于人生意义、人生价值、人生理想的基本观点，可以称为人本观点。"② 可见，中华优秀传统文化包括了以儒家思想为核心的各种传统理念、传统美德等，关乎人类物质与精神方面的生存与发展。中华优秀传统文化源远流长、博大精深，不论如何进行创新性转化、传承性发展，中华优秀传统文化始终永葆活力。

（二）高校思想政治理论课的"教育性"

2018 年 4 月，教育部关于印发《新时代高校思想政治理论课教学工作基本要求》的通知强调："思想政治理论课承担着对大学生进行系统的马克思主义理论教育的任务，是巩固马克思主义在高校意识形态领域指导地位、坚持社会主义办学方向的重要

---

① 中共中央办公厅 国务院办公厅印发《关于实施中华优秀传统文化传承发展工程的意见》，2017 年 1 月 25 日，http://www.scio.gov.cn/xwfbh/xwbfbh/wqfbh/39595/40355/xgzc40361/Document/1653913/1653913.htm。

② 张岱年：《中国文化优秀传统的生命力》，《中国文化研究》1993 年第 1 期，第 1 页。

阵地，是全面贯彻党的教育方针、落实立德树人根本任务的主干渠道和核心课程，是加强和改进高校思想政治工作、实现高等教育内涵式发展的灵魂课程。"① 所以，抓住高校思想政治理论课的本质，有针对性开展高校思想政治教育，才能真正发挥高校思想政治理论课的作用。

高校思想政治理论课在我国高校中地位举足轻重，是帮助大学生树立正确的世界观、人生观、价值观，以及培养大学人才的核心课程。该课程具体包括：《马克思主义基本原理》《毛泽东思想和中国特色社会主义理论体系概论》《中国近现代史纲要》《思想道德与法治》《习近平新时代中国特色社会主义思想概论》《形式与政策》等。《马克思主义基本原理》旨在帮助学生学习和理解马克思主义基本原理，从整体上把握马克思主义，并学会运用马克思主义的基本原理认识和分析现实问题；《毛泽东思想和中国特色社会主义理论体系概论》培养学生将马克思主义基本原理同中国实际相结合的方法论意识及实践；《中国近现代史纲要》主要培养学生的爱国主义情怀；《思想道德与法治》旨在培养学生的基本素质（如理想信念、创新精神、敬业精神、人格品质和心理素质等），这是思想政治理论课的核心课程；《习近平新时代中国特色社会主义思想概论》帮助学生了解习近平新时代中国特色社会主义思想的重大意义、科学体系、丰富内涵和实践要求；《形势与政策》丰富了大学生的视野，提升了大学生的政治、理论素养。

可见，中华优秀传统文化具有极大的"优越性"，对中国社会的发展乃至整个人类的历史文明皆有重要意义。然而，这种文明本身没有自主能动意识，其"优越性"的传承与发展，需要时代环境与实践载体，大学生是中国新时代发展的中坚力量，也是承担这个载体的重要角色。大学生的思想教育与实践活动是以大学教育为指导，具体形式是通过大学课程来完成，而高校思想政治理论课是塑造大学生思想的重要课程，具有理论性、实践性、教育性。中华优秀传统文化的"优越性"符合高校思想政治理论课的"教育性"，故而，将中华优秀传统文化融入高校思想政治理论课，实际上是通过当代大学生实现中华优秀传统文化的传承与发展。

二、中华优秀传统文化融入高校思想政治理论课的意义

高校思想政治理论课是对学生进行世界观、人生观和价值观教育的重要课程。将

---

① 教育部关于印发《新时代高校思想政治理论课教学工作基本要求》的通知（教社科〔2018〕2号），2018年4月13日，http://www.moe.gov.cn/srcsite/A13/moe_772/201804/t20180424_334099.html。

中华优秀传统文化融入高校思想政治理论课，不仅创新高校思政课的"入脑途径"和"打开方式"，进一步丰富和完善高校思想政治理论课，提升高校思想政治理论课的吸引力与实效性，增强学生文化自信，提升其人文素养，也传承和弘扬了中华优秀传统文化，这种融合具有历史性、前瞻性意义。

（一）有助于丰富高校思想政治理论课内容

马克思主义具有较强的学理性与抽象性，学生理解起来比较困难，将中华优秀传统文化融入高校思想政治理论课，把握好融入时机的切入点、融入过程的契合点、融入路径的落脚点，使教学内容更加丰富生动、更符合中国人的思维模式与语言习惯，有利于学生理解比较抽象的理论和原理。中华优秀传统文化包罗万象，包含着丰富的思想政治教育内容，从世界观、人生观、价值观等方面为高校思想政治理论课提供了不竭的内容资源。剖析中华优秀传统文化的内容，可以发现中华优秀传统文化与高校思想政治理论课内容有相通之处。比如，荀子的"不积跬步无以至千里"与《马克思主义基本原理》中量变、质变规律的相通性；孟子的"乐以天下，忧以天下"、《礼记》的"苟利国家，不求富贵"、顾炎武的"天下兴亡，匹夫有责"等，与社会主义核心价值观倡导的个人责任相通，以上都在一定程度上丰富着高校思想政治理论课的内容。

（二）有助于提升高校思想政治理论课教学效果

以儒家"仁爱"思想为核心的中华优秀传统文化博大精深，蕴含着丰富的内容，一方面可以丰富高校思想政治理论课的教学内容，激发学生的学习兴趣，增强内化效果。中华优秀传统文化有丰富的情感和多样的内容支撑，有效激发学生的学习兴趣，完成了对学生灌输性教学到启发性教学的转变；中华优秀传统文化源远流长，历经千年传承依然经久不衰，已根植于国人的血脉中，有时轻微点拨，就能唤起学生的情感认同，达到提升高校思想政治理论课良好的教学效果。如讲《思想道德与法治》中的爱国主义，引入郑成功、左宗棠等历史名人的爱国故事，更能唤起学生对爱国英雄的崇拜和认同感，极大加深学生的记忆，进而对爱国主义有更深入的理解。

另一方面中华优秀传统文化的融入为高校思想政治理论课教学提供方法启迪与借鉴。中华优秀传统文化中蕴含丰富的教学经验，如《论语》提倡的"因材施教""知行合一"等方法，高校思想政治理论课教师可以运用这些方法，依据每个学生的特点，通过理论与实践相结合进行教学，加强高校思想政治理论课教学的针对性，提升学生在课堂的获得感，进而达到高校思想政治理论课的教学目标。

（三）有助于增强学生文化自信和人格修养

高校思想政治理论课是对高校学生的思想政治进行教育，是帮助高校学生树立正确的世界观、人生观和价值观的重要课程，中华优秀传统文化所蕴含的为人处事之道、治学修身之理，与思政课"立德树人"的教育目标是完全契合的。中华优秀传统文化中"先天下之忧而忧，后天下之乐而乐"的政治胸怀、"苟利国家生死以，岂因祸福避趋之"的报国之志、"富贵不能淫，贫贱不能移，威武不能屈"的浩然正气等，皆可用来丰富思想政治理论课。

成长于信息时代下的 00 后，多媒体为他们提供了更加快捷、多元的信息获取途径，然而，一些文化糟粕渗透到高校学生的学习和生活中，对高校学生的成长发展造成不良影响。只有将中华优秀传统文化融入高校思想政治理论课教学中，帮助高校学生树立正确对待中国传统文化的科学态度，进一步增强其文化自信，才能有效抵御不良文化思潮的影响和侵袭。

社会的发展要求当代大学生不但有过硬的专业本领，还必须具备优秀的人格修养。人格修养不像专业能力容易量化，但它却可通过人的言谈举止、待人接物等细节展示出来。习近平总书记在《纪念孔子诞辰 2565 周年国际学术研讨会暨国际儒学联合会第五届会员大会开幕会上的讲话》中强调："中国优秀传统文化的丰富哲学思想、人文精神、教化思想、道德理念等，可以为人们认识和改造世界提供有益启迪。"[①] 道德建设的过程就是培养人格修养的过程。可见，结合中华优秀传统文化对高校学生进行教育，可以有效提升其人格修养。

（四）有助于传承和弘扬中华优秀传统文化

习近平总书记强调："优秀传统文化是一个国家、一个民族传承和发展的根本，如果丢掉了，就割断了精神命脉。"[②] 中华优秀传统文化是中华民族的根和魂，我们必须加以传承和弘扬。2014 年 2 月，习近平在中共中央政治局第十三次集体学习时强调："大学阶段，应把提高学生对中华优秀传统文化的自主学习和探究能力作为重点，培养学生的文化创新意识，增强学生传承弘扬中华优秀传统文化的责任感和使命

[①] 习近平：《在纪念孔子诞辰 2565 周年国际学术研讨会暨国际儒学联合会第五届会员大会开幕会上的讲话》，《人民日报》2014 年 9 月 25 日第 002 版。
[②] 同上。

感。"① 这种责任感和使命感的培养，需要在高校思想政治理论课教学中融入中华优秀传统文化，让学生以一种新的方式学习、了解中华优秀传统文化的内容，使学生对中华优秀传统文化认识更深入，进而认同中华优秀传统文化的价值，坚定中华优秀传统文化信仰，自觉传承和弘扬中华优秀传统文化。

三、中华优秀传统文化融入高校思想政治理论课的现状与原因

中华优秀传统文化融入高校思想政治理论课是新时期中华优秀传统文化传承与发展的需要，也是提升高校思想政治理论课质量的需要。目前中华优秀传统文化已不同程度地融入高校思想政治理论课中，取得了一定成效，但融入内容、融入方式、融入过程等方面还存在不足，有待进一步完善。以下从学生、教师、高校角度分别阐述现状和现状产生的原因。

（一）学生层面："边沿化"学习

学生是高校思想政治理论课的主体，最终达到的教育效果也要在学生身上体现。"思想政治教育对象的主体性是指教育对象不是作为完全被动的客体，而是作为有情感、有思想的活生生的人参与到思想政治教育过程中的。"② 学生学习过程中，教师的引导作用非常重要，但更重要的是学生自身行动力和学习力。目前，高校学生对中华优秀传统文化的认知和接受度并不高，对思想政治理论课的重视度也不够，于他们而言，专业课学习更被看重。尽管高校已加强对思想政治理论课的重视和考核，学生还是将思想政治理论课当作"放松课""休息课"。中华优秀传统文化在高校学生心中的"形象"也是模糊且不具体，他们知晓中华优秀传统文化的笼统概念，但对于具体概念上的中华优秀传统文化却道不出一二。

关于大学生将思想政治理论课当作"放松课""休息课"，且意识不到思想政治理论课重要性的现状，其原因主要受到"术业有专攻"的观念的影响。高校将学生分成不同专业，学生更重视专业课学习，且高校开设的思想政治理论课多采用大班教学模式，教师多进行"灌输"式教学，学生缺乏兴趣。而传统上对于思想政治理论课的态度，势必影响思想政治理论课在高校的发展。关于对中华优秀传统文化的模糊了解，更多是受到如今爆炸式信息时代的影响，不同社会思潮席卷而来，处于正在快速

---

① 习近平同志关于中共中央政治局第十三次集体学习会议讲话《把培育和弘扬社会主义核心价值观作为凝魂聚气强基固本的基础工程》，2014 年 2 月 25 日，http://tv.people.com.cn/n/2014/0225/c141029 - 24462814.html。

② 陈万柏、张耀灿：《思想政治教育学原理》，北京：高等教育出版社 2017 年版，第 160 页。

接受科技信息等多元思潮阶段的高校学生，更乐意接受在他们看来有趣且吸引人的新鲜事物。虽然我们在大力弘扬中华优秀传统文化，学生也还是不够主动、不够乐意去接受中华优秀传统文化。

（二）教师层面："灌输式"教育

教师在高校思想政治理论课中起着引导者的作用，对学生进行理论传授和实践指导。但由于我国高校思想政治理论课多采用传统灌输式理论教育，教师在将中华优秀传统文化融入思想政治理论课过程中，易出现生硬地将中华优秀传统文化内容套用到课堂的情况，而不能充分将优秀传统文化的精髓发挥出来，从而出现"两张皮"现象，影响融入效果。同时，思想政治理论课多为理论，课堂缺乏互动，学生的专注度与兴趣度容易下降，在课堂中会出现老师在台上讲，学生在台下睡觉、走神、玩手机等不良现象，从而影响教学效果。实践是检验真理的唯一标准，真正将二者的融合落到实处，就要将中华优秀传统文化与高校思想政治理论课实践活动有效融合起来，但在目前的教学中，理论教学还是占据大部分课时，实践课时的占比较小。

出现以上现象的原因有两点。其一，高校思想政治理论课教师的专业普遍为马克思主义理论，他们对中华优秀传统文化知识的系统学习与训练相对缺乏，因此，中华优秀传统文化的理论功底较为薄弱，在高校思想政治理论课教学过程中，易出现灌输式教学的现象。其二，教师忽略了对学生实践的指导。知识的接受与转化是在理论与实践共同作用下完成的。迫于科研与教学压力，教师更多追求完成课堂理论教学，重视学生的考核成绩，缺少对学生实践性指导，忽视了学生对理论的消化和转变，达不到良好的教育效果。

（三）高校层面："传统式"机制

从高校角度而言，将中华优秀传统文化融入思想政治理论课，缺少良好的文化氛围。"校园文化是以社会主义先进文化为主导，以学校校训精神为内涵，以师生校园文化活动为内容，涵盖高校范围内所有教职工和学生在发展过程中共同奋斗而凝练而成的精神文明和物质文明的价值体系。"① 校园整体营造出的文化氛围，更有利于学生接受和理解中华优秀传统文化，在思想政治理论课上的融入也更顺利。然而，在目前看来，高校在融入校园文化建设过程中缺少感染力和亲和力，难以使学生产生情感上的共鸣，并且高校在举办校园文化活动时，为营造良好的活动效果而强制学生参加，

---

① 陈美含：《中华优秀传统文化融入大学生思想政治教育研究》，硕士学位论文，长春工业大学，2021年，第32页。

这不利于学生对中华优秀传统文化认同感的培养，且更容易使大学生对中华优秀传统文化产生抵触心理。将中华优秀传统文化融入思想政治理论课，在融入机制上，高校还需不断完善。体制机制的确立，对实施更有利、更有效、更便捷，但当前中华优秀传统文化融入高校思想政治理论课机制没有完全确立起来，存在许多缺陷，缺少学校层面的政策支持。

高校层面存在的问题，究其原因，主要受到"重分数、轻人文"传统思想的影响。习近平总书记在全国思政课教师座谈会中指出要坚持"八个统一"，其中价值性和知识性的统一与当下重分数、轻人文的现状相对。高校在改革思想政治理论课过程中，加强了对考核机制的改革，重视了对思想政治理论课成绩的提升，这在一定程度上督促了学生对思想政治理论课的学习，但并未从根本上达到高校开设思想政治理论课的目的。国家大力强调将中华优秀传统文化融入高校思想政治理论课，若忽视教学过程中对教师和学生的考核，既不能检查教师的教学效果，也不能得知学生的学习效果。

四、中华优秀传统文化融入高校思想政治理论课的策略

习近平总书记在《第十三届全国人民代表大会第一次会议上的讲话》中指出："我们要以更大的力度、更实的措施加快建设社会主义文化强国，培育和践行社会主义核心价值观，推动中华优秀传统文化创造性转化、创新性发展，让中华文明的影响力、凝聚力、感召力更加充分地展示出来。"[①] 随着时代的发展，将中华优秀传统文化融入高校思想政治理论课，要坚持在马克思主义的指导下对中华优秀传统文化进行选择，提取符合时代要求、顺应时代发展的价值理念和内容，这样才能牢牢把握社会主义文化的前进方向，才能推动高校思想政治理论课发展。目前，中华优秀传统文化融入高校思想政治理论课还存在诸多问题，以何种可行性措施解决存在的问题，是当下的重要任务。

（一）改革教学内容

高校思想政治理论课涵盖的内容是有针对性的，是针对立足于当代国情，立足于人的全面发展，立足于高校青年学生等而开设的一系列课程。所以，中华优秀传统文化融入高校思想政治理论课也要有选择地融入。首先，结合思政课教学内容，选择融

---

① 习近平：《第十三届全国人民代表大会第一次会议上的讲话》，《人民日报》2018 年 3 月 21 日第 002 版。

入的中华优秀传统文化内容。例如在《思想道德与法治》中融入有关中华优秀传统文化的内容，如，在"人生的青春之问"中融入传统诚信观及孝悌忠义、修身内省等，引导学生在传统思想理念和道德规范中培养"取之有道，节之以礼"的义利观；在"坚定理想信念"中运用史实阐述坚定理想信念的重要性，融入"三纲八目"学说，将中华优秀传统文化的内容与学生的实际生活相联系，促使学生实现个人理想与中国特色社会主义共同理想的统一。在《马克思主义基本原理》中融入中华优秀传统文化，如在"实践与认识及其发展规律"模块，将中华优秀传统文化中体现实践与认识统一的"绝知此事要躬行"等融入其中，如此，不仅能让学生在传统经典中切身体会实践的重要性，且能打破理论教学的枯燥乏味。其次，根据学生的实际需求，精选融入相关的中华优秀传统文化内容。新时代高校学生思想多元化，若还将陈旧的知识和内容反复传授给他们，不但不会被学生接受，反而使他们厌烦思想政治理论课。所以，在选择性融入中华优秀传统文化内容时，应选择学生易接受的、喜闻乐见的内容。

（二）改革教学方法

为达到理想的思想政治教育效果，将中华优秀传统文化融入高校思想政治理论课需要注意方式和方法。首先，利用网络新媒体丰富理论教学载体。随着科学技术的发展，智能手机、平板、电脑等移动数据端在高校随处可见，极大地改变了学生的学习和生活方式。因此，"牢牢掌握舆论场主动权和主导权"[1]，充分发挥网络在大学生思想政治教育中的优势，"要加强网上正面宣传，旗帜鲜明坚持正确政治方向、舆论导向、价值取向"[2]，充分利用网络新媒体手段，丰富融入的方法。其次，利用躬身实践法提升教学实际效果。中华优秀传统文化精神内核之一即注重"知行合一"，而道德教化的最终目标是"内化于心、外化于行"。在将中华优秀传统文化融入高校思想政治理论课过程中，躬身实践推动学生认识和了解中华优秀传统文化，在实践过程中提升思想道德和人文素养。最后，巩固、加强知识体系。教师的教与学生的学不能只停留在课堂上，课堂是接受知识的过程，课后是巩固知识的过程。中华优秀传统文化融入高校思想政治理论课，课堂上需要教师积极引导学生，课后也应带动学生参与相关活动，从而达到更好的融入效果。

---

① 习近平：《习近平谈治国理政》第三卷，北京：外文出版社 2020 年版，第 319 页。
② 同上书，第 306 页。

（三）改革师生关系

良好的课堂氛围需要教师与学生共同营造，在将中华优秀传统文化融入高校思想政治理论课的过程中，教师与学生的配合必不可少。以往教师在台上讲，学生在台下听的情况应加以改变，这种情况既不适合发展学生的特点，也不利于教师自我提升。要改变这一现状，首先，优化讲授过程，增强师生互动。这对教师提出了更高的要求，教师在备课、讲课过程中，要设计将学生代入课堂的环节，增强与学生之间的互动。中华优秀传统文化与思想政治理论课难度稍大，教师与学生的交流、互动过程更容易使学生领悟和体会，而互动性强的课堂能使学生集中注意力，提升课堂效果。其次，关注学生需求，拉近师生距离。每个学生都是单独的个体，正如"因材施教"提倡的那样，对不同个体该有不同的关照方式。教师的言行举止对学生的影响很大，所以，教师应及时关注不同学生的需要，尽可能多了解学生需求，帮助他们发展，使二者结合真正被学生喜欢和接受。

（四）改革评价方式

俗话说"不以规矩，不成方圆"，"规矩"即是约束与保障。将中华优秀传统文化融入高校思想政治理论课是一项系统性、综合性工程，教师和学生进行自我改革后，中华优秀传统文化融入高校思想政治理论课并没有达到最佳效果，管理层也应进行改革，转变重要环节的评价方式。首先，立足学生主体，注重学生获得感。学生是受教育的主体，他们最终的获得感才是教学开展的最终目的。高校思想政治理论课教学过程中，要充分发挥教师的主导作用，更要调动学生自身学习知识的积极性。中华优秀传统文化一贯注重人的主体价值的发挥，尤其是儒家思想，更重视个人道德修养的培养。马克思主义也强调人的全面发展，二者在这两方面有异曲同工之处，将二者作为高校思想政治理论课的重要内容，也更要求立足于学生主体。其次，立足课堂效果，重视课堂亲和力。高校思想政治理论课是思想政治教育最直接的实现方式和教育途径，也是高校开展思想政治教育的主要渠道。课堂亲和力的提升，需要教师转变教学方式，如，可将古籍中说理育人的故事，尝试通过典故阐释等方式，吸引学生的注意力，激发学生的兴趣，提升课堂亲和力。最后，加强过程考核，增强学生主动性。高校考核机制一直以来重期末测评，忽视了思想政治理论课的过程考核，从而导致学生通过突击也可完成期末检测，这达不到思想政治教育的真正目的。而过程考核包含课堂互动、课后答疑、小组活动、作业完成情况等，过程考核机制的完善，既督促教师积极完成教学任务，也增强学生学习主动性。

　　中华优秀传统文化融入高校思想政治理论课的策略应随时代而变，随着党和国家的号召，以及社会各界的共同努力，寻找更有效的融入策略，进而不断丰富与完善"两个结合"真正走上我国文化自信的道路。

序跋书评

《音乐雅俗流变与中唐诗歌创作研究》序

蒋 寅*

前两年校刊的学生记者采访我，谈到学术研究对个人的意义，问我是不是以学术为生命，我说不，只是以学术为生活——"我们做学术研究，并不是把学术当做生命。学术研究就是一门工作，只不过我恰巧很喜欢这份工作。"我的确就是这么想的。

我很喜欢以学术研究为工作，它不仅能满足读书的兴趣，也满足了人的求知欲和创造欲。如果你觉得这个世界上的人很无趣，可以在书中看到有趣的人、有趣的想法；如果你有什么理想在现实中无法实现，可以在写作中施展身手。从这种意义上说，学术就是个人的乌托邦，当你受到现实的拘束时，学术研究恰似窗口的一方天空，可以凭眺宇宙的深邃，舒张思想的翅膀。

所以，学术适合那些永远怀有好奇心、不甘于重复平凡的工作、不能满足于缺乏新鲜感的日常琐事的人。学术如此，生活也是如此，好奇心是兴趣的导火索，兴趣是生活的动力，也是学术的生命力所在。一个在生活中缺乏好奇心，没什么兴趣的人，大概也不适合做学术研究，即使做也不会做得很好。说到底，学术也要有兴趣才行，求知欲的核心正是好奇心。

自 2009 年柏红秀来中国社科院文学所做博士后以来，我认识她有十多年了。我眼中的柏红秀，正是不多见的兴趣广泛的年轻学人，性格开朗，喜欢运动，跑步、打羽毛球，更能打一手好乒乓球；有广泛的阅读兴趣，知识面甚宽，这使她能从容胜任

* 【作者简介】蒋寅，男，1959 年生，江苏南京人，文学博士，华南师范大学文学院教授，博士生导师，《中国诗学》集刊主编，研究方向：中国古代文学、文献学、古代文论。

传媒学院的电影课程，出版《世界经典电影文学导读》《闪光的人性——世界经典电影主题探析》《中国古典戏曲鉴赏》等教材；平时写诗写散文，运营公众号，总是充满活力的感觉。这种活力也洋溢在学术中，对自己感兴趣的问题，予以持久的钻研，付之勤奋的努力，在音乐和文学的跨学科研究中不断取得扎实的成果。出版《唐代宫廷音乐文艺研究》《音乐文化与唐代诗歌研究》和《音乐文化与盛唐诗歌研究》三部专著，获得江苏省"青蓝工程"优秀青年骨干教师（2004）、"青蓝工程"中青年学术带头人（2015）的荣誉称号，系列研究课题《音乐雅俗流变与中唐诗歌研究》(2014)、《音乐雅俗流变与唐代诗歌传播研究》（2021）两度获得国家社科基金立项，在同龄学人中表现突出。

柏红秀曾在李昌集教授指导下，以《唐代宫廷音乐文艺研究》获得博士学位，又从陈书录教授做博士后研究，出站报告题为《中晚唐音乐文化活动与文人歌辞研究》。昌集兄是我本科同年级学长，书录兄与我同出于程千帆先生门下，说来都有很近的学术渊源。柏红秀来文学所做博士后，以《音乐文化与唐代诗歌研究》作为出站报告，获得评审专家的一致好评。这些研究结成一条着力于探索音乐和文学关系的学术链环，搭建起唐代文学与音乐研究较完整的知识结构。这是吴瞿庵先生导源、任二北先生开辟的声诗研究在新时代的继承和光大。经过近二十年的努力，柏红秀以持之以恒的钻研，并借助于当今优渥的文献条件和近四十年学界丰厚的成果积累，终于在系统性、专门性和丰富性三个方面对唐代诗歌和音乐的关系做了较前贤更为深入的论述。尤其是在音乐文化的背景下，由乐人的视角考察唐诗和音乐的关系，研究唐诗的传播问题，开拓了唐代音乐和文学关系研究的一个新的层面。

最近柏红秀在国家社科基金课题成果的基础上完成了《音乐雅俗流变与中唐诗歌创作研究》一书，在唐代音乐雅俗消长的动态背景下考察中唐诗歌的新变，这是中唐诗研究的又一次拓展。中唐诗歌从 20 世纪 80 年代以来逐渐成为学界关注的热点，在唐宋转型的历史、文化视野下，学者们对中唐诗风变革的历史意义及与政治、思想、宗教、经学、科举等的诸多关系做了较为深入的研究。相比之下，诗歌与音乐的关系则涉及较少，仅限于乐府诗涉及的问题。柏红秀从"安史之乱"对雅乐的破坏与肃宗朝对雅乐的复建入手，参照中唐时期南方音乐急速超过北方音乐、民间音乐全面超越宫廷音乐的现实，论述了诗歌在这一雅俗消长的流变中受到的浸染。尤其注意从宴乐之场音乐和诗歌的交集来分析当时诗歌的一些新变，包括乐器、乐舞、乐歌、乐人成为题材及由此带来的审美意识的变化。思路非常清楚，对资料的掌握和运用也很得当，整体上开拓了中唐诗的观照视野，让我们看到她多年来孜孜以求的勤奋和中唐诗研究切切实实的进步。

当然，学术总是在进步的，没有什么成果是完美的、终结性的。音乐史或文化史专家也许会从各自的角度提出不同的看法，但从唐诗研究的角度说，这部专著自有它知识积累和更新的意义。这也让我坚信，在知识积累和更新速度急遽加快的今天，随着国际间学术交流的日益频繁，研究条件和技术手段的不断提升，年轻一代的学术将超越前辈，是可以期待的。即使学问整体的深厚广博难以胜过前人，具体成果的专精是一定可以超越前贤的。为此，年轻学人在尊重、学习前辈之余，大可不必妄自菲薄，老耄学人也毋须感叹学问一代不如一代。否则学术还怎能进步呢？

柏红秀书稿授梓，以我忝为博士后合作教授，希望我写个序。我确实为她这些年学术的精进感到高兴，更为她生活得快乐而由衷地欣慰。希望这种快乐能伴随她长远。我要再说一遍，学术不是生命，只是生活，是学者生活的重要部分。而它之所以重要，就在于能给我们带来其他生活所没有的知性的、思想的快乐。在此我想用自己喜欢的顾炎武《日知录》自序的一段话来结束本文，并与柏红秀共勉：

> 盖天下之理无穷，而君子之志于道也，不成章不达。故昔日之得不足以为矜，后日之成不容以自限。

二〇二二年二月十七日蒋寅于花城信可乐斋

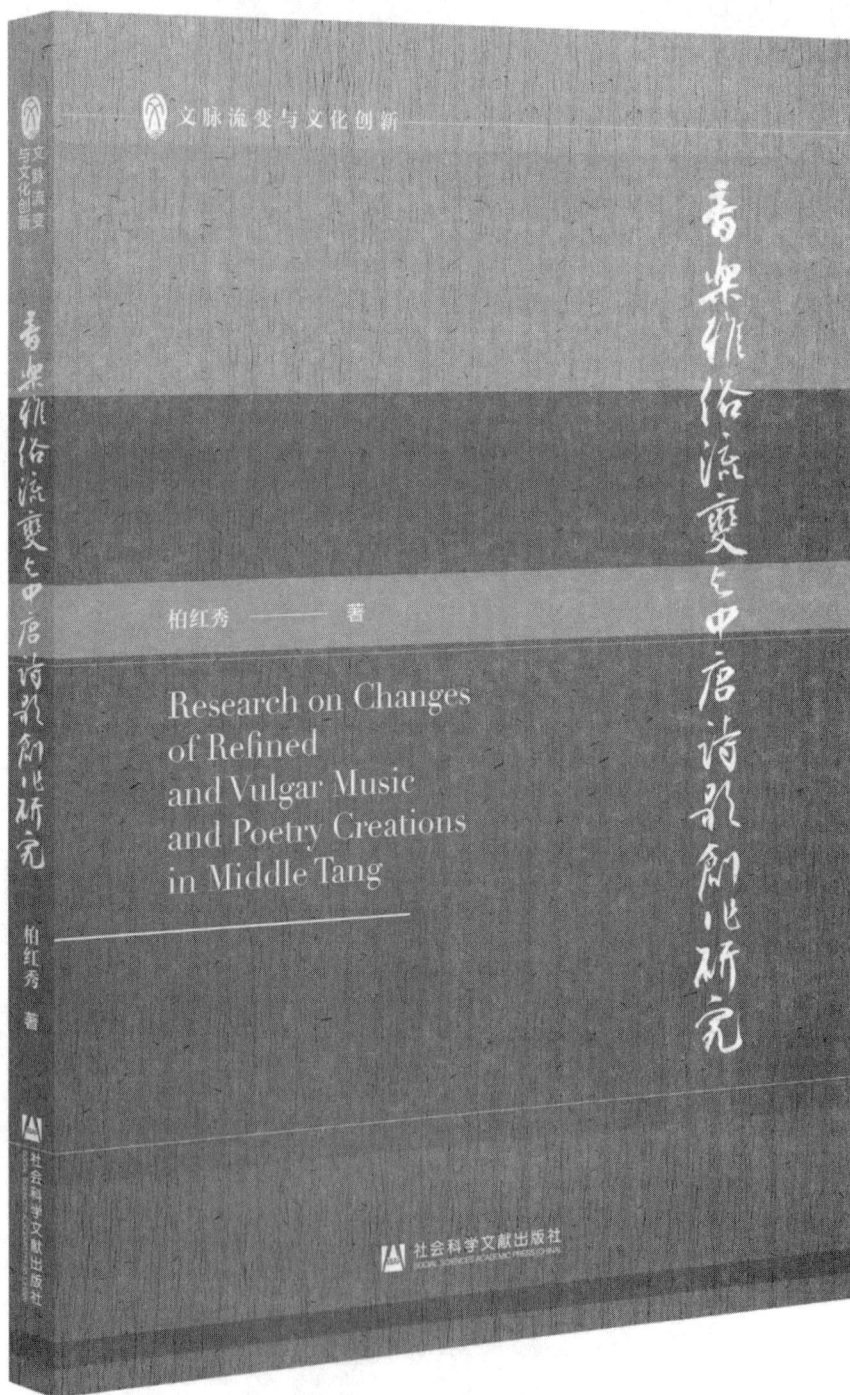

（柏红秀著：《音乐雅俗流变与中唐诗歌创作研究》，蒋寅序，社会科学文献出版社 2022 年 9 月版。）

经典之书不能不读

——杨阿敏《三通序笺注》序

傅　刚[*]

　　杨阿敏先生成《三通序笺注》一书，让我给他写个序。我对《三通》没有任何研究，对他的用功之处和成绩所在，难中肯綮，若不符雅意，岂不辜负所托？再三推辞不获，无已，谈一点我拜读此书的一点体会吧。

　　《三通》是我们文史研究者都要熟悉的工具书，学习中要了解某一制度、典章，不得不先翻翻《三通》中相应的考述。《三通》在目录学上被列为史部政书类，它涵盖了古代社会经济、政治、制度、都邑、舆地、经籍等等各个领域，由杜佑《通典》至郑樵《通志》，再至马端临《文献通考》，品种门类，愈为全备。学者于所需求专门知识，可资查考，亦可据而稽征他籍，所以说《三通》诸书对文史研究者不可或缺。

　　《三通》之《通典》最早，成于唐杜佑之手，在他之前，学者欲求历代制度典章，多据于史志。史书诸志，除《史记》八书、《汉书》十志有通论古今的内容，晋、宋以后，则主要集中在本朝政典上。杜佑《通典》，以"通"取名，立意在于通古今典制，故从传说中的陶唐以来，至于天宝末年，述历代典章制度，明其沿革，考其得失，李翰《通典序》说："采五经群史，上自黄帝，至于我唐天宝之末，每事以

---

　　[*]【作者简介】傅刚，男，1956 年生，江苏睢宁人，北京大学中文系教授，中国《文选》学研究会会长，研究方向：中国古代文学、文献学。

类相从，举其始终，历代沿革废置及当时群士议论得失，靡不条载，附之于事。"自杜佑之后，典章制度之政事撰述，便成为一种新的史书体裁，而学者从中尤为得益。

杜佑的撰述开启了郑樵《通志》的写作。《通志》仿的是《史记》体例，分纪、传、谱、略，等于是以通史体裁述典章制度，这样使典章制度有具体的史实依据，这自然与他的实学思想有关。对学者来说，最有价值的，当然是《通志》的二十略，《四库全书总目》说"全帙之菁华，惟在二十略而已"。虽前人往往批评其考证粗疏，类例杂芜，但上下数千年，包罗数百家，错综政典，该括名物，论断精辟，都使这部书成为政书典范，为学者案头必备之书。

《三通》的《文献通考》，出于元代马端临之手，马端临有感于杜佑《通典》仅至天宝末，"且时有古今，述有详略，节目之间，未为明备，而去取之际，颇欠精审"，因成《文献通考》，列为二十四门类，其中"田赋"等十九门类是"仿《通典》之成规，自天宝以前则增益其事迹之所未备，离析其门类之所未详；自天宝以后至宋嘉定之末，则续而成之"，又创立"经籍"等五种。可见他是继承杜佑撰述思想及编撰体例，但多有创改。材料来源及撰写方法，马端临说是"凡叙事则本之经史而参之以历代《会要》，以及百家传记之书，信而有证者从之；乖异传疑者不录"，此所谓"文"者；"凡论事，则先取当时臣僚之奏疏，次及近代诸儒评论，以至名流之燕谈，稗官之纪录。凡一话一言，可订典故之得失、证史传之是非者，则采而录之"，此所谓"献"也。"其载诸史传之纪录而可疑，稽诸先儒之论辨而未当者，研精覃思，悠然有得，则窃著己意附其后焉"，故名为《文献通考》。可见《文献通考》材料丰富详博，所谓"荟萃源流，综统同异"，且"考覈精审，持论平正。上下数千年，贯穿二十五代，于制度张弛之迹，是非得失之林，固已灿然具备矣"（乾隆《御制重刻文献通考序》）。

以上皆文史学者熟知之常识，然当今学者，已不甚读书，或不甚读个人研究（其实就是博士论文题目）以外之书，此亦古今学术丕变而令人叹息者。故略述大概，提醒今之学人，经典之书不能不读，且不可以电子文献搜检为读书。

学者多能读能用《三通》，然《三通》之制作，作者撰述思想、体例、目的，则见于《三通》的作者自序以及诸篇小序中。学术著作撰序，汉魏时期已经出现，不论《诗序》是否子夏所作，《毛诗》之有《大序》、有《小序》，是不争的事实。其后司马迁撰《太史公自序》，述其撰述《太史公书》之因由及体例、思想、目的，通其序，方能深解《史记》。因此，从古至今，学术著作的序，尤其是作者自序，尤为不可不先读。我们读《文选》《诗品》《文心雕龙》《史通》等等，皆须深入研读作者的序，才能对他们的思想、体例、撰述目的等有所把握。

《三通》更是如此，《三通》内容富博浩大，节目纷繁，作者撰述目的、其对典章制度的认识以及编撰体例等等，皆于其序中交代阐述。如杜佑《通典序》说明他在群典中以《食货》为首的原因说："夫行教化在乎设职官，设职官在乎审官才，审官才在乎精选举，制礼以端其俗，立乐以和其心，此先哲王致治之大方也。故职官设然后兴礼乐焉，教化隳然后用刑罚焉，列州郡俾分领焉，置边防遏戎敌焉。是以食货为之首。"这表明了杜佑对国家治理的基本思想，认为经济发展是基础，职官、选举、礼乐教化皆依食与货而存在。依次再列选举、职官、礼、乐、刑、州郡、边防等。

郑樵《通志》，体例不同于杜佑，而继史迁之体，欲成通史。通史从旧文，而有损益，损益之旨，在于求实。他对包括司马迁以来的史书都作了批评，如批评司马迁"多聚旧记，时插杂言"是"采撷未备，笔削不遵"；批评班固"全无学术，专事剽窃"；批评唐以后史书凡事皆准《春秋》，空言褒贬，未得其实。其所批评，于班固过于严苛，但说明他有自己的史学立场和撰写原则。他对史料的会通和一些评断，让他成为卓越的史学家。当然，《通志》最重要的成就是《二十略》，而《二十略》的特点，则要看他自己的阐述。他自己对《二十略》的评价说："凡二十略，百代之宪章，学者之能事，尽于此矣。"为什么呢？他说："其五略，汉唐诸儒所得而闻；其十五略，汉唐诸儒所不得而闻也。"所谓五略，指《礼略》《职官略》《选举略》《刑法略》《食货略》，十五略则如《氏族》《六书》《七音》《天文》诸略。郑樵所说十五略为汉唐诸儒所未闻，未必如实，马端临以及《四库总目》均有批评。二十略中最为学者称誉的是《校雠》《艺文》《金石》《图谱》等，学者许为精审。其实其他诸略，如《氏族略》，虽如《四库全书总目》说"多挂漏"，但对古代氏族起源及迁变，钩稽资料，考辨亦较翔实，对研究是有很大帮助的。

马端临《文献通考》是继杜佑《通典》之书，他何以在杜佑之后撰写此书？又何名为《文献通考》？《文献通考》与《通典》同异？此皆见于自序。何以用"文献"为名，说见前引，其与《通典》同异，他说一者因《通典》仅至天宝末，其后则阙焉；二者，《通典》于书内节目安排未为明备，去取选择有欠精审，又天文、五行、艺文皆无述，故马端临志在文献搜集考订上加以重加梳理，而为二十四门类，三百四十八卷。其考订之新意，皆见于各目小序。

以上是我们从三位作者总序中获得的知识，知晓他们各自不同的撰述背景和目的，如此再读《三通》，不致茫然无知、而常有疑虑之处了。由此看来，序是多么重要了。我们前面主要论述的是《三通》的总序，《三通》各类目中又各有小序，读者尤其要认真阅读。小序从《毛诗》以来便已为经典学术著作常用之体，我们熟悉的如《汉书·艺文志》《乐府诗集》，无不如此。《三通》既各立节目，又皆以通为名，则各目之源流皆需有论述。前人往往辑小序而独立成书，如《文章流别集》之《文章流别论》，《文章辨体》《文体明辨》之《论》，《四库全书》之《总目》等等，皆见小序，其实就是专门的学术通论。《三通》小序亦如此，总序明作者撰述意图，小序明专门学术史，相辅相成，不可或缺。

正因为这样的原因，古人也往往将序目辑为专书，《三通序》自清代以来就有辑刻，张之洞《书目答问》于《考订初学各书》中亦开列为学者必读之书，不仅示学者读其书之门径，实亦能窥古人治学之心，启后学者以方，度人金针，在在于是。唯古人制序，甚所雅驯，盖其人其文其学识之表现，不可不谨重。《三通》作者皆当世大儒，其发言吐辞，咳唾珠玑，所谓事出沉思，义归翰藻，后之学人，腹笥若俭，未免艰于阅读，不加注解，望洋徒叹，奈何！杨阿敏先生有感于此，将《三通》诸序汇为一书，加以注解。笺注不以字词训释为主，专出典故来源，又采"以经证经"之法，以《三通》之文疏解序言，达到互相发明效果，又是本书注解一特点。

本人学浅，不能道本书之优长于一二，尤不能通于《三通》，然《三通》大、小序诚为经典，而本书注者用心亦为至善，学有裨益，则非虚言，敬祈读者详察。是为序。

古典文獻研究輯刊

潘美月・杜潔祥　主編

第三五編　第十六冊

三通序箋注

楊阿敏　著

花木蘭

（杨阿敏著：《三通序笺注》，傅刚序，花木兰文化事业有限公司 2022 年 9 月版。）

明代政治生态下的武官铨考史

——《明代军政考选制度研究》读后*

徐 成**

【内容提要】明代武官的军政考选问题是明代政治制度史、官僚制度研究的难题之一，张祥明新著《明代军政考选制度研究》对该话题进行了有突破意义的挖掘。其综合性地梳理了在京与地方、边镇的各类武官的考选概貌，生动地展示了文尊武卑的政治格局下明代武官考核管理制度的演变活态。不仅对明代官吏考察铨选的历史面貌作了细致复原，更对思考整个封建社会后期官吏管理制度、军事政治制度的发展演变，具有重要的启示价值。

【关键词】明代军事史　军政考选制度　武官管理

明代武官的军政考选问题，是研究明代政治制度史的一个相对薄弱但又十分重要的领域。以往学术界针对这一话题尽管已有一些讨论，但纵论旧说、条析新见、全面考论军政考选面貌的专著，则尚显缺位。山西师范大学张祥明先生自 2009 年博士论文起，历经十余年的打磨，所出新著《明代军政考选制度研究》，很好地填补了这一空白。下面就笔者阅读此书的心得及相关问题，略陈隅见，窾陋刍荛，望张先生与诸方家有以教我。

---

　* 【基金项目】国家社科基金重大项目：壬辰战争史料的搜集、整理、翻译与研究（17ZDA223）
　** 【作者简介】徐成，男，1995 年生，山东青岛人。南开大学历史学院博士研究生。研究方向：明清时期中朝关系史、中国史学史、明清时期军事史。

一、都司卫所、在京武官与镇戍营兵武官的考选概貌

本书在研究时代上涵盖明初到明末，而不仅仅局限于明中期才逐渐出现的军政考选，对此之前的武官考察也加以分析，俾清其源流；在对象上，则包含都司卫所武官、在京武官与镇戍武官的军政考选，将腹里、九边与在京武官的考选问题均加以考论，视野可谓全面。

作者首先考证了军政考选的形成过程：明朝建立后，权高阶重的武官群体逐渐出现德政不修、腐化堕落的倾向，历经太祖、成祖以至宣宗，屡行申饬而不止。于是，宣德五年（1430）明宣宗顶住祖制压力，开始对天下武官进行考察，其子英宗承其遗志，继续了这一政策。但总体而言，宣、英朝的这种考察是不定期的，未能形成成熟规制，其真正逐渐成为定制并成熟发展，要在成化朝以后了。而关于军政考选的确切开始，作者援引一手明代档案《考选军政着该点官员罗织选定官员阻坏选法者调边卫》，并借《明实录》中成、弘、正三朝军政考选时期来对勘倒推，推断军政考选始于成化二年（1466）的边卫，十三年（1477）将锦衣卫纳入，十四年（1478）将五府京卫纳入考察，正德以后将腹里卫所亦纳入之，总体而言，考选制度形成之初，主要是针对都司卫所武官。所论洵为公允。

都司卫所武官主要包括掌印武官、金书武官、见任管事武官、带俸差操武官等等，负责考选他们的则是巡抚、巡按、布政司（藩司）、按察司（臬司），惯例每年考核一次，五年调整一次。其考选大致流程是申严号令、咨访贤否、造册送部和皇帝批复及执行，其铨叙有成体系的成文格式（如《武臣条式》）可依。这些武官的职责主要有以下几个方面：督造军器、抚恤士卒、训练武艺、修缮城池，这些职责完成的优劣，是考选的重要标准。故器械精利、士饱马腾、训下有素、城池完固者留任、有赏，兵刃钝破、军兵逃亡、武艺废弛、城池颓败者，视情节轻重，发边立功甚至受罚。当然，考选内容不仅有职责完成情况，武官操守举止乃至年龄长幼亦在考察范围，如廉能干济或青年骁壮者多留任、升职，贪鄙畏葸或年力老衰者多调任、罢职。可以说都司卫所武官基本上是定编定责，任命后便不得擅差，且不经考选不得管事；犯罪武官带俸差操五年后，如改过自新，许荐举复职管事；武官贿赂、诬告、钻刺打点，皆当劾奏，按律例严惩（或调卫、或充军），旷职、托病、畏缩者均得判罚，被

告武职暂停管事候处①。

都司卫所军政官员除在能力、品行、举止等方面有要求外，是否中式武举（如万历以后，中式武举成为都司军政官员的重要人选）、地域籍贯（如从多用本地逐渐过渡到相互更调）等方面也逐渐摸索出一定的规则；其晋升也是有资可循：由杂差或佥书，逐渐升掌卫篆；在到任上也要求限期到任，不得迁延；致仕虽曰六十，但可根据实际情况灵活调整。总的来说，考选制从制度设计层面是较为完善的。但由于明代财政并非一直供应无虞，所以带来的武官俸禄问题便值得重视，于是明廷出台了调补外卫与允许纳升的办法。尽管有纳职不袭、不支俸等措施制约，但贿窦已开，财政的现实使得非军功不得武职、非考选不得管事的祖制出现了"豁口"。

在京武官主要有锦衣卫、京营、五府武官。锦衣卫的考选自成化年间从下级武官开始，到嘉靖年间逐渐覆盖上层武官，但由于是天子亲军，其考选难免受帝王、内臣、高官权贵乃至政治形势波动等多种复杂因素干扰；从弘治到嘉靖间，明廷逐渐以阅视与考选相结合的办法铨考北京京营下级武职，隆庆时扩展到南京，万历时则引入考满制度，并多次废设调整具体措施，但就结果而言成效不彰；对五府武臣，则引入自陈制度，并由科道官军政拾遗，但由于五府管事或带府衔者非勋贵则大将，科道人微言轻，且受皇帝个人意志影响明显，故成效如何可想而知。

武官中最晚实施考选制的则是镇戍营兵制武官，据作者考察，其始于弘治元年，并至少在嘉靖前期已推广九边。我们可按时间线为主轴，对明后期的镇戍武官考选情况进行观察：嘉靖时期，在考核时间规定、考绩档案管理上逐渐趋于程序化，在管理形式上则呈现多元化——考选、阅视、不定期灵活考察相结合。到隆庆年间，考选范围较前扩大，劄委的坐堡、操守等边镇基层镇戍武官都被纳入，且将其修边筑堡的辛劳也纳入考核内容，并开始仿照文官的考满制度进行改造。万历年间是镇戍武官考选发展的成熟期，在此阶段，腹里的镇戍武职也被纳入考选对象，原本就被考选的边镇镇戍武职，则增加了官兵召补训练、军器马匹养护等考核内容。并引入自陈制度，扩

---

① 此外，据本书考察，还有两类特殊的都司卫所武官，即管运武官、管屯武官，其职责特殊，考选方法亦有不同。管运武官直接管理漕运，一身系经济运输之利，管屯武官经营屯田之利，无差操之苦，可以说都是利益空间巨大的"美差"。所以，在铨选管运武官时，基本是从添设漕运都司里选拔带俸武职、廉洁干练的武职、不担任军政官员的武职里挑选，看重其才德廉干、老成稳重的品质；在考察他们时，则重点关注其攒运是否违期、起运是否先后、过淮过洪是否及期、是否不借私债、完粮早晚情况等等。至于管屯武官，铨选时则看重其是否勤能廉洁、精壮干济，考察时则关注其屯粮逋欠完纳情况，是否有贪酷剥求的罪行。这两类武官因为责任的特殊性，都要求任职的稳定，一旦任命，不得随意调差、营求他职。参见张祥明：《明代军政考选制度研究》，北京：中华书局 2021 年版，第 32－39 页。

大科道官的纠弹范围，还简化了武职的考察程序与升黜程序。

阅视是监督考察边镇营兵制武官的重要方式，目的是督促边将修举军务，整饬武备，巩固边防。其制宣德时曾短暂设置，弘治以后方成经制，嘉靖后期才最终形成。但若债帅钱神，手眼通天，阅视官员又沆瀣一气，陪同腐败，此等良制也将终沦于形式。考满制度乃仿效文官考满而设，其滥觞于弘治，成熟于隆、万，目的一是促进边将任职稳定，久任责成，不至于更换过频，影响边备经营，其二也希望借此杜绝奔竞、鼓励深耕苦干。考满时由被考武官自陈书状，该道出具考语，督、抚、按等诸臣会同考核，所书考语送部，部里再呈御览题准，但同阅视类似，其中也有着不算小的人情作用空间，故其实效亦不可过度拔高。

镇戍武官的铨选也经历了一个动态的变化过程，自洪武时期的天威御断，成祖时代的适当放权，宣宗时代《选武臣条式》的颁布，到英宗以后的逐渐规范成熟化。正统到天顺年间，明廷采取保举将材、加强武学教育等方式铨拔英勇；成化时除了对之前的措施加以细化外，还实施武职加衔制度，并改革基层武官保举制度；弘治以后开始细化总兵官廷推、其他武将兵部推选的规则，提倡人地相宜、因才用人，并放宽科道监督之权，同时扩大保举将才的范围；正德则完善考语册造送等铨考流程，并规范武举，提高实战经验在考选中的比重；嘉靖朝则在之前各类措施强化的基础上，又开始了兵部与都察院之间的信息沟通，并逐渐打破镇戍武官的资格限制；隆、万以后则进入高度的成熟，不管是武举制度还是将选资历、推选程序、监督管理等各项细节都有了较大的优化，兵部的将选权力如日中天；天启以后由于时局变化等多方面复杂因素的影响，将选的圈子逐渐打破，不再拘泥世职，武官愈发冗滥，到崇祯时代早已难以收拾，加之帝王本身心性，故思宗开始抑制兵部铨将之权，亲自干预将选，并改变评估标准（由以往的论资论俸论荐过渡到重其技勇），扩大搜才范围，有明一代武举之有殿试，即自兹始。当然本书也有一定的缺憾，就是未能细究明后期武举的任官与铨考情况，学界近来亦有相关成果论证："明后期的武举在录取规模与任用规格两方面达到了中国古代武举制度发展的顶峰。""在出身主导的低级将领选除中（武举）超过了世职，但在功绩主导的中高级将领升迁中（武举）仍逊于世职。明季过度重视武举，任用大批缺乏练兵作战经验的人员为将，是军事失败的重要因素。"① 可备补充参考。

---

① 曹循：《明代武举与武官选任新探》，《中国史研究》2021 年第 1 期，第 190 页。

二、政治局势对考选之影响

本书也考证了明代军政考选制度实施的弊端与局限：其一，是官僚队伍中普遍存在的腐败问题，尤其是明中后期，文官普遍贪污腐败，有司滥施威福，徇私枉法，以此等腐败阘茸之文官，监督管理腐败之武官，难免有蛇鼠一窝、沆瀣一气的现象发生，其效果可想而知。作为上峰的文官推奸避事，放任武职夤缘求进，债帅横行，钱神遍野，这样的边镇镇戍武臣，即便是武勇超伦，其边备效果也难免要稍打折扣。这些乱象也引得一时正义之士的不满，正如万历时期宣大巡按吴允中对"武官钻刺"的痛恨，他反复严禁"倘奔兢（竞）钻求，书刺打点，转托人情"，即便是有才华也"应荐不荐"①。

其二，军政考选的程序较为僵化，在抚按等官考语形式主义的陈陈相因、兵部对武官的缺乏直接了解、徇私舞弊现象的普遍存在（如武官对文臣、书吏的钻刺），还有内阁、太监、勋贵的人情利益干扰等多方面因素影响之下，考选的效果很容易受到不良的影响。而且，皇帝本人亦常常"亲自下场"，干预军政考选，恩罚系于一身，威福操自专柄，一旦其存在个人利益倾向及情感倾向的矛盾与偏差，武官的铨选便会受到未可预估的负面影响。再者，武将的任职资格限制，也在制约着镇戍武官的铨考，某种程度上从一个不公平滑向了另一个不公平。

正因着上述的弊端，军政考选的成效也一定程度上受到了削弱，其源头也在于多个方面的因素：譬如多部门执法造成的互相冲突，负责考选的文官的敷衍与萎靡，高级武官某种程度上的倚重自横（这种骄横其实往往也有更大的文官作为外援，比如李成梁结交张居正、麻承恩结交王象乾），以及政策的前改后变、难以持续，还有因钻求奔竞、贪污腐败导致的令难行、禁难止，都在起着削弱军政考选效果的负面作用，使得边将日颓日弊，边备日败日坏。最终也造成了明代中后期文尊武卑格局的形成。

本书对军政考选与文尊武卑格局形成关系的考证，笔者认为可谓一大亮点。作者考证，成、弘间文武官员低昂的剧烈变化，与军政考选的开始与扩展恰值同一时期，因此军政考选有可能是促使武官地位逐渐逊于文官的重要原因：成化年间，文官获得了对都司卫所武官的考选之权；而到了弘治年间，其进一步扩大到对镇戍武官的考察管理；之后逐渐扩展到对整个武官群体（不论武职位阶高低）都有了考选之权。正因为武官升降的命脉被文官所掌控，文官逐渐开始对武官失去尊重，个别案例甚至发展

---

① 吴允中：《宣云约法榜示》，美国国会图书馆藏明天启刻本，第18a－19a页。

到肆意刁难的地步。笔者十分赞同，但也想提出一点补充的意见，这种文尊武卑的格局，不是弘、正、嘉（前期）时代文官掌握武官考选升降的进退之权后立马形成的，其间也有反复的互相低昂扬抑：如正德朝三边总制才宽的不明阵亡，宁夏巡抚安惟学的死于乱军，嘉靖朝大同兵变里巡抚张文锦的被害，甘肃巡抚许铭被总兵李隆嗾使变军杀害、然后倒扣其罪名，当时兵科都给事中许复礼就这些乱象，上疏曰："唐臣兵部侍郎许孟容上宪宗之言曰'自古未有大臣横死路隅而盗不获者，此朝廷之辱也'，宋太宗亦谓宰臣曰'五代诸侯跋扈，有枉法杀人者，朝廷置而不问，姑息当如是耶'，我国家自正德以来，政教号令不大行于天下，而姑息苟且之政足以废法度而敦纲常。"① 可见当时文官之制武官这一格局的确立，是经历了一个过程的。

文臣凌轹武官，武人之祸福专掌于文官，也使得英勇武官失志、才能不展，而贪弊武官借机钻求、攀附贪缘。武官为求增加收入以资行贿，则难免苛刻剥军，降低了军士的战斗力与能动性，最后兵马废弛，器械颓败，边防形势不容乐观。当然也有不少例外，比如戚继光面对蓟镇防务不太乐观的局面，便在有识的张居正、谭纶支持下，果断整顿庸员懦卒，招募无根无底的江浙"矿徒"，改革军制，发明军器、阵法，修筑敌台，最终培养出一支北能"征虏"、东能征倭的南兵劲旅。但戚继光之所以大练南兵的原因之一，也是因为此前蓟镇曾存在武臣恬嬉、军备落伍的现象，土蛮、董狐狸诸部屡屡犯边，而总兵李世忠等未能克战，最后导致京师戒严，可见边备的不堪一击，直到戚继光镇守后，形势才得以扭转。

应该说，军政考选促进了这种文尊武卑格局的形成，且这种格局下的军政考选，还加速了该格局的进一步固化，并将官场风气愈发劣化。武官们前途都在文官手中，他们便不得不想尽一切办法对后者加以讨好，比如努力学着彬彬好文：榆林将门杜文焕大量阅读儒书、理学书籍，吟诗作赋，刊行《太霞洞集》《太霞集选》广印梓传，不停交往文官文士，还顺应明后期的三教会通潮流大谈性理；不止杜氏，连戚继光、俞大猷这种不世出的名将，都在积极通过自身的能诗善文又长于经世谈兵的文化优势，与文官交结并建立一种官场的庇佑关系②。除了尽力学文，武官也在努力学着减少生事、不给文官上司"添麻烦"，求易避难，滥竽尸位：比如蔚州将门祁继祖，累

---

① 严从简著，余思黎点校：《殊域周咨录》卷二十，北京：中华书局1993年版，第629页。

② 秦博：《论明代文武臣僚间的权力庇佑——以俞大猷"谈兵"为中心》，《社会科学辑刊》2017年第4期。

官都督同知、陕西固原总兵①，其理政衰弱不堪，居官无能无为，一味"廉谨庸讷好相处"，甚至被讥为"木偶总兵"②。这些实在发生的无奈状况，为明后期文尊武卑格局所造成的恶劣后果增添了注脚。

三、几个问题的商榷

此书征引广博，梳理清晰，结论合理，在基本观点上，笔者是赞成的。但笔者也对书中数处考论有些不同的想法，谨述于此，若能于本书再版时效力一二，则大幸矣。

其一，都司军政官员更调回避的问题。本书引用《明世宗实录》的记载，认为是从万历十五年（1587）开始明确施行都司隔省、指挥隔卫的制度③，这样表述大抵无差，但若能举例引证逐渐确定的过程，则可能更显制度逐渐形成之活态。比如出身山西行都司阳和卫的任自强，起先曾在开封府担任河南都指挥使司署都指挥佥事，万历八年（1580）于仪封县参与镇压"三乘教主"曹仑起事，次年立碑④，后调济南府，署任山东都指挥使司署都指挥佥事⑤，这些都是发生在十五年之前。意即确立这种制度之前，这些未成文的规定早就已经在地方上实行了一段时间，也许这种地方上久已施行的惯例，为十五年最终明文定制提供了参考，十五年只是一个定制时间点。如果能举例乃至列表统计说明十五年以前的这类情况，无疑能更生动地反映出这种回避制度的形成过程。

其二，在京五府官员的推选问题。本书只注意到了人数众多、出身较优越的公侯伯推选五府军政官的现象，并认为勋贵以外才望素著都督推升五府员缺的制度没能得到执行⑥。这其实也是值得商榷的。万历以后，非勋贵的镇戍武官推升管府事的也越来越多见，虽然比例上不能和勋臣颉颃，但相比以前可谓是大有改观。如出身延安卫萧氏边将家族的萧如兰，其早先任靖房参将、三边总制中军副总兵，平定宁夏后，其

---

① 庆之金修，杨笃纂：光绪《蔚州志》卷十五《传·集传》，国家图书馆藏清末蔚州衙署刻本，第7a页。

② 熊廷弼著，李红权点校：《熊廷弼集》卷二十《前经略书牍第四·答文受寰制府》，武汉：湖北人民出版社2019年版，第932－933页。

③ 张祥明：《明代军政考选制度研究》，北京：中华书局2021年版，第63页。

④ 王鼎爵：《皇明万历辛巳岁孟秋月吉旦表忠义碑》，载于张卤修，林瑄纂：万历《仪封县志》卷末附录新增，该志收录于兰考县志编纂委员会《兰考旧志汇编》排印本中册，1984年版，第526－528页。

⑤ 王赠芳、王镇修，成瓘、冷烜纂：道光《济南府志》卷二十六《秩官四》，国家图书馆藏清道光刻本，第37b页。

⑥ 张祥明：《明代军政考选制度研究》，北京：中华书局2021年版，第109页。

"以实授都督佥事，循升中军都督府佥书管府事"①；再如大同右卫麻氏出身的麻承勋，原曾任紫荆关参将（后加副总兵），得推升南京后军都督府佥书，万历二十八年（1600）为阅视御史姚思仁劾奏革任②。这些现象也不能被忽视，否则无法全面了解五府官员在明后期推选情况的实态。

其三，明末各级文官举荐将才权限的问题。本书引用一手明档案，证实了崇祯九年（1636）思宗敕令在京进士出身文官、都督佥事以上武官，乃至在外督抚按道、三司府县举荐一名将才，但这些纸面规定究竟怎么执行落实的呢？本书未能给出答案，不免遗憾。就笔者目力所及，国家博物馆藏《崇祯十年六月钦差提督雁门等关兼巡抚山西地方送兵部〈山西布政司造完堪战将材册〉咨文》便可稍微解释这一问题。且这封咨文不仅能明确地方各级官员举荐将才的具体情况，还明确了本书所未深究的、思宗这封原旨具体运作的时间与流程："崇祯九年九月初五日具题，初六日奉圣旨：'这保举将材，着在京在外各官务要博访真知，果系谋勇素饶、堪充将选者，依限汇报，该部覆验具奏，如有营倖滥狗，一体论治。'钦此钦遵。"然后备抄到部送司，案呈到部，咨行地方，转行所属司道府州，然后地方再汇报人选，巡按案验，造册送部。

从这封咨文中可以看出山西地方各官的举荐情况：如布政司举荐掌印都司赵光祖，按察司举荐三关游击王弘祉，驿传道举荐岢岚营游击赵民怀，粮储道举荐见在戎镇衙门效用官戚司宗，守巡河东两道举荐平阳营副总兵虎大威，分守冀南道举荐太原营副总兵猛如虎，分巡冀宁道举荐原任密镇后劲营游击王靖东，分巡冀南道举荐潞泽营参将和应诏、署该道中军守备赵靖华、武乡县南关镇防守太原营实授守备王行谏，岢岚道举荐楼子营守备李可用。分守冀宁道、雁平兵备道、宁武兵备道回称无堪充将选之人，亦备注缘由。故将所举将才履历考语事实拟合造册送部③。可以看出，在具体举荐中，举荐人包含面较广，既有三司，亦有各道，但缺少府县的举荐情况；被举荐人来源亦较为广泛，既有见任原任副、参、游、守，又有效用出力的、无具体职务的武职（戚司宗），并且也不拘泥于规定举荐的一名限制。所以如能援引实例，来理清思宗这些措施的具体执行，无疑更能增加所论的信实性。

其四，关于武官考语形式主义的问题。本书考证武官考语存在严重的形式主义：

① 《明故中军都督府佥事实授都督佥事瑞阳萧公暨配夫人刘氏纪氏合葬墓志铭》，《新中国出土墓志·陕西3》上册，北京：文物出版社2015年版，第283页。

② 《明神宗实录》卷三五二，万历二十八年十月乙未条，台湾"中研院"史语所1962年版，第6601页。

③ 王宏钧主编：《中国国家博物馆馆藏文物研究丛书·明清档案卷·明代》，上海：上海古籍出版社2006年版，第112-116页。

格式固定（如泥于四六骈偶）、考评僵化，甚至前后矛盾，就笔者对明代奏议的阅读体验而言，这无疑是至确之论。但本书在论证时，以黄嘉善任宁夏巡抚时对部分武将考语先赞后斥为例子，来说明其前后矛盾、敷衍塞责，则稍显瑕疵。笔者亦曾细读《抚夏奏议》，黄氏对同一武官前后考语不同的做法，不止本书所举武威一人，还有其他武官：比如花马池副总兵管参将事雷安，先在甄别列荐将才时被其褒赞荐举，后又查参其贪腐残肆。黄氏也在上疏中，说明了自己对同一武官考语前后矛盾的理由：是因为雷安虽有小瑕，然在花马池确实"初政亦多可观"，还率孤军解定边之围，嘉善会同三边总制李汶、巡按吴永裕考察，"心实壮之"，故加以举荐；但其后发现雷安"小器易盈，初心顿替"，剥削军士，证据确凿，故加以劾斥①。应该说黄氏的考语也是会同督、按文官对武职考察所得出，而且无论褒贬，皆有实证。此外，整体而言，黄嘉善治理宁夏确实颇有劳绩，边境敉宁，功劳可称，并数次因此患病请告，其"器度恢弘，治体练达，边方深为倚赖。题筑沙湃敌台，砖包铁柱、惠安诸堡。又新兴庙学，尊经建阁，辟云路，置田作人，夏人立祠曰'十年遗爱'"②，非一般搪塞庸官可比，后来更是升掌兵部，足见其治边理军之才。其对武官考语先后不同，乃事出有因，如就此斥其为敷衍庸碌，则稍显不当，或可援引其他更切实的例子。

其五，史料的使用上也有可以进一步完善之处。如《谭襄敏公奏议》，本书使用篡改幅度较大的四库本，其实最好使用万历庚子刊本，且应列入私修史料而非本书所称的官修史料；《抚夏奏议》宜用国家图书馆藏明刻本，而非相对晚出且不太全面的北大馆藏清钞本③；吴百朋阅视宣大山西三镇时也留下了《阅视三镇奏议》，有残本传世，近年也已有了点校本④；再如张栋、钟羽正的阅视奏疏，本书使用的是《明经世文编》，但张栋、钟羽正的阅视奏疏皆有传世原本，如张栋《张可庵先生书牍》卷六即《阅视书牍》，有清华大学图书馆藏明天启刻本，《四库存目丛书》集部166册据此影印，而钟羽正《崇雅堂集》卷八即为奏疏，最佳版本莫过于清顺治丁耀亢刻本，北大图书馆、湖南省图皆有收藏，《四库存目丛书》集部第167册据之影印。若能加

---

① 黄嘉善著，黄祖珩点校：《抚夏奏议》卷二《查参贪肆将领疏》，香港：中国博学出版社2016年版，第79页。

② 崔景荣、杨应聘主修，杨寿纂，范宗兴校注：《增补万历朔方新志校注》卷二《宦迹》，银川：宁夏人民出版社2015年版，第84页。

③ 此书现已有黄祖珩点校本，以明刻本为底本。参见黄嘉善著，黄祖珩点校：《抚夏奏议》，香港：中国博学出版社2016年版。

④ 该书现藏台湾"国家图书馆"，北京国图藏胶片，馆方误标记为吴兑所撰，实际上是阅视侍郎吴百朋所撰。点校本收入柯亚莉校点，张涌泉审订：《吴百朋集》，北京：中华书局2015年版。

以参考，想必更为精善。

其六，结构、文字上的几个小瑕疵。如本书 157 页称举三个例子论证弘治时期的将选，但三个例子分别是嘉靖、万历、崇祯时期的案例，所以这一叙述，或需进一步调整（如调入"嘉靖时期以后"的部分）；再如 116 页称赵岢为"赵苛"，"府东路南山"少一"宣"字，178 页许弘纲误作"许弘刚"，244 页项笃寿误作"项笃筹"；又如论证考满武官加衔时，引用万全左卫屯田典史杨国柱加守备衔作例子，杨国柱乃吏员除授的无品阶（未入流）佐杂文职，其加守备衔，乃在宣镇这种严边地带屯田有功，而获殊恩嘉奖的特例，不算武官考满加衔，无法作为引证。

当然，提出这些商榷亦只是笔者一家之言，并非动摇张著的基本论点，此书的大致框架与方向，笔者是十分赞成的，从著者博论面世之后，中文学界在明代军政考选的研究中所作的细化，无论是将选权、武举任职还是其他方面，基本都是在这一框架下所进行的深化[1]，这也证明了著者早先眼光的准确性。总之，本书是一部考证绵密、史料丰赡且填补学术空白的明代军政考选研究的佳作，值得仔细阅读。

---

[1] 如曹循《明代武举与武官选任新探》，《中国史研究》2021 年第 1 期；《明代名色武官考论》，《史学月刊》2021 年第 2 期；《题用与咨用：明代督抚监镇的选将权》，《历史档案》2014 年第 2 期；《明代风宪官举劾制度的发展与流弊》，《云南社会科学》2014 年第 2 期；《明代卫所军政官述论》，《史学月刊》2012 年第 12 期；《论明代勋臣的培养与任用》，《云南社会科学》2012 年第 3 期；《明代武职纳级述论》，《古代文明》2011 年第 1 期；部分新文章考证上有一定创新与贡献，属于将张氏博论所提出的多项观点归纳概括、铺陈细化，寻找部分新史料（如新的奏议、笔记），深度有一定推广（如武举任官、名色武官话题的开展），但也未能全面引证前人观点（如张氏博论与本书）展开对话，不免稍显缺憾。

明代军政考选制度研究

A Study on the System of Evaluating and Selecting Military
Officers during the Ming Period

张祥明 著

（张祥明著：《明代军政考选制度研究》，北京：中华书局 2021 年 2 月版）

传统文化会议

"孟子思想及其在历代的影响"学术研讨会
会议综述

赵 龙 刘 奎[*]

【内容提要】2022 年 8 月 18—19 日，"孟子思想及其在历代的影响"学术研讨会在山东邹城召开。本次会议由尼山世界儒学中心孟子研究院、中国孟子学会主办，首都师范大学哲学系、南京大学历史学院协办，并采用线上、线下方式同步进行，共有 40 余名专家学者参与研讨。本次会议以"孟子思想及其在历代的影响"为主题，围绕"孟子思想的诠释""孟子与诸子的比较研究""孟学史发展的主要议题""孟子思想的域外传播""孟子思想及儒学的当代价值"等五个分议题，对孟子其人其书在历史上的影响进行了多角度、全方位的深入探讨，涵盖了当前孟学及儒学研究的重点及热点领域，显示了海内外孟子及儒学研究的最新研究进度及成果。

【关键词】孟子 孟学史 影响 当代价值

2022 年 8 月 18—19 日，由尼山世界儒学中心孟子研究院、中国孟子学会主办，首都师范大学哲学系、南京大学历史学院共同协办的"孟子思想及其在历代的影响"学术研讨会在孟子故里——山东邹城召开。本次会议采用线上、线下方式同步进行，共 40 余名专家学者参与研讨。研讨会开幕式由尼山世界儒学中心孟子研究院"泰山

---

* 【作者简介】赵龙，男，1973 年生，山东邹城人。尼山世界儒学中心孟子研究院副院长，主要研究方向：孟子及儒家文化。刘奎，男，1988 年生，山东新泰人。山东大学历史文化学院在读博士，尼山世界儒学中心孟子研究院文博馆员，主要研究方向：孟子及儒家文献。

学者"特聘专家、首都师范大学哲学系教授孔德立主持。尼山世界儒学中心孟子研究院党委书记、院长、研究员陈晓霞，首都师范大学哲学系教授、中国哲学学科负责人陈鹏，南京大学历史学院教授、副院长梁晨分别在开幕式上致辞。

本次研讨会聚焦国内外孟学及儒学最新研究状况，以"孟子思想及其在历代的影响"为主题，对孟子其人其书在历史上的影响进行了多角度、全方位地深入探讨，汇集了参会学者个人对孟子及儒学研究的最新进度及成果。根据与会专家的研讨内容来看，主要涉及"孟子思想的诠释""孟子与诸子的比较研究""孟学史发展的主要议题""孟子思想的域外传播""孟子思想及儒学的当代价值"等五个分议题，涵盖当前孟学及儒学研究的重点及热点领域。

首先，文本梳理与阐发是经典诠释的核心问题，亦是参会学者关注的重中之重，其中涉及人性论、仁爱观、知言养气等。清华大学教授丁四新先生着重考察了《孟子》"天下之言性也"章，认为此章中的"故"当训为"本故""本然"，"利"当训为"顺利"。"天下之言性"即是以其"本故"来谈论善恶，而思考、判断善恶问题应当以"顺利"其性为根本原则。中山大学教授杨海文先生通过对《孟子》"仁爱"章的考察，认为此章原创性建构了"亲亲而仁民，仁民而爱物"的儒家文明图式，并被孟学史守正性重构。从原创性建构看，亲亲是血缘伦理之基，仁民是王道政治之本，爱物是自然生态之根；爱物、仁民、亲亲是由外而内的充实，亲亲、仁民、爱物是由内而外的推扩，充实、推扩均是"仁"的呈现与敞开。从守正性重构看，基于亲亲与兼爱的对决，此章盖为墨氏而发；基于仁民与爱物的对比，仁民易而爱物难；基于亲亲、仁民、爱物的对举，先后之序、实华之别昭然若揭，呵护自然、万物一体呼之欲出。北京大学研究员李畅然通过对孟子"义"的审视，认为从道德上的合宜来看，积极和消极是"义"的一体两面，都可作为激发义行的端；而《孟子》加诸政治光谱的仁义观念，偏偏从消极的"羞恶"之心来界定"义"之端。这时"仁"代表积极帮助、干预他人，而"义"则只可能代表个人独立自主，消极地不受他人干预、包括帮助。而在后一种义观念下，单纯符合道德律的行为依然可能是不义的，因为关系的亲疏远近会对行为的道德性造成一定的扭曲。首都师范大学陈鹏先生则认为，孟子一方面将"义"与道、理、善、路相关联，"义"主要指向道德行为的价值根源、价值标准以及相适应的行为准则或行为规范；另一方面将"仁"与"义"并列、对举，奠定了儒家的"仁义结构"。其中"仁"主要指向主体、情感，而"义"则指向道德主体、道德情感的价值依据、义理依据。尼山世界儒学中心孔子研究院研究员魏衍华以《孟子》为视角，考察战国时期诸侯国君的政治素养，认为战国时期的诸侯多具有目光短浅、注重小利等不同弊病，反映了时君多政治素养低下，是孟子"仁政"蓝图最终落空的主要原因。首都师范大学教授孔德立先生以孟子知言好辩为视角，认为孟子好辩是为时事所迫，其目的在于传孔子正道、距杨墨邪说、格君心之非，他以心言善，一乎情性，贯通仁义，立正言以辟邪说，为孔子之道在乱世的传承发展做出了重要功绩。

其次，孟、荀作为先秦儒家两大巨擘，孟、荀"性善恶"论比较一直是学界研究的热点。南京师范大学教授徐克谦先生以荀子对孟子的暗用与明批为切入点，认为荀子对《孟子》的思想、主张、观点、比喻乃至用语都有许多明显的继承、接受甚至抄袭。荀子对孟子和思孟一派的批判，在很大程度上借鉴了道家特别是庄子的思想资源；而其目的则可能是为了挽救在战国末年趋于颓势的儒家思想。中国社会科学院研究员任蜜林以孟学为视野，重新审视了荀子的人性论，认为性善论并非早期儒家人性论的主流。孟子的性善，是以善为性。人之为人的本质，在于其先天具有的"善"，即仁义礼智之端。而荀子的人性论，是以"性伪之分"为基，人之为人的本质，在于其后天之"伪"，即礼义道德之行。南京大学赵亚婷博士通过对论孟、荀性善恶论的内在比较，认为孟子明提性有善，并对人性做善之规定，坚决否认"恶"在人性结构中的合理性。荀子则以理智冷静的态度正视人性情欲问题，客观看待情欲与社会恶乱的根源，不对人性问题过度在意，指出人真正努力的方向。山东大学教授杨朝明先生着重考察了孟子"先立乎其大"说，认为孟子此说包含"耳目役心""贤者识其大""述仲尼之意"三个维度。"先立乎其大"之"大"与《大学》之"大"具有一致性。

再次，围绕孟学史研究的重要议题，参会学者就"性善论""井田制"等问题亦有所考察。四川大学教授李景林先生认为，孟子人性论是以性即心而显诸情。其言"性"不是将之推出作为一个现成的对象来分析，而是从生成的历程来动态地展现其整体性的内涵。孟子即"心"以言"性"，以人心本具"能、知"一体的先天性逻辑结构，而将不忍、恻隐、慈逊、亲亲等具有道德指向的情感内容，理解为"能、知"共属一体的原初存在方式。清华大学教授方朝晖先生将古今学者对孟子性善论的解释归为"静态人性观"和"动态人性观"两种，指出前者以心善和人禽之别为性善论基础，后者则是以恰当的生存方式或成长法则为性善论基础。同时提出一种新的动态人性观，认为孟子的"性"概念包含先天地决定的生存方式或成长法则，而性善论的主要依据之一是指孟子发现了生命健全成长的一条法则——为善能使生命辉煌灿烂。南京大学教授颜世安先生关注性善的社会功用，认为从政治的角度来看，孟子说性善主要是针对"士性"，论证德性有内在基础，成就德性不待"外铄"，要靠"尽心"，性善与尽心内在一体，而民性是不能"尽心"的。南京大学副教授武黎嵩着重考察了孟子的井田说，认为井田之说有上古农村公社的遗风，并非全为向隅而造。孟子以井田制为制度之基础，谈"制民之产"之"仁政"，以土地的分配和基层社会组织为中心，规划有道德和有秩序的理想社会应有之结构，并逐渐演化秦汉时代的具体社会制度。南京大学李探探博士强调君主"尽心"责任的独特性，认为性善包含一种道德责任，需"尽心"的努力，但不是所有人都能尽心。虽然人人都有善性，但多数人是平庸和被动的，孟子事实上认为只有少部分"大人""豪杰"应负尽心之责。孟子对君主说性善，激励他们扩展不忍之心，要求他们"尽心"。但由于君主缺乏主动性，孟子与君主言仁政，不是从性善入手，而是从保民责任入手。复旦大学王侃博士则重点考察了孟子的历史观及"大贤拟圣"的文化意识，认为由尧、舜、禹、汤、文、武构成的"先王"序列是分级的：即分为由尧、舜构成的唐虞和禹、汤、文、武构成的三代。在孟子的历史观中，从唐虞到三代和从三代到战国的这两次滑转，都是在现实性的政治难题的促成下。第一次歧出是政治问题在全部人生问题中的歧出，第二次分裂是政治主体之于德位合一的圣王的分裂。南京大学于航博士围绕王充《论衡·刺孟》，认为王充整体上以推崇孟子为基本方向，他对孟子言行的问难，主要是基于追求知识对象的确定和统一性，而排斥模糊或灵活性。在以类比推理为主体思维逻辑时，王充将客观知识层面的类比与思想行动层面的类比齐一性地加以看待，并因此蕴有对曲折性和艺术性的不信任，构成了其《刺孟》思维方式的基础。

　　另外，海外学者对孟子及儒学思想的研究，是孟学研究不可忽略的重要议题，其中重点涉及东亚文化圈对孟子思想的诠释与理解。黄俊杰先生将韩、日孟子学置于中国孟子学的照映之下，在东亚比较儒学史的视域中解析朝、日孟子学之同调与异趣。认为500年间朝鲜与将近300年间日本两地儒者的孟子学诠释主要表现为"实践诠释学"与"生命诠释学"两种形态，体现了孟子思想政治论与心性论的统一。东亚儒者的孟子学诠释所呈现的"实践诠释学"，实以"生命诠释学"作为根本基础。植根于并回归于生命的体认与实践，是东亚思想所呈现的鲜明特质。法国国立东方语言文化学院教授王论岳（Frédéric Wang）通过比较孟子、庄子对待仕或不仕态度，认为对孟子而言，仕君是"士"的基本职责，但这是以君王的美德为前提的。问题的核心是君王是否值得"仕"。庄子的态度是断然拒绝仕君。而庄子不接受仕君，正是为了避免进入权力关系，即拉博埃西批评的那种奴役关系。两者虽然选择不同，却给了我们两种可能，两种君与士的关系范式。他们两人都没有退让，没有放弃各自的原则。他们都选择了自由意志。佐藤将之先生借助朝鲜正史《三国史记》，通过分析其中的"仁""义""礼""智""信""忠""孝""勇""道""德"等十个概念，认为《三国史记》作为一部多层文献结构的历史典籍，反映了朝鲜思想从新罗到高丽时期的"儒家化"过程，其作者金富轼最重视《孟子》的"仁义"思想，他以能否实践"仁义"来判定历代国君的治绩功过。日本广岛教授大学末永高康先生认为，马王堆帛书和郭店楚简《五行·经》的成立先于孟子，孟子受到其影响是学界公认的。但关于马王堆帛书《五行·说》和孟子的关系，还有不少争议。《五行·说》的作者有两种可能：四十岁以前（等于"不动心"以前）的孟子；深受孟子的影响，却不全面接受其思想，反而试图回归到《五行·经》思想的人。复旦大学教授林宏星先生通过对黄百锐（David B. Wong）相关论著的梳理，引入西弗（Stephen Schiffer）"服从理由的欲望"的说法来理解孟子的同情心。认为在黄百锐看来，孟子的同情心不仅具有认知功能，包含着对规范性理由的认识，而且还能导入本能的同情反应，并提供道德行动的动力。

　　除此之外，孟子思想及儒学的当代价值的研究，是践行中华优秀传统文化"两创"的重要内容，其中涉及道德性命、仁政等诸多话题。淡江大学助理教授孔令宜认为，孟子将"性命对扬"，从学理而言，内在的道德心即是内在的道德性，工夫至极，天理流行，"天爵"内在于己，人能自作主宰，求则得之。从气而言，所乘之势与所遇之机，"人爵"外在于人，人不能自作主宰，求而不可必得。北京大学副教授孟庆楠认为，早期儒家在关注人伦道德的同时，也充分注意到了人口财货的基础性地位。

在有关为政阶次的设计中，人口众多与财货富足是被优先考虑的，而人伦秩序与道德的建构则是在富庶的基础上所要达成的更高目标。澳门大学教授杨兆贵先生认为，孔子的天下观侧重在礼乐、宗教、社会秩序，孟子从仁爱方面加以发扬。面对战国乱局，孟子提出以仁得天下、以仁政治天下的天下治理观。他视仁政为最高政治原则，希望能在以华夏为中心的"天下"范围内实施仁政，解决百姓温饱问题，关爱弱势群体，重塑中央政府，构建和平秩序，施以儒家人文关怀、道德教化，构建祥和的四民社会。天津工业大学副教授王红霞认为，《礼运》"天下为公"的本义是禅让，"公"的实然义——公家、官方，既没有政治权力的共有之义，也没有财产公共所有之义。"公"字的抽象意有共同、公共之意。近代以来，康有为、梁启超、孙中山、熊十力、钱穆等将"天下为公"释为"天下公有"。"天下为公"由此被熟知为天下是天下人公有之意，而其禅让本意则隐而不彰。西北大学教授张茂泽先生认为，孟子的"安宅"观以仁义道德为内容，有安乐、恒心、大丈夫气概等心理标识，有普遍性、抽象性、"心服"性等特征。其包括天人合一的"正命立命"的安宅依据论、"求其放心"的安宅修养论、"先知觉后知"的安宅感化论等。他将精神家园建立在理性的学习、寡欲等人性修养基础上，彰显了儒家精神家园的人文理性色彩。山东师范大学讲师宋化玉认为，《论语》《仪礼》等孟子以前的儒家文献都对基层治理有所关照，士君子是实现乡治的动力之源。而《孟子》中少量关于基层治理的讨论，都是从王国政治的角度展开。孟子抛开儒家的礼治传统，从"性善——仁政"的逻辑出发展开治理论说，将治道的主体赋予君主。孟子急于救世，不惜对儒家政治学原旨做出改变，把政治的希望寄托于上层政治。孟子的"上行"政治路线，为儒学作用于国家政治打开了局面。曲阜师范大学教授颜炳罡先生认为，孟子的性善说、仁政说、民贵论、王道说、华夷说、舍生取义说、人皆可以为尧舜说等，对中华民族性格的锻造与形成等方面产生了重大影响。中国人的思维方式、价值趋向、民族性格、心理结构以及中国治理方式等多方面都打上了孟子烙印。

此次学术研讨会为期两天，与会专家学者围绕本次会议的主题，进行了相当激烈的讨论，有效地推动孟子思想的研究与发展。闭幕式由尼山世界儒学中心孟子研究院党委书记、院长陈晓霞研究员主持，由尼山世界儒学中心孟子研究院"泰山学者"特聘专家、中山大学哲学系教授杨海文先生进行了学术总结，并从三个方面对本次会议做了详细归纳与肯定。他认为，首先，从学科的角度来看，此次研讨会展示了历史与哲学的对话与融合。"一切历史都是当代史"，每个人都在参与孟子思想的历史传播，我们以哲学的方式对孟子进行思考，同样也是孟子思想历史传播的表现。其次，从方法论的角度来看，杨海文先生总结孟子为"孔孟之道"做出了四大贡献：温故知新、推陈出新、破旧立新、综合创新，着重强调当今继承与创新皆具重要性。再次，从个人与时代来看，孟子强调"独善其身兼善天下"，是在告诉我们个体与时代密切相关。置身于今天的时代，每一个个体做思想解释与研究时，都应当与时代精神结合起来，并通过研究去提升研究精神。总而言之，本次研讨会很好地体现了学科交叉、学科融合的新文科导向，显示是一场历史学与哲学史诗级对话及融合的国际高端学术会议。

《中华优秀传统文化研究》集刊征稿启事

  《中华优秀传统文化研究》集刊为广西古代文学学会会刊，由集刊出资方和广西古代文学学会联合主办。集刊由来自国家图书馆、北京大学、华南师范大学、西北师范大学、山西大学、华中师范大学、西南大学、西南民族大学、牛津大学等国内外高校或研究机构的十余位知名学者担任学术顾问，由来自北京师范大学、南开大学、首都师范大学、西北大学、兰州大学、兰州交通大学、海南师范大学、四川省社会科学院、广西壮族自治区社会科学院、广西民族大学、广西艺术学院、南宁师范大学等国内高校和研究机构的十余位专家担任编委，由《中华优秀传统文化研究》集刊编辑部负责征稿和编校。

  本刊为半年刊，每年 1 月、7 月定稿，6 月、12 月出刊。中国知网、中国集刊网、维普网全文收录，为中国社会科学评价研究院《中国人文社会科学期刊 AMI 综合评价报告（2022 年）》入库集刊。

一、办刊宗旨

  本刊以传承和弘扬中华优秀传统文化为己任，坚持"二为方针""双百方针"和"两结合方针"。坚持以客观、科学、礼敬的态度对待中华传统文化，采取"扬弃"的原则，取其精华，去其糟粕，古为今用，推陈出新。坚持对传统文化的创造性转化、创新性发展，坚定文化自信，反对教条主义和历史虚无主义。探索中华优秀传统文化与革命文化、社会主义先进文化的关系与结合途径。关注传统文化对国民教育、道德建设、文化创造、生产生活的影响。不忘本来、吸收外来、面向未来，在交流互鉴、开放包容的同时，坚守中华文化立场、传承中华文化基因，汲取中国智慧、弘扬中国精神、传播中国价值。提炼传统文化精髓，探讨传统文化的当代意义与价值，努力建设中华民族现代文明。

二、主要栏目

  《中华优秀传统文化研究》集刊主要栏目有：文化大视野、国家方略、马克思主义与中华优秀传统文化研究、习近平关于中华优秀传统文化重要论述研究、中华优秀传统文化与社会主义先进文化及革命文化之关系研究、儒学研究、古代文学研究、古代历史研究、古代哲学研究、古代艺术研究、少数民族传统文化研究、区域文化研究、域外汉学研究、传统文化教育研究、传统文化普及与推广研究、传统文化学者研究、学者访谈、序跋书评、传统文化会议综述等，每辑可根据学术热点和社会思潮设立相关专栏，集刊附有彩页专门对文化学者、传统文化研究机构进行介绍，并对书法、绘画、篆刻、雕塑、戏曲、工艺、建筑等领域名家及作品进行推介。

三、投稿格式及注意事项

来稿格式请参考《巴蜀书社学术著作体例规范》。除特殊情况必须使用繁体字外，一律使用标准简体字。图片除文中附图之外，还需单独提供单张不小于 2M 的高清原图，以便编辑和保证印刷质量。

（一）来稿形式要求

1. 论文排版格式

论文标题为小二号黑体；副标题用小三号仿宋体；摘要、关键词用小四号楷体；一级标题用四号黑体；二级及以下标题、正文字体为小四号宋体；整段引文用小四号仿宋，右侧缩进 2 格；页下注释用宋体小五号。

全文行间距 1.5；段前、段后 0，页边距普通，纸张方向纵向，纸张大小 A4，分栏 1，文字方向水平。清除其他格式。

2. 引文、上标红色凸显标注

为便于核对，论文中直接引用部分，字体不变，引用内容颜色标注为红色；为便于查找，论文中页码上标部分，字体颜色标注为红色；为防止乱码，论文同时投寄 PDF 格式文档 1 份。

3. 篇幅及其他要求

学术论义篇幅以 15000－20000 字为宜，不接受少于 8000 字的学术论文。"学者访谈""序跋书评""会议综述"等其他栏目论文字数不限。来稿请提供 Word 和 PDF 两种格式。来稿请附录英文标题。

4. 查重结果

作者在投稿前请自行在中国知网上进行查重，投寄时一并提交查重结果。文史哲政类论文不超过 20%，其他专业论文不超过 10%。

5. 投寄论文文件名称

投稿命名格式：投稿时间、作者、单位、论文题目，如：2022.6.6 张＊＊（＊＊

大学）：论＊＊，修改稿可在名称加括号标注，同时变更投寄时间，如 2023.1.1 张＊＊（＊＊大学）：论＊＊（修改稿）。

（二）来稿内容要求

6. 题目

不超过 20 字，以单独题目为主，必要时可加副标题。

7. 署名

鼓励单独署名，合作署名不超过 3 人。在读博士、博士后投寄论文，可带导师为第一或第二作者。暂不发硕士稿件，合作署名不包括硕士。

8. 单位

格式：单位、二级机构、省份、城市、邮编。如：南宁师范大学 教育科学学院，广西 南宁 530299。单位及二级机构用规范全称，如"中国社会科学院"不能简化为"中国社科院"，"北京大学"不能简化为"北大"；"文化与传播学院"不能简化为"文传学院"等。如作者需要标注其他身份，请一并按上述格式补充。合作论文的所有作者也需要提供以上完整信息。

9. 摘要

摘要字数要求在 300 – 500 字，力求表达充分，不得少于 300 字。摘要采用第三人称客观表述，不得出现本人、本文、笔者等主观性语词，不可加进作者的主观见解、解释或评论。摘要一般包括目的、方法、结果、结论等要素，突出主要观点、创新点及研究结论。摘要不使用引文，必须根据论文总结提炼，不掺杂论文未涉及内容，不做一般意义上的介绍，排除本学科领域已成常识的内容。摘要务必反复提炼、琢磨、修饰，做到用词准确，重点突出，条理清晰，逻辑贯通。

10. 论文首页作者信息

格式：姓名、性别、出生年、民族，籍贯，学位，工作单位、职称（职务）、研究方向。博士研究生导师可列于职务、职称之后。研究方向不超过三个。例：王××（1982 –   ），女，壮族，广西××人，博士，××××大学××学院副教授，研究方向：×××。具有双重身份的在读博士研究生或博士后研究人员，可在工作单位、职称后补充。例：王××（1982 –   ），女，壮族，广西××人，博士，××××大学××学院副教授，××××大学××学院博士研究生，研究方向：×××。

11. 基金项目

用全称，以发文文件为准。一篇论文标注不得超过 2 项基金来源。

例：国家社会科学基金一般项目"××××××研究"（××BZW×××）。

无批准号的项目，请提供批准单位及批准文件编号，格式同上。

12. 页下注释规范

注释格式请参阅中国知网我集刊相关论文，我刊文献标注执行《巴蜀书社学术著作体例规范》，统一使用页下注，不另列参考文献，投稿前务必认真阅读，按格式处理稿件。格式不正确的稿件，不予编校。

13. 提供引文及注释出处截图或拍照

为了确保引文正确无误，减少差错率，提高核对引文的工作效率，所有投稿者必须提供所有直接引用、间接引用的参考文献之原始资料以备核对。其中专著中引文须提供专著版权页、引文页图片，截图或拍照并用红色线条标注出引用内容。论文中引文需提供 PDF 格式或 CAJ 格式，并用红色线条圈出引用部分。间接引用须用红色线条圈出相应观点出处范围。请按照注释顺序编号排列，以压缩包文件形式发送到编辑部邮箱。

四、注释及标注格式

（一）著作

标注顺序：责任者与责任方式/书名/卷册/出版者、出版时间、版次（初版除外）/页码。〔注：责任方式为著时，"著"字可省略，其他责任方式不可省略（下同，不再标注）；同一页所引文献相同且注释顺序相邻时，责任者、书名可省略为"同上书"；同一页所引文献相同、页码相同且注释顺序相邻时，责任者、书名、页码可省略为"同上"；责任者本人的选集、文集等可省略责任者。〕

示例：

余东华：《论智慧》，中国社会科学出版社 2005 年版，第 35 页。

同上书，第 37 页。

同上。

刘少奇：《论共产党员的修养》，人民出版社 1962 年第 2 版，第 76 页。

《毛泽东选集》第 1 卷，人民出版社 1991 年版，第 3 页。

陈宗德、吴兆契主编：《撒哈拉以南非洲经济发展战略研究》，北京大学出版社 1987 年版，第 9 页。

（二）译著

标注顺序：责任者国别、责任者与责任方式/书名/其他责任者与责任方式/出版者、出版时间、版次（初版除外）/页码。

示例：

［美］弗朗西斯·福山，黄胜强等译：《历史的终结及最后之人》，中国社会科学出版社 2003 年版，第 7 页。

（三）析出文献

标注顺序：①责任者/析出文献题名/所载文集责任者与责任方式/所载文集/出版者、出版时间、版次（初版除外）/页码。

示例：

刘民权等：《地区间发展不平衡与农村地区资金外流的关系分析》，载姚洋《转轨中国：审视社会公正和平等》，中国人民大学出版社 2004 年版，第 138 – 139 页。

（四）期刊、报纸

期刊

标注顺序：责任者/所引文章名/所载期刊名、年期（或卷期、出版年月）、页码/起止页码。

示例：

袁连生：《我国义务教育财政不公平探讨》，《教育与经济》2001 年第 4 期，第 ×× – ×× 页。

报纸

标注顺序：责任者/所引文章名/所载报纸名称/出版年、月、日及版别。

示例：

杨侠：《品牌房企两级分化　中小企业"危""机"并存》，《参考消息》2009 年 4 月 3 日第 8 版。

（五）转引文献

标注顺序：责任者/文献题名/转引文献责任者与责任方式/转引文献题名/出版者、出版时间、版次（初版除外）/页码。

示例：

费孝通：《城乡和边区发展的思考》，转引自魏宏聚《偏失与匡正——义务教育经费投入政策失真现象研究》，中国社会科学出版社 2008 年版，第 44 页。

参见江帆《生态民俗学》，黑龙江人民出版社 2003 年版，第 60 页。

（六）未刊文献

学位论文、会议论文等

标注顺序：责任者/文献题名/论文性质/地点或学校/文献形成时间/页码。

示例：

赵可：《市政改革与城市发展》，博士学位论文，四川大学，2000 年，第 21 页。

任东来：《对国际体制和国际制度的理解和翻译》，全球化与亚太区域化国际研讨会论文，天津，2006 年 6 月，第 9 页。

档案文献

标注顺序：文献题名/文献形成时间/藏所/卷宗号或编号。

示例：

《汉口各街市行道树报告》，1929 年，武汉市档案馆藏，资料号：Bb1122/3。

（七）电子文献

电子文献包括网络资料，如网页、电子邮件、论坛、博客、微博（必须是加 V 实名认证）等。标注项目与顺序：责任者与责任方式/电子文献题名/更新或修改日期/获取和访问路径/引用日期。

示例：

扬之水：《两宋茶诗与茶事》，《文学遗产通讯》（网络版试刊）2006 年第 1 期

http://www.literature.org.cn/Article.asp?ID=199，2007 年 9 月 13 日。

五、作者简介及联系方式

为方便作者与编辑沟通、建立作者群及邮寄刊物需要，来稿请在末页附 200 字左右的作者简介，应包括作者姓名、性别、出生年、籍贯、工作单位、职务职称、主要社会兼职、研究领域、通信地址、电话、微信号、QQ 号及电子邮箱等信息。如：[作者简介] 张＊＊，男，19＊＊年生，河南＊＊人，＊＊博士，＊＊＊＊大学＊＊学院教授，博士生导师，兼任＊＊＊＊主编、＊＊＊学会会长。研究方向：＊＊＊＊＊＊，＊＊＊＊＊。通讯地址：××省××市××县/区××街道××路××号，邮编×××××，电话号码：×××××××××，电子邮箱：×××@×××.com；并提供微信号或 QQ 号码等联系方式。

六、审稿方式、出刊时间及联系方式

本刊采取编辑、外审专家、主编三审制度，凡投寄稿件编者有权酌情删改，如不

同意修改的请在来稿首页顶端注明。

本刊为半年刊，每辑1月、7月定稿，每年6月、12月出刊。本刊常年征稿，敬请各位专家学者不吝赐稿。为了便于稿件编校以及编辑与作者联系，每期会建立临时工作群，编校结束后作者可根据意愿退出或另行加入集刊作者交流群。

指定投稿、联系邮箱：guoxueyuankan@126.com。

七、声明

凡向本刊投稿者默认我刊可以对稿件进行编辑加工。

本刊已许可与我刊签约的中国知网、中国集刊网、维普网等网络数据库以数字化方式复制、汇编、发行、信息网络传播本刊全文，以扩大作者研究成果的影响力。本刊不再给作者支付中国知网等数据库著作权使用费，所有署名作者向本刊提交文章发表之行为视为同意上述声明。根据中国知网、中国集刊网、维普网等数据库收录的要求，作者同时需签订《著作权许可使用协议》，如有异议，请在投稿时说明，本刊将按作者说明处理。

来稿在电子邮件发送2个月后未收到采用通知，即可自行处理，请勿一稿多投。稿件刊发后，即寄赠集刊两册，因经费问题不另发稿酬（特约稿除外）。本刊不收取审稿费和版面费，也从未委托任何机构代为收取或推荐稿件。

本刊诚邀有传承和弘扬中华优秀传统文化之共同理想和高尚情怀的高校职校、学术团体、出版单位、各类机构、企事业单位及个人加盟办刊，共同为传承和弘扬中华优秀传统文化尽微薄之力，有意向者可来函商洽合作方式。

《中华优秀传统文化研究》集刊编辑部

2023年6月

Main Contents

Cultural Vision

Textual Research on the Cultural Origins of Emperor Yan   Jiang Jianyun, Sun Xiaojuan

Southern Impression: Writing of "咒" and Its Changes   Yang Linxiao, Wei Ping

Studies on Ancient History

On the Learning Spirit and Contemporary Value of Jiangxi Cultural Celebrities in the Song and Yuan Dynasties   Dong Ming

Political Disputes in Zhengde and Jiajing Years of Ming Dynasty—A Case Study of Wang Qiong and Yang Tinghe   Mo Dehui

Studies on Ancient Philosophy

Imagery and Contextual Interpretation of the Tea Ceremony Philosophy   Wei Ziqin

Studies on Ancient Literature

Chronicle of Li Zhaoxun Who Was A Literati from Zunyi, Guizhou during the Qing Dynasty   Xiang Youqiang

Studies on Ancient Art

The Performance Characteristics of Qin Music and Qin Song in Han Dynasty from *Zhaojun Resentment*   Zhang Wei

Studies on the Traditional and Regional Cultures of Ethnic Minorities

The Preservation and Historical and Cultural Value and Protection and Inheritance of Lost Provincial Chronicles in Shandong Province (Part 1)   Yan Shiming, Li Chuangao

Research on Writing of *Start from the Village*   Cheng Linsheng

Knowledge Mapping Analysis of Nuo Studies in China: Academic Genealogy and Spatial Layout   Liu Yan, Ye Xia, Lin Fenglin

Studies on Extraterritorial Sinology

Tetrasyllabic Shi Poetry: *The Book of Poetry* (*Shijing*)

William H. Nienhauser, Jr. ; (trans.) LIU Gui－lan, LIU Cheng

The Transformation of Narrative Structure in the English Translation of Watson's *Tso Chuan* and Its Enlightenment to the English Translation of Chinese Classics　　　　Tao Yuan

On Ningbo in the Japanese Collection of Documents Related to Jianzhen's Eastward Journey to Japan　　　　Li Jieling

Studies on the Education and Popularization of Chinese Ancient Civilization

Research on the Integration of Excellent Traditional Chinese Culture into Ideological and Political Theory Courses in Universities—Based on the Perspective of "Two Combinations"

Du Huawei, Song Yaoyao

Preface, Postscript and Book Review

Preface to *On Transformations of Court and Popular Music in Middle Tang Poetry*　Jiang Yin

Classic Books Can't Be Unread—Preface to Yang A-min's *Three Prefaces and Notes on Tongdian, Tongzhi and Wenxian Tongkao*　　　　Fu Gang

The assessment system of military officers in Ming Dynasty from the perspective of political ecological research—Review on *the Examination and Selection System of the Ming Dynasty Military and Political Affairs*　　　　Xu Cheng

Overview of Conferences on Chinese Ancient Civilization Studies

Summary of "Academic Seminar on Mencius Thought and its Influence in the Past Dynasties"

Zhao Long, Liu Kui

Call for Papers